适度开发

少数民族地区旅游资源保护与利用研究

邓永进 薛群慧 徐江帆 等 著

科学出版社

北 京

内 容 简 介

长期以来，在我国旅游业发展迅速、成绩斐然的背后，隐藏着一个旅游资源被过度开发的问题。本书以少数民族地区存在的部分旅游资源被过度开发问题为导向，通过文献检索、调查研究，特别是案例分析等方法，探究了少数民族地区旅游资源过度开发的严重性及主客观原因，构建了旅游资源适度开发评价模型，提出了少数民族地区旅游资源适度开发的主要思路，探讨了防止旅游资源过度开发的对策措施，旨在遏制少数民族地区旅游资源过度开发现象。

本书适合旅游资源的开发决策者、管理者、规划者及实施者，旅游管理专业和环境保护专业的研究生和本科生，以及广大的生态旅游爱好者阅读，希望“将一切开发控制在限度里”能够成为大家的共识。

审图号：GS（2022）45 号

图书在版编目（CIP）数据

适度开发：少数民族地区旅游资源保护与利用研究 / 邓永进等著. —北京：科学出版社，2022.8

ISBN 978-7-03-072765-7

Ⅰ. ①适…　Ⅱ. ①邓…　Ⅲ. ①少数民族-民族地区-旅游资源开发-研究-中国　Ⅳ. ①F592.3

中国版本图书馆 CIP 数据核字（2022）第 131131 号

责任编辑：牛　玲　陈晶晶 / 责任校对：贾伟娟

责任印制：徐晓晨 / 封面设计：有道文化

科学出版社 出版

北京东黄城根北街 16 号

邮政编码：100717

http://www.sciencep.com

北京建宏印刷有限公司 印刷

科学出版社发行　各地新华书店经销

*

2022 年 8 月第　一　版　开本：720 × 1000　1/16

2024 年 1 月第二次印刷　印张：15　1/2

字数：300 000

定价：98.00 元

（如有印装质量问题，我社负责调换）

前　言

旅游业被誉为“朝阳产业”，2010年世界旅游经济总量已占全球GDP的5%以上，就业人数占全球就业总人数的8%以上[①]。自20世纪后期起，我国旅游业的属性开始从“事业型”向“产业型”转化，旅游企业如雨后春笋般涌现，各地旅游资源的开发热潮一浪高过一浪，旅游业很快进入了史无前例的蓬勃发展阶段，不少省（自治区、直辖市）进而将其旅游产业作为“支柱产业”加以培育和扶植，部分省（自治区、直辖市）的旅游产业在其国民生产总值中所占比重很快就超过了5%，成为支柱产业。2009年，我国政府从国家战略层面上提出将旅游业培育成国民经济战略性支柱产业和人民群众更加满意的现代服务业。2010年，我国成为全球第三大游客接待国[②]，并在2012年超过德国与美国，成为国际旅游消费最多的国家[③]。2014年，我国旅游接待人数已达36亿人次，旅游总收入超过3万亿元[④]。2018年，我国旅游接待人数达到56.8亿人次，旅游总收入突破了5.9万亿元[⑤]。如今，我国旅游品牌层出不穷，旅游产品与旅游业态日益丰富，旅游设施服务不断提升。

但是，在我国旅游业成绩斐然、态势可喜的背后，却隐藏着部分问题和危机。其中，旅游资源过度开发，便是一个不可回避的严重问题。早在十多年前，新闻记者就提出我国旅游资源有过度开发的现象，其危害性引起了有关学者的注意。2008年新华网发布了如下文章《中国联手国际应对世界遗产地过度开发挑战》：

> 新华网合肥3月25日电（记者蔡敏　王立武）来自联合国世界旅游组织、联合国教科文组织以及中国、斯里兰卡、印尼、越南、

---

① 参见 UNWTO. UNWTO Annual Report: A year of recovery 2010. Madrid. 2011: 11.

② 参见 UNWTO. UNWTO Tourism Highlights: 2011 edition. Madrid.2011: 6.

③ 参见 UNWTO. UNWTO Tourism Highlights: 2013 edition. Madrid. 2013: 6.

④ 参见国家统计局：《中华人民共和国2014年国民经济和社会发展统计公报》，《中国信息报》2015年2月27日（第001版）。

⑤ 参见国家统计局：《中华人民共和国2018年国民经济和社会发展统计公报》，《人民日报》2019年3月1日（第010版）。

马来西亚等多个拥有世界遗产的国家代表 25 日原则通过《世界遗产地旅游管理与可持续发展黄山宣言》。

由此，从世界遗产地保护规划制定，到确定合理的游客承载量，再到建立新的旅游收入分配机制、引导原住民参与管理等，中国将联手世界应对遗产地过度开发带来的挑战。

根据宣言草案，相关代表承诺，面对世界遗产地旅游飞速发展的现状，依据有关国际法律框架，组织编制和修订世界遗产地保护发展规划、重点景区控制规划；联合执法部门，加大对保护工作的监督力度，禁止任何有悖规划的开发建设。

认真组织开展旅游环境容量的研究，确定合理的游客承载量，以减少或避免世界自然遗产受到来自过度旅游发展、不足或不当基础设施建设、遗产地周边和缓冲区的发展项目等新挑战带来的影响。

联合国世界旅游组织副秘书长塔勒布·瑞法博士说，世界旅游组织将在总部所在国西班牙广泛征求意见，正式通过这个宣言，“它将成为全球旅游业可持续发展的基石”。

近年来，过度的商业开发严重干扰和冲击保护工作，已成为许多世界遗产地所面临的共同问题。

瑞法博士说，尽管游客数量的增长，给发达国家和发展中国家的旅游目的地都带来了收入增长和经济发展的前景，但金钱背后的另一方面却是：纷至沓来的游客给考古地点、遗址、历史地点、文化地点及重大历史事件的遗迹带来压力。

目前，全球共有 851 处世界遗产，中国拥有 35 处，总数位居第三，其中文化遗产 24 处，自然遗产 6 处，混合遗产 5 处。

中国曾有多处世界遗产被联合国教科文组织黄牌警告。例如，云南丽江古城由于盲目对原住的纳西族人口实施迁离，反而损害了这个世界遗产的原生态及其真实意味。此外，故宫、颐和园、天坛的大修工程也招致了包括过分追求商业利益等舆论批评。

塔勒布·瑞法表示，寻求应对无计划和失控的遗产地旅游压力不能只采取单一行动，而是需要通过业内合作，以及与那些直接或间接与世界遗产地相关的公共管理机构和私营机构开展这种合作。这个过程间，政府应当扮演重要角色，个人和家庭在计划和前往旅游时也应当发挥重要作用。

> 《黄山宣言》草案提出，各世界遗产地要根据《保护世界文化和自然公约》的要求，从历史、艺术、科学、审美、人类学及保护的角度，拟定各自详细的教育和宣传计划，赢得游客和当地社区对世界遗产地的赞赏和尊重。
>
> 同时，尊重世界遗产地社区的文化传统、自然环境和生活方式，确保旅游收入中的相当一部分用于世界遗产地的保护和社会经济发展；通过资金、技术或传统知识对保护活动进行支持，鼓励原住民参与管理。①

正是这篇报道，激起了我们对我国少数民族地区旅游资源开发问题的思考，引发了我们下决心对遏制少数民族地区旅游资源过度开发对策进行探索。

众所周知，旅游资源是指“自然界和人类社会凡能对旅游者产生吸引力，可以为旅游业开发利用，并可产生经济效益、社会效益和环境效益的各种事物和因素”②。旅游资源是一个国家或地区旅游业赖以生存和发展的基础和条件。我国部分地区旅游资源开发过度，或者说某些旅游资源被过度开发，已经是不争的事实。之所以选择“少数民族地区”作为研究对象，主要是因为：一方面，我国少数民族地区旅游资源相对富集，其他产业相对薄弱，旅游产业多为当地的支柱产业，甚而至于有的地方国民经济主要靠旅游产业支撑；另一方面，旅游资源过度开发问题在我国少数民族地区尤为集中和突出。

过去，有句话说中国“人口众多，地大物博”。事实上，“人口众多”主要是指汉民族地区，“地大物博”则多指少数民族地区。说到旅游资源，我国少数民族地区的旅游资源无论是从数量、种类上，还是从品质上来说，在全国均占据相当大的比重和具有相当大的优势。我国有不少世界级、国家级的旅游资源分布在少数民族地区。从某种意义上讲，各个少数民族的语言文字、文学艺术、宗教信仰、衣食住行、节日喜庆、生丧嫁娶、往来应答乃至生产方式中，均有吸引旅游者的因素和成分。

2012年4月，在全国旅游系统创先争优活动汇报座谈会上，国家旅游局

---

① 蔡敏、王立武：《中国联手国际应对世界遗产地过度开发挑战》，2008年3月26日，http://www.cntour2.com/viewnews/20080326/cul/2008326153031925.htm。

② 中华人民共和国国家质量监督检验检疫总局、中国国家标准化管理委员会：《旅游规划通则》（GB/T 18971—2003），中国标准出版社，2003年。

党组副书记、副局长王志发指出，截止到 2011 年底，我国已有 30 个省（自治区、直辖市）将旅游业定位为支柱产业、主导产业、先导产业或龙头产业；有 25 个省（自治区、直辖市）党委或政府出台了贯彻落实国务院《关于加快发展旅游业的意见》的具体意见和决定[①]。

本来在旅游业成为全球第一大产业和我国各级政府高度重视旅游业发展的形势下，凭借大自然的恩赐和祖祖辈辈的创造，我国许多少数民族地区能够脱贫致富，而且还能繁荣发展。但是，由于历史和现实的原因，特别是因为观念的滞后、法规的缺失以及开发的盲目性，我国不少少数民族地区的部分旅游资源已经出现开发过度的情况，有的甚至到了令人痛心疾首的地步。

因此，为了使我国少数民族地区旅游业能够稳步、持续地发展，我们有责任通过调查分析，探索遏制少数民族地区旅游资源被过度开发的方法与对策，而且还希望我们的思考与研究能够实现以下三方面的学术价值和现实意义。

第一，在理论层面，对“度”、“适度”和“过度”进行辨析，探索我国少数民族地区旅游资源适度开发的评价模型、路径和模式。

第二，在咨询层面，揭示我国少数民族地区旅游资源过度开发而带来的巨大破坏和严重后果，系统分析旅游资源过度开发的原因，探索遏制旅游资源过度开发的对策和措施。

第三，在实践层面，大声疾呼、身体力行，防止我国少数民族地区乃至全国旅游资源大数量、大规模、大面积地被过度开发，保护少数民族地区的旅游资源、传统文化以及生态环境，促进少数民族地区旅游业的健康发展，倡导人类代际公平和区际公平，实现少数民族地区的可持续发展。

本书为国家社会科学基金项目“遏制少数民族地区旅游资源过度开发对策研究”（批准号：09XMZ033）的主要成果，所使用概念——“少数民族地区”，是指我国少数民族聚居地区，主要包括民族自治区、自治州、自治县（旗）、市辖民族区以及民族乡镇等[②]。由于时间、经费、能力有限等原因，调查研究的范围主要集中在自治区、享受民族自治区部分政策待遇的省

① 廖敏、卢贞媛：《河池地区旅游景点外语翻译现状与思考》，《新西部（理论版）》2012 年第 7 期，第 22 页。

② 国家民族事务委员会经济发展司、国家统计局国民经济综合统计司:《中国民族统计年鉴(2012)》，中国统计出版社，2013 年。

份以及其他自治州和自治县（旗）。

本书的主要内容由如下五个方面构成。

第一，在对国内外相关研究成果进行综合分析的基础上，一是努力找到研究内容的空白点和空间，确定研究方向，且进行系统研究；二是充分运用其他学者的观点、原理和材料支持研究。

第二，通过文献检索、资料搜集等方法，全面阐述、分析我国少数民族地区旅游资源概貌；再通过实地调查、媒体曝光等途径，搜集、描述我国少数民族地区旅游资源被过度开发的典型案例并指出其突出问题。

第三，从旅游管理的角度出发，对我国少数民族地区旅游资源过度开发进行主观和客观原因分析，目的在于寻求解决其旅游资源过度开发问题的方法。

第四，在对“度”、“适度”和“过度”等概念进行辨析、界定之后，初步构建一个我国少数民族地区旅游资源“适度”开发的评价系统、主要模式及系列思路，包括少数民族地区旅游资源“适度”开发评价因子的确定、评价模型、开发理念、指导思想与原则、总体战略、开发模式、对策措施等。

第五，从管理和资政的层面，努力探索并旗帜鲜明地提出遏制我国少数民族地区旅游资源过度开发的对策，包括为相关部门制定防止少数民族地区旅游资源过度开发的政策法规提供部分借鉴，提出防止少数民族地区旅游资源过度开发的“红线”与“底线”的确定依据等。

就研究方法而言，本书主要以民族学、管理学和生态学的相关理论为基础，首先，通过文献梳理、实地调查、网络查询等手段，搜集我国少数民族地区旅游资源及其开发资料；其次，通过理论分析和案例分析、定性分析与定量分析相结合等方法，寻找我国少数民族地区旅游资源过度开发现状及其成因、解决办法等；最后，运用交叉学科相关概念与原理，探索我国少数民族地区旅游资源适度开发的路径与对策，从而实现遏制少数民族地区旅游资源过度开发的目标。

由于多种原因，此项目 2016 年通过结项验收后，书稿拖至现在才拟定出版。需要指出的是：书中部分当年调研时存在的“旅游乱象”及“问题”后来已经得到整治、解决，大多数已经不复存在，然而，古人云“前事不忘，后事之师”；书中所引用的一些数据、资料显得已经“过时”“陈旧”，但我们认为，它们更能反映、说明当时的客观情况及事实；书中所提出的大部分对策和建议尚未引起有关部门、人士的重视或注意。综合考虑本书的史料价值和咨询意义，我们希望尽可能地忠实于当年的调研结果及其描述，故未做全部修改和替换，以供相关单位及个人在今后的工作中参考、借鉴。

邓永进团队

2021 年 12 月

目　录

第一章

少数民族地区旅游资源及其过度开发问题

随着我国旅游资源利用与开发的不断深入，旅游业在少数民族地区的发展中扮演着越来越重要的角色，甚至成为部分少数民族地区的支柱产业。然而，在少数民族地区旅游业一派繁荣景象的背后，当地旅游资源过度开发的问题日益凸显。

第一节　少数民族地区旅游资源现状

一、少数民族地区概述

我国是一个拥有 56 个民族的多民族国家。《第七次全国人口普查公报（第二号）——全国人口情况》显示，截至 2020 年 11 月 1 日零时，我国总人口为 14.435 亿人，除汉族外，55 个少数民族的总人口为 1.255 亿人，占全国总人口的 8.89%[①]。

少数民族主要分布在我国的东北部、西北部及西南部等，呈现地域辽阔、带状分布的特点（图 1-1）。与此同时，由于历史和地理等原因，少数民族地区还有相当数量的汉族人民居住，各民族分布呈现“大杂居、小聚居”的特点。

① 国家统计局，国务院第七次人口普查领导小组办公室：《第七次全国人口普查公报（第二号）——全国人口情况》，2021 年 5 月 11 日。

图 1-1 少数民族地区分布图

中华人民共和国成立后，为了保障少数民族同胞的权益，国家在少数民族地区实行民族区域自治，设立自治机关，行使自治权。1954 年，将民族区域自治制度写入《中华人民共和国宪法》，使之成为我国基本政治制度之一，有力地保障了少数民族的合法权益，巩固和发展了社会主义民族关系。我国的少数民族自治地方分为三级，即自治区、自治州、自治县（旗）（详见附表 2～附表 4）。有的自治地方以一个少数民族为主体自治民族，有的则以两个或者两个以上少数民族为主体自治民族。按照目前我国的行政区划，省级民族自治地方有内蒙古自治区、西藏自治区、宁夏回族自治区、广西壮族自治区以及新疆维吾尔自治区等 5 个自治区。自 1980 年以来，我国把少数民族聚居的青海、云南以及贵州三个省份纳入了享受民族自治区部分政策待遇的地区，并贯彻执行至今。

受历史、自然、区位及交通等因素的影响，我国少数民族地区的社会经济发展相对滞后于汉族地区。少数民族地区主要处于我国边疆、偏远的地区，区位条件无法与中东部地区相比，地形地貌多为高原、山地、沙漠等，基础设施工程建设艰难，导致其交通便捷性不强，铁路、高速公路网络不完善，物流、人流不畅，信息闭塞，发展缓慢。例如，西藏和青海、云南、贵州的少数民族地区，位于我国内陆腹地，地域广，腹地深，多为高原、山地等，道路、通信等设施欠缺，经济基础薄弱，产业效益低下，甚至不少少数民族同胞依然是靠天吃饭、靠天养畜，生活水平难以提升。

我国始终坚持实施少数民族区域自治政策，多次大规模地推动少数民族地区开发建设，不断增进各民族平等团结、共同进步，维护社会稳定和国家统一，促进少数民族地区社会经济文化的繁荣发展。近年来，我国少数民族地区发展步伐加快，特别是在西部大开发、对口支援、脱贫攻坚等政策的扶持下，其经济发展与社会进步呈现了良好的发展态势，部分少数民族地区多项经济与社会发展指标的进步幅度居于全国前列，缩小了与中东部地区的差距。自 2012 年党的十八大报告提出建设“美丽中国”以来，国家实施了众多促进少数民族地区经济、教育、文化等发展的大政方针，对少数民族地区的扶持力度加大，极大地促进了少数民族地区的繁荣发展。之所以如此，主要得益于我国始终将“民族平等、民族团结以及帮助少数民族加速发展经济文化”作为维护祖国统一、增进各民族团结的基本方针及重要任务，始终把解决国内民族问题作为国家发展战略中最重要的工作之一。

然而，当前少数民族地区社会、经济与文化的整体发展水平，与中东部地区和全国平均发展水平仍存在一定的差距。因此，现阶段加快我国少数民族地区社会、经济、文化发展的诉求依然强烈。与此同时，少数民族地区自然资源独特、民族风情浓郁，是我国典型的旅游资源富集区，旅游资源优势明显，旅游开发得天独厚。少数民族地区通过发展民族旅游、生态旅游、乡村旅游以及边境旅游等，能够促进其经济文化发展、民族和谐、城乡和谐、人与自然和谐，对社会主义和谐社会的构建具有重要意义。

我国民族自治地方包括 5 个自治区、30 个自治州、120 个自治县（旗）（表 1-1）。为了使本书的研究成果与我国目前民族政策实施范围一致，特将调查研究的主要范围确定为：5 个自治区、3 个享受民族自治区部分政策待遇的省份和除以上省区之外的所有自治州和自治县（旗）。

表 1-1　我国民族自治地方统计表

省（自治区、直辖市）	自治区	自治州（占比）	自治县（旗）（占比）
内蒙古自治区	1	0	3（2.5%）
西藏自治区	1	0	0
宁夏回族自治区	1	0	0

续表

省（自治区、直辖市）	自治区	自治州（占比）	自治县（旗）（占比）
新疆维吾尔自治区	1	5（16.7%）	6（5.0%）
广西壮族自治区	1	0	12（10%）
河北省	0	0	6（5.0%）
吉林省	0	1（3%）	3（2.5%）
辽宁省	0	0	8（6.7%）
黑龙江省	0	0	1（0.8%）
浙江省	0	0	1（0.8%）
湖北省	0	1（3%）	2（1.7%）
湖南省	0	1（3%）	7（5.8%）
广东省	0	0	3（2.5%）
海南省	0	0	6（5.0%）
重庆市	0	0	4（3.3%）
四川省	0	3（10%）	4（3.3%）
贵州省	0	3（10%）	11（9.2%）
云南省	0	8（26.7%）	29（24.2%）
甘肃省	0	2（7%）	7（5.8%）
青海省	0	6（20%）	7（5.8%）
合计	5	30	120

资料来源：中华人民共和国国家民族事务委员会. https://www.neac.gov.cn/seac/ztzl/mzzzdf/index.shtml

二、旅游资源定义及分类

旅游资源是一个国家或地区旅游业赖以生存和发展的基础和条件。长期以来，旅游界对旅游资源的定义、类型、价值以及应用等方面已进行了深入的研究。按照国家标准《旅游资源分类、调查与评价》的界定：“旅游资源是指自然界和人类社会凡能对旅游者产生吸引力，可以为旅游业开发利用，并可产生经济效益、社会效益和环境效益的各种事物和因素。”[①]就其基本属性，可以大致分为两类，即自然旅游资源和人文旅游资源。

① 中华人民共和国国家质量监督检验检疫局：《旅游资源分类、调查与评价》（GB/T 18972—2003）。

自然旅游资源又称自然风景旅游资源。在《中国旅游大辞典》中，自然旅游资源是指吸引人们前往旅游的自然景观，由自然界的地貌、水体、气候、生物等自然地理和生态环境要素所构成。通常，自然旅游资源的形成有着特定的条件和历史演化阶段，受到地壳运动、地质构造、气候变化、水的侵蚀与溶蚀、冰雪作用、重力作用、风的吹蚀与堆积、生物作用、人类活动等多种环境应力的作用，并涉及岩石圈、水圈、生物圈及大气圈的对流层的相互作用；而且，其分布受自然地理差异性规律的影响，具有明显的天赋性质及广域性、地域性的特点。自然旅游资源又可分为地貌景观类、水域风光类、天象与气候景观类和生物景观类等四个类别①。下文分别按这四个类别对少数民族地区的自然旅游资源及开发进行论述。

人文旅游资源，是由各种社会环境、居民生活、人类历史、文化艺术、民族风情和物质生产所构成的一系列景观资源。人文旅游资源是古今人类的历史与现实、文化创造的结晶，鲜明地反映出人类各个时期的生活、生产和文化状况，又可分为古迹与建筑、民俗风情、宗教文化、文学艺术、风物特产等五个类别②。下文即按此五种类别对少数民族地区的人文旅游资源及开发进行论述。

三、少数民族地区旅游资源及类型

我国少数民族地区拥有众多高品质的自然旅游资源，极具观赏价值。山地、丘陵、盆地、平原、高原五大地貌类型齐全；奇山、险峰、草原、沙漠、海滩、瀑布、溶洞、雨林等自然美景均有分布；气候气象变幻莫测、景象万千；部分地区至今保留着较为原始的生态群落，拥有大面积的森林和许多珍稀动植物，且已成为我国著名的森林公园和自然保护区。与此同时，少数民族地区与汉族地区一样具有悠久的历史、璀璨的文化，在长期的生产、生活当中，各少数民族形成了各具特色的民俗风情，拥有精美奇特的建筑、风味独特的饮食文化、多姿多彩的民间歌舞、奇特神秘的宗教仪式、珍稀罕见的古迹文物、五彩缤纷的婚恋节庆等。如今，这些独具吸引力的旅游资源不少已经被不同程度地实施保护或者开发利用，有的已成为世界遗产、国家

---

① 韩燕平：《旅游学概论》（第2版），北京理工大学出版社，2017年，第80-81页。

② 陈学庸：《中国旅游资源学》，中国商业出版社，2007年，第144页。

AAAAA 级旅游景区以及国家级风景名胜区等。如图 1-2～图 1-6，以及附录的附表 5～附表 7、附图 1 所示。

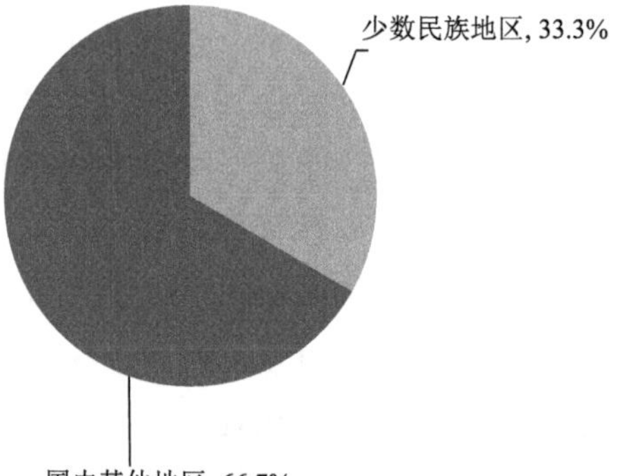

图 1-2　少数民族地区世界遗产所占全国比例构成图

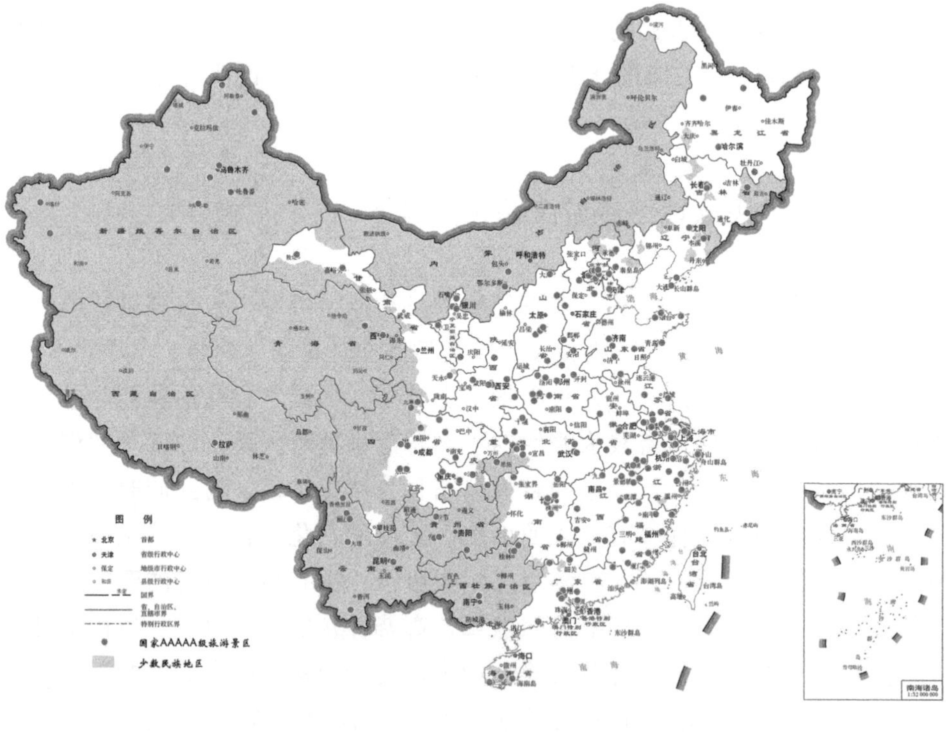

图 1-3　国家 AAAAA 级旅游景区分布示意图

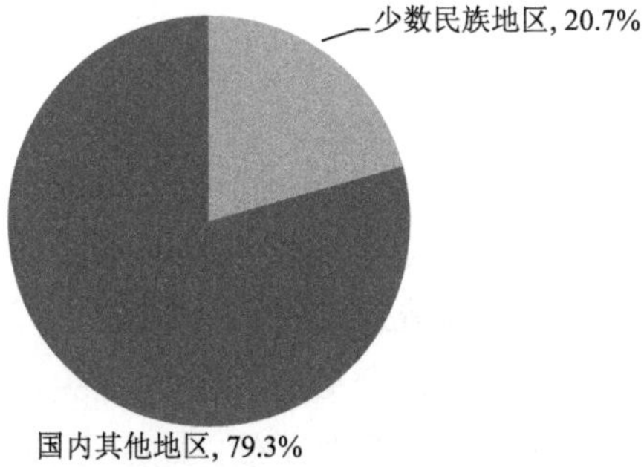

图 1-4　少数民族地区国家 AAAAA 级旅游景区所占全国比例构成图

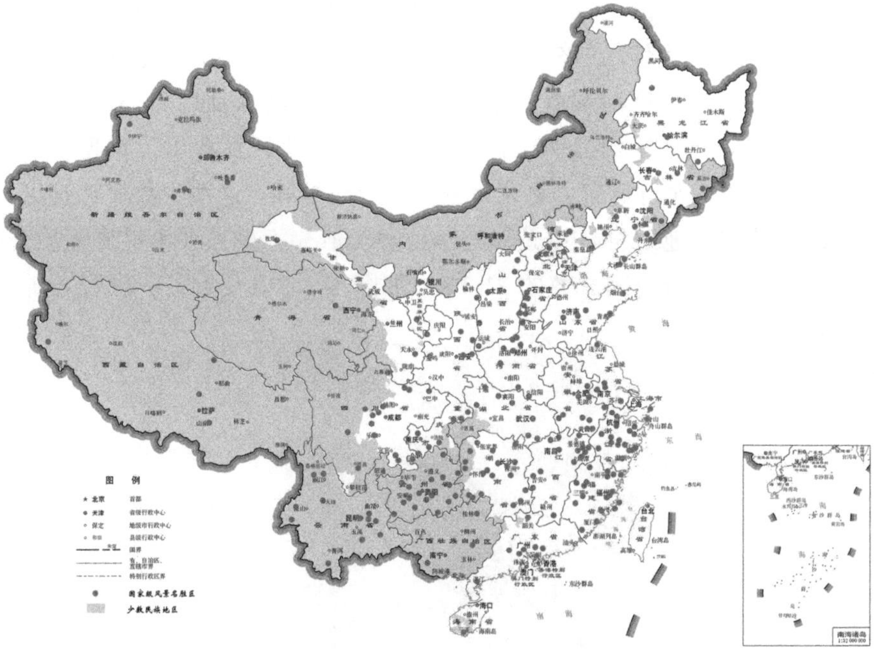

图 1-5　国家级风景名胜区分布示意图

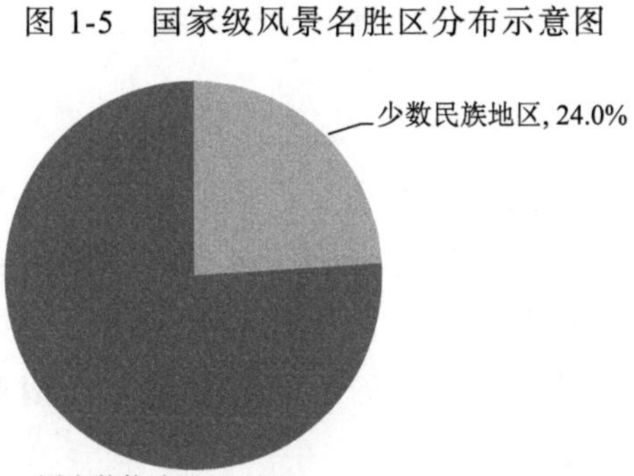

图 1-6　少数民族地区国家级风景名胜区所占全国比例构成图

（一）自然旅游资源

1. 地貌景观类

地貌即地球表面各种形态的总称，是构成风景总体特征的基本条件。一个地区在特定的地质基础与新构造运动等内力因素，以及复杂多变的气候、水文、生物等外力因素的作用下，会形成独特的地貌。我国地貌轮廓的基本特征为：地势西高东低，呈三级阶梯状分布；地形多种多样，山区面积广大，山脉纵横，呈定向排列，并交织成网格状①。各种自然景观的外貌，均与地貌地形有着十分密切的关系，不同的地貌类型构成了各具魅力的自然景观，为旅游开发提供了绝佳的自然旅游资源。少数民族地区比较完整地保留了我国地貌轮廓的基本特征，地貌类型复杂多样，山地、高原广泛分布，平原狭小，分布零散。在独特的自然条件下，少数民族地区发育出了典型的山岳地貌、喀斯特地貌、火山地貌、地震遗迹、风沙地貌等。这些少数民族地区的地貌景观因其特殊的地质科学意义和美学欣赏价值，不少被评为世界地质公园，且占到我国世界地质公园总数的 21.2%，如图 1-7，以及附录中附表 8 所示。

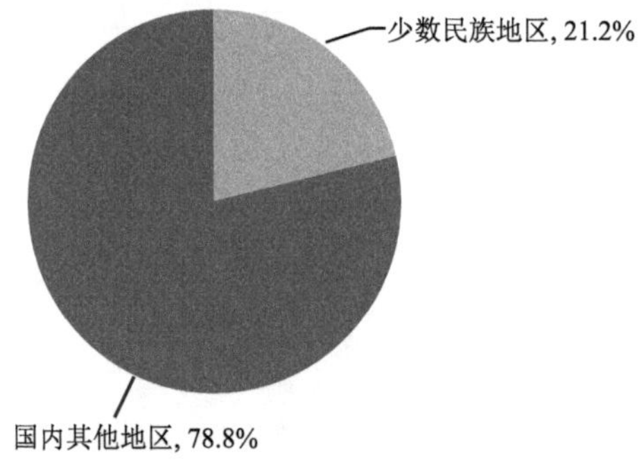

图 1-7　少数民族地区世界地质公园所占全国比例构成图

（1）山岳

山岳地貌景观主要包括风景名山、历史文化名山以及高山险峰等。历史文化名山因其文化景观或历史遗迹众多，具有特殊的历史价值、文化价值以及宗教价值，这类旅游资源在少数民族地区有分布，例如云南大理宾川的佛教名山鸡足山，为迦叶菩萨的道场，系享誉南亚、东南亚的佛教圣地，是中

① 郭守靖、郭志禹：《从地域文化学视角透视武术文化的地域性特征》，《上海体育学院学报》2006 年第 5 期，第 71-75 页。

国十大佛教名山之一。少数民族地区的风景名山，总的来说数量较多，主要有新疆天山、云南丽江玉龙雪山、四川甘孜贡嘎山、吉林延边长白山等。峰高坡陡，险峰林立，景色壮观，人迹罕至，少数民族地区的高山险峰主要有喜马拉雅山、梅里雪山、祁连山以及昆仑山等。

（2）喀斯特

喀斯特地貌景观是可溶性的岩石在含有二氧化碳的水的溶蚀、侵蚀作用下形成的，又称岩溶景观。我国喀斯特景观分布很广，其中，广西、贵州以及云南地区所占的面积最大，是世界上最大的喀斯特区域之一。其代表性景观主要有：广西的桂林山水，“山青、水秀、石美、洞奇”“山中有洞、无洞不奇”，是闻名世界的发育最典型的喀斯特地貌之一；云南石林，作为较早列入《世界遗产名录》的中国南方喀斯特的重要组成部分，不仅包含了以具有深而尖锐溶痕的高大石灰岩剑状石柱和石峰为特征的“石林”景观，还有溶洞、溶丘、洼地、漏斗、暗河、石芽、钟乳、溶蚀湖、天生桥以及断崖瀑布等，充分展示出了独特稀有的石林类喀斯特景观的魅力；四川阿坝黄龙风景区内的地表析出大量的碳酸钙沉积物，呈现五彩斑斓的色调，景色壮丽，与之毗邻的九寨沟则因一系列狭长的圆锥状喀斯特岩溶地貌显得更加生趣盎然，其高原钙华湖群、钙华瀑群和钙华滩流等水景都属于喀斯特景观；此外，云南阿庐古洞、贵州织金洞等都是喀斯特景观中著名的溶洞景观代表。

（3）火山

火山地貌所具有的奇特景观，包括死火山、休眠火山、活火山及火山喷发时的壮丽景观和留下来的遗迹等，是旅游资源的重要组成部分。我国少数民族地区火山景观主要有云南腾冲的火山群遗迹、吉林延边的长白山天池等。腾冲火山群遗迹，位于高黎贡山西侧的腾冲市，是中国最为著名的火山密集区之一，共有休眠火山 97 座，其中，火山口保存较完整的火山达 23 座，有“天然火山博物馆”之誉①。长白山天池，位于吉林省东南部，因历史上火山爆发喷射出大量熔岩，且在火山口处形成盆状，天长日久，积水成湖，便成了现在的天池，火山形态保持完整。

（4）地震遗迹

地震遗迹景观是一种特殊的旅游资源，指地震留下的包括震毁、震损或地震影响区域内完好的建（构）筑物及地震活动产生的地质、地形变动的痕

① 《经典中国》编辑部：《经典中国・云南》，中国旅游出版社，2015 年，第 194 页。

迹等，以及抗震纪念碑、纪念馆等。我国少数民族地区地震遗迹景观具有代表性的有：位于重庆市黔江区境内的小南海，属于堰塞型湖泊，水源丰富，四时不涸，风景优美，为国内迄今保存最完整的一处古地震遗址景观；四川省绵阳市北川羌族自治县县城地震遗址、唐家山堰塞湖地震遗址、县城城西滑坡遗迹，以及都江堰市虹口深溪沟地表破裂遗址景观等。这些典型的地震遗迹景观，均成为地震科学研究和旅游开发的重要资源。

（5）风沙地貌

风沙地貌景观，是指风力在对地表岩石和风化碎屑物的侵蚀、搬运和堆积过程中所形成的各种地貌形态，包括沙漠、戈壁和雅丹。作为一种特殊的、有吸引力的景观类型，主要分为风积地貌景观和风蚀地貌景观两种类型。我国少数民族地区的风沙地貌旅游资源众多，占据全国的绝大部分。风积地貌旅游资源主要是沙漠、沙丘资源，多分布在西北内陆的干旱地区，例如，新疆南部的塔克拉玛干大沙漠，面积达 30 余万千米^2，为我国最大的沙漠；内蒙古由西到东分布着巴丹吉林沙漠、腾格里沙漠、乌兰布和沙漠和毛乌素沙漠等。同时，这些沙漠中遍布沙丘奇观，特别出名的是三处“会唱歌”的响沙地——宁夏中卫沙坡头鸣沙山、内蒙古达拉特旗响沙湾、甘肃敦煌鸣沙山。风蚀地貌旅游资源则以新疆的罗布泊和乌尔禾为典型代表。在我国西北地区，常可见到一些风蚀蘑菇、风蚀柱、风蚀洼地等景观，其中最引人入胜的就是雅丹地貌，这种地貌多出现于大风干旱的古湖盆或湖积平原，由于强大风力的侵蚀和搬运作用，常呈现出风蚀岭脊、风蚀沟槽、土墩和洼地等景观形态。

2. 水域风光类

水域风光类旅游资源，是指以水体为中心，在地质地貌、气候、动植物以及人类活动等因素的影响下，形成不同类型水体景观的旅游资源总称，是自然旅游资源中的重要组成部分。按水体的性质不同，其大致可以分为江河、湖泊、瀑布、泉水、海洋以及冰川冰河景观等六类。

（1）江河

金沙江，在长江上游，位于青海、西藏、云南等少数民族聚居地区，旅游资源开发价值极高；黄河流经青海、宁夏及内蒙古等少数民族聚居地区，沿途的河源探险、高原观光、风情体验等旅游资源已经被不断地开发；“三江并流”，在云南省西北部的迪庆藏族自治州、怒江傈僳族自治州及丽江市等地自北向南并行奔流 170 多千米，穿越担当力卡山、高黎贡山、怒山和云岭等崇山峻岭之间，形成世界上罕见的“江水并流而不交汇”的奇特自然地理景观[①]。

（2）湖泊

湖泊旅游资源多以湖盆的形态、分布状况、湖水的透明度、颜色以及湖中发生的奇异现象等为旅游吸引物。我国湖泊众多，但在地区分布上很不均匀，长江中下游地区分布着我国最大的淡水湖群；西部以青藏高原湖泊较为集中，多为内陆咸水湖。我国少数民族地区的湖泊景观按湖泊所处的地理位置可分为以下三类。

一是高原湖泊。例如，云南省面积最大的淡水湖、素有“高原明珠”之称的滇池；大理的“母亲湖”洱海；我国第一大内陆湖泊和最大的咸水湖——青海湖；世界上海拔最高的大型湖泊、我国第二大的咸水湖——纳木错；贵州省最大的天然湖泊——草海；等等。

二是峡谷湖泊。例如，著名的新疆喀纳斯湖，传说湖中有“湖怪”大红鱼（哲罗鲑）出没，四周林木茂盛、风景优美，现为国家AAAAA级旅游景区；西藏的班公湖，群山环绕，湖水清澈、景色秀美，该湖最奇特之处在于湖水东淡西咸。

三是天池。此类湖泊在我国分布比较多，其中，以享有我国“四大天池”之称的新疆天山天池、吉林长白山天池、青海孟达天池和浙江天目山天池最为著名，其中前三个均位于少数民族地区。

（3）瀑布

瀑布景观是指河水在流经断层、凹陷等地区时垂直地跌落所形成的景象。瀑布旅游资源的价值集中体现在两个方面：一是观赏价值，瀑布自身所具有的形、声、色、动态的景观特色以及与周围自然景观组合的风景；二是科普价值，瀑布的成因和分类可满足游客求知的需求。由于地形复杂、河流众多，我国是一个多瀑布的国家。贵州省安顺市镇宁布依族苗族自治县境内的黄果树瀑布，是我国最著名的瀑布之一；广西壮族自治区崇左市境内的德天瀑布，和越南境内的板约瀑布相连，形成世界第四大、亚洲第一大跨国瀑布；我国少数民族地区其他的著名瀑布还有云南罗平九龙瀑布、大关黄连河瀑布、大姚三潭瀑布以及四川阿坝的九寨沟熊猫海瀑布等。

（4）泉水

泉是地下水天然出露至地表的地点，或者地下含水层露出地表的地点。

① 刘冠美：《中西河流文化比较》，《中国三峡》2015年第9期，第11-16页。

泉水在为人类提供了理想水源的同时也构成了许多观赏景观。我国泉水类旅游资源不计其数，分布十分广泛，种类非常丰富，各地名泉不胜枚举，自古以来都是人们观赏、利用的对象。西藏自治区、云南省的温泉数量分别居全国第一、第二位。云南腾冲温泉、广西陆川温泉等现都是矿泉理疗的旅游胜地。此外，广西桂平西山的乳泉，西藏羊八井、查布等的间歇泉均已被旅游开发。

（5）海洋

海洋旅游资源，其功能在于海滨观光休闲、度假娱乐和康体疗养。我国少数民族地区中海南、广西拥有丰富的海洋旅游资源。海南岛作为我国的国际旅游岛，具有建设世界一流的海滨度假地的优越自然条件，长约 1823 千米的海岸线上，沙滩绵延不绝，阳光明媚灿烂，一年之中多数时间可进行海浴、日光浴、沙浴和风浴。广西壮族自治区内的北海银滩是著名的海滨度假地，号称北海市的一张名片。

（6）冰川冰河

冰川冰河景观是指由大量冰块堆积形成的如同河川般的自然景观。在终年冰封的高山或两极地区，多年的积雪经重力的挤压，沿斜坡向下滑形成了冰川冰河。作为固态水体，冰川冰河神圣玉洁、令人向往，是水域风光类旅游资源中比较独特的一种类型。西藏珠穆朗玛峰地区的绒布冰川、新疆昆仑山地区的音苏盖提冰川、乌鲁木齐天山一号冰川以及四川海螺沟冰川等堪称冰川冰河景观的典型代表。

3. 天象与气候景观类

我国少数民族地区分布广泛，天象与气候既有从北到南的变化，又有自西向东的变化，还有海拔高低的垂直变化，更有特定地理环境下形成的特殊变化。

少数民族地区天象与气候类旅游资源的典型代表有：贵州毕节地区的“南山雨霁”和“东壁朝霞”，景象神奇美妙[①]；吉林延边地区的“树挂”，在气象学上称为“雾凇”，是雾天里形成于树枝上或景物上洁白冰莹的结晶物，令人赏心悦目；云南大理的“下关风、苍山雪”，作为“风花雪月”的重要组成部分，不仅成为旅游景象，而且对当地气候调节也起着重要作用。

部分少数民族地区气候宜人，具有夏无酷暑、冬无严寒、四时如春等

---

① 邓光奇：《民族地区旅游业与生态环境协调发展研究》，中央民族大学出版社，2006 年，第 100 页。

特点，成为著名的休闲度假地，具有代表性的有“避寒胜地”海南岛、“春城”昆明等。

4. 生物景观类

生物景观类旅游资源是自然旅游资源不可缺少的组成部分，也是自然旅游资源中最具有生命力、最富有特色的类型之一。生物景观类旅游资源不仅能使旅游者在旅游活动过程中获得知识、扩大视野，而且能够吸引游客探索大自然奥秘，还便于旅游开发者根据旅游者的需求更新、创造旅游景观。

（1）森林

我国国土辽阔，但森林资源少，森林覆盖率低，地区差异大。大部分森林旅游资源集中分布于东北、西南等少数民族地区。西双版纳的热带雨林、雅鲁藏布江大峡谷的红豆杉林以及大小兴安岭的原始红松林，均是少数民族地区典型的森林景观。其中，西双版纳的热带雨林资源非常丰富，与它处于同一纬度的其他地区几乎都是荒无人烟的沙漠或戈壁，唯有其 2854.21 千米^{2}的土地像一块镶嵌在皇冠上的绿宝石，格外耀眼，享有“北回归线上的翡翠”的美誉。

（2）草原

我国是世界上草原资源最丰富的国家之一，一般可分为五大草原区——东北草原区、蒙宁甘草原区、新疆草原区、青藏草原区及南方草山草坡区。其中，蒙宁甘草原区、新疆草原区、青藏草原区都位于少数民族地区。内蒙古呼伦贝尔草原、锡林郭勒草原以及鄂尔多斯草原，草肥水美、风光秀丽。

（3）植物

植物作为资源，能给游客以赏心悦目的直观感受，并具有宝贵的科学研究价值。我国少数民族地区的植物旅游资源可分为以下三种类型。

古树名木：一般是指在人类发展过程中保存下来的年代久远或具有重要科研、历史、文化价值的树木。树龄较长的树木，有云南普洱的古茶树、贵州长顺的“中华银杏王”等；物种稀有、价值较高的树木，有云南西双版纳的望天树、贵州黎平的仙女杉①等。

花卉景观：有云南丽江玉峰寺的山茶花、罗平的油菜花，贵州的“百里杜鹃”以及广西上林的花海等。

植物园：中国科学院西双版纳热带植物园就是我国植物园的杰出代表。

---

① 薛永应：《揭秘千年——“侗乡之都”策划纪实》，中央编译出版社，2003 年，第 122 页。

（4）动物及其栖息地

在我国少数民族地区的动物旅游资源中，有不少珍稀的野生动物，如四川卧龙的大熊猫、青海可可西里的藏羚羊、云南西双版纳的亚洲野象等。为了保护这些珍贵的野生动物，便于其更好地繁衍，我国相关部门已在诸多地区建立了专门的保护区。

（二）人文旅游资源

1. 古迹与建筑

（1）古遗址

古遗址是指古代人类活动留下的遗迹遗址，主要为生产、生活所建造的场所等。各个历史时期的遗址，因其独特的科考价值、历史价值和观赏价值，成为人文旅游资源中最古老景观形态的表现，具有一种奇妙、神秘的旅游吸引力。在我国已经发掘的古遗址中，少数民族地区占有一定数量，具有代表性的有：一是古人类遗址，如云南元谋的“元谋人”遗迹，距今170多万年，“元谋人”因此成为目前公认的国内最早居民；二是古城、长城及其沿线烽燧的遗址，如楼兰古城遗址、南诏太和城遗址、长城烽燧遗址等，它们曾经或为边陲重镇，或为御敌设施，在我国统一的多民族国家的形成过程中发挥过积极作用，具有重要的历史地位；三是西藏阿里地区的古格王国遗址，现存建筑群残迹数量之多，各类遗迹、遗物保留情况之好，实属罕见。

（2）历史建筑

1）名城、名镇、名村

《中华人民共和国文物保护法》第十四条规定，历史文化名城是指“保存文物特别丰富并且具有重大历史文化价值或者革命纪念意义的城市”[①]。截至2015年6月，经国务院审批公布的国家历史文化名城，分布于少数民族地区的共有27座，如图1-8、图1-9、附表9所示。这些历史文化名城又可分为以下三类：一是由地域特色或独立个性、民族风情、地方文化构成城市风貌主体的城市，如西藏拉萨、云南丽江；二是由建筑与山水环境的叠加而显示出鲜明个性特征的城市，如广西桂林；三是以反映历史上某一事件或某

① 陈学春、叶娅丽：《旅游法规与政策》，北京理工大学出版社，2019年，第201页。

个阶段的建筑物或建筑群为显著特色的城市，如贵州遵义。总的来说，它们或有历代遗留下来的名胜古迹，或有反映民族关系的历史文物，或是宗教圣地，或是革命纪念地。此外，自 2003 年起，建设部和国家文物局又评选出了一大批历史文化名镇和名村。

图 1-8　国家级历史文化名城分布示意图

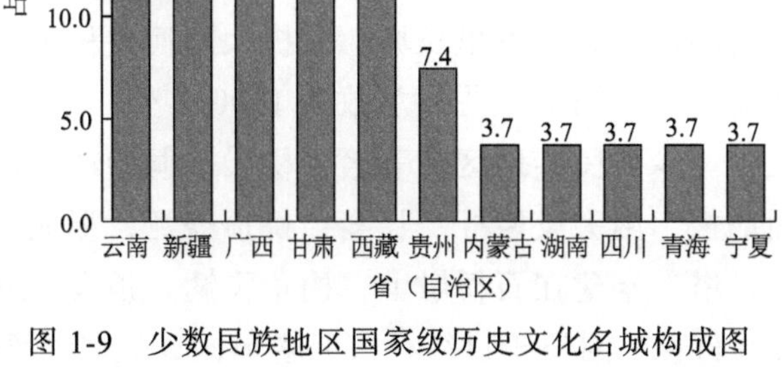

图 1-9　少数民族地区国家级历史文化名城构成图

2）宫殿

中国古代建筑在世界建筑发展史上始终保持着自己独特的体系，具有鲜明的特点，而其中的宫殿建筑类型，则反映出一个时代所拥有的建筑艺术及其技艺的最高成就。我国宫殿建筑的起源很早，但保留至今的多为明、清两代的宫殿建筑。在少数民族地区现存的宫殿建筑中，最著名的当属西藏拉萨的布达拉宫，其依山垒砌，群楼重叠，殿宇嵯峨，气势雄伟，为历代达赖喇嘛的居所和西藏政教合一的统治中心，是藏族古建筑艺术的精华。云南德宏的南甸宣抚司署，被誉为傣族的“小故宫”，是当地傣族土司府衙，为全国知名土司署。广西桂林的靖江王府，住过 12 代 14 位藩王，是我国现存历史上时间最长且保存最完好的明朝藩王府。

3）园林

我国的园林艺术历史悠久，是人类宝贵的文化遗产，对国内外游客有着极大的吸引力。少数民族地区的园林具有浓厚的地方色彩和民族特色。例如西藏拉萨的罗布林卡，占地面积为 36 万米^2，建造技艺精湛，空间布局别致，是一座典型的藏式风格园林，为少数民族地区最富有特色的园林之一。

4）工程

工程类旅游资源，是指历史上对社会发展、民生改善、科技进步以及环境治理等方面有着重大影响的设施工程。这些工程，作为旅游资源的重要组成部分，对旅游者热衷的文化探秘、建筑艺术、科学考察等都有极高的价值。其中包括以下几类。

军事防御工程。万里长城是古代中原政权在不同时期为抵御北方游牧民族侵扰而修筑的规模浩大的军事工程。内蒙古、宁夏等少数民族地区保存有战国时期的秦国长城遗址、秦朝长城遗址以及明朝长城。

大型水利工程。在少数民族地区的水利工程中，规模宏大、工程巨大的有两项，即灵渠和坎儿井。建于秦代的灵渠，又称兴安运河，位于广西兴安境内，与都江堰、郑国渠一起被称为“秦代三大水利工程”，是世界上最古老的运河之一。新疆坎儿井与万里长城、京杭大运河并称为我国古代三大工程，以吐鲁番盆地最多，当地坎儿井总数达 1100 多处，全长约 5000 千米。

古代桥梁工程。少数民族地区的著名古桥梁以侗族风雨桥为代表，桥由木料筑成，桥面铺板，两旁设栏杆、长凳，桥顶盖瓦，形成长廊式走道，由桥、塔、亭组成，塔、亭建在石桥墩上，檐角飞翘，顶有宝葫芦等装饰，形式特殊，富有民族特色，因便于过往行人躲避风雨，故名“风雨桥”。湖南、贵州、广西等的少数民族地区分布着大量的风雨桥，其中，又以广西三江境内的程阳风雨桥和贵州黎平境内的地坪乡侗寨的风雨桥最为有名。

5）陵墓

集安葬与祭祀于一体的陵墓，是我国历史建筑中最宏伟、最庞大的建筑群之一。我国古人基于“人死而灵魂不灭”的观念，普遍重视丧葬。陵墓一般都是利用自然地形，依山而建，也有少数精心构筑在平原上。在漫长的历史进程中，陵墓逐渐与绘画、书法、雕刻等诸多艺术门派融为一体，成为反映多种艺术成就的综合体。另外，陵墓多选址在自然景观优美、地势地貌壮观的地区，具有极大的游览观赏价值，对旅游者具有特殊的吸引力。我国大型陵墓有很多，帝王陵墓宏伟、庞大，如黄帝陵、秦始皇陵、唐乾陵、西夏王陵、明十三陵、清东陵等；历史名人陵墓往往会为世人所祭奠和凭吊，如孔子墓、司马迁墓、岳飞墓以及海瑞墓等。

我国各个少数民族的葬仪不尽相同，有火葬，有天葬，有悬棺葬，但大型陵墓不多。新疆是我国少数民族地区发现古墓最多的地区之一，除少数汉墓外，多为少数民族墓地，形式各异：哈密市郊的哈密王墓，具有维吾尔族特点，为明末清初几代哈密王的墓地；吐鲁番阿斯塔那古墓群，为西晋至唐代当地居民的公共墓地，因有许多类似埃及木乃伊的干尸而成为旅游景点。宁夏银川的西夏王陵，对研究西夏文化和历史具有重大价值。西藏琼结的藏王墓，为7～9世纪吐蕃王朝时期第29～40代（末代）赞普、大臣及王妃的墓葬群，是西藏保存下来规模最大的王陵。云南盐津和四川珙县的悬棺，木质棺材置于距地表数十米高的山崖上或石穴内，是古代少数民族僰人的一种墓葬形式。此外，少数民族地区陵墓还有内蒙古地区的成吉思汗陵和昭君墓、广西桂林的靖江王墓群、云南大理的杜文秀墓、吉林敦化的六顶山渤海国墓群等。

（3）名人故居

名人故居，是历史上具有一定影响力的人物曾经生活居住过的地方，名人、历史与建筑相交融，是人们学习历史文化、缅怀先贤业绩、弘扬前辈风范的重要场所，是一种特殊的文化载体。

少数民族地区的名人故居，不仅能够展现深厚的地方民族文化，而且能够体现地域思想文化与中原思想文化的交融。以云南为例，滇中有朱德、聂耳、闻一多、杨振宁、华罗庚、朱自清、周培源、潘光旦、梁思成、林徽因及袁嘉谷等的故居；滇西有艾思奇、李根源等的故居；滇东南有熊庆来故居；

滇东北有唐继尧、罗炳辉等的故居。随着旅游资源开发的深入，越来越多的名人故居得到了修缮和利用，部分名人故居已被改建为名人纪念馆和博物馆，成为文化旅游景点；也有部分名人故居被另作他用，成为高档主题餐厅等。

（4）代表性纪念地与重要设施

历史上，我国少数民族地区涌现过大批的杰出人物和先进事迹，从而留下了众多的代表性纪念地与重要设施。仍以云南省为例，国殇墓园，位于“极边第一城”腾冲市，1945 年 7 月 7 日落成，是为纪念 1944 年收复腾冲的中国远征军第二十集团军阵亡将士而建立的陵园；滇缅公路，为世界反法西斯诸国与我国抗日战场之间物资运输的国际公路、通道，东起昆明，经大理、保山、龙陵等地，由畹町出境，外接缅甸腊戌，再与缅甸中央铁路相连，是滇西各族人民用血肉筑成的生命之路；松山战役遗址，位于龙陵县腊勐镇，是第二次世界大战中保存最为完整的战场遗址之一，滇西抗战中时间最长、规模最大的一场关键性战役就是在这里进行的，具有重要的历史文化价值；滇越铁路，以云南“火车不通国内通国外”的米轨铁路交通而闻名于世，起于昆明，止于越南海防港，全长 859 千米，与巴拿马运河、苏伊士运河并列为“世界三大工程奇迹”，与印度大吉岭喜马拉雅铁路、秘鲁安第斯山中央铁路并列为“20 世纪世界三大高原铁路”。国立西南联合大学旧址，位于昆明市一二一大街的云南师范大学校园内，是抗日战争期间由国立北京大学、国立清华大学和私立南开大学联合而成的综合性大学，战火横飞中的学术殿堂，激励着人们追求真理与科学，吸引着众多校友及旅游者前来缅怀和参观；扎西会议旧址，位于威信县扎西镇，为红色旅游标志性景观，现已被列为全国爱国主义教育示范基地和全国 100 个红色旅游经典景区之一。

2. 民俗风情

（1）传统节日

传统节日是一个民族在长期社会发展中形成的、具有特殊意义并举行庆祝或祭祀仪式等活动的日子。由于地理、历史等原因，少数民族地区的民俗风情各异，传统节日众多。这些节日与季节更迭、祈求丰收、崇拜英雄、谈情说爱、传统习俗、宗教信仰等有着密切关系，是少数民族同胞生产生活的突出表现形式，也是少数民族地区民俗风情的具体动态演绎。传统节日深植在少数民族同胞心目和生活之中，同时也成为民俗风情旅游资源中的重要组成部分，其丰富度令人叹为观止（附表10）。

（2）民居建筑

由于地理环境和气候条件的多样，我国少数民族地区的民居建筑因地制宜、各具特色。各式各样的少数民族民居，外有奇丽的风貌，内有智慧的技艺，形成了突出的民居建筑文化，极大地吸引着旅游者[①]。云南有52个少数民族，不少地方都有各具特色的民居建筑，如怒江傈僳族的木楞房、楚雄彝族的土掌房、红河哈尼族的蘑菇房、西双版纳傣族的竹楼、大理白族的“三坊一照壁”和“四合五天井”等。贵州苗族的吊脚楼建在斜坡上，没有地基，以柱子支撑主体，一般分为三层，最上层只放粮食，中间住人，楼下堆放杂物或圈养牲畜。新疆维吾尔族民居以土坯建筑为主，土墙平顶，外面围有院落，多为带有地下室的单层或双层拱式平顶。西藏、四川等地区藏族的“碉房”，用石块砌筑外墙，内部为木结构平顶。内蒙古地区的蒙古族所居住的蒙古包，内部宽大明亮，圆形尖顶开有天窗，洁白如云，与大草原融为一体，建造和搬迁都很方便，适于牧业生产和游牧生活。

少数民族地区的民居建筑，在结构、布局、材料、工艺等方面都形成了典型化和规范化的风格，具有多元性、地域性、原真性以及景观独特性等特征，反映了各少数民族同胞与自然的和谐共存。可以说，民居建筑是各少数民族同胞智慧和创造力的象征，是厚重而珍贵的历史文化遗产。

（3）特色饮食

我国少数民族的饮食及文化个性十分鲜明。西南地区的傣族、布依族、哈尼族等，主食以稻米为主，以猪、鱼等为肉食来源[②]。西北地区的维吾尔族饮食以小麦、牛羊肉、酥油、水果、茶为主。西藏地区的藏族以牛、羊等为肉食来源，并食用青稞，以及酥油茶等。内蒙古地区的蒙古族，饮食以羊肉、奶制品及奶茶为主。在东北地区，满族喜欢食用“福肉”（清水煮白肉）[③]，过年时主要吃饺子和“年饽饽”。赫哲族、鄂伦春族、鄂温克族等民族，靠狩猎、渔业生存，故此三个民族以肉食为主要食物来源。同时，各少数民族均形成了自己独特的烹饪方法和饮食习惯。这些对于旅游者来说是重要的游玩体验项目。

---

① 王伟、余敏：《浅谈云南少数民族建筑的文化特征》，《重庆科技学院学报（社会科学版）》2008年第9期，第155-156页。

② 马静：《导游基础知识应用》，西北工业大学出版社，2015年，第69-70页。

③ 李朝霞：《中国食材辞典》，山西科学技术出版社，2012年，第415页。

（4）民间工艺

少数民族地区的民间工艺取材多样，门类全、种类多，历史悠久，有木雕、刺绣、扎染、纺织、编结、制陶以及银器、铜器、铁器制造工艺等，而且各少数民族几乎都有其独特的工艺类型和品种，内容涉及生产、生活和文化的各个层面，有着极其强烈的地方特色和民族风格。其民间工艺品（表 1-2），除了具有深厚的历史底蕴和浓厚的乡土气息外，还是少数民族生活情趣、社交礼仪、情思爱憎的一面镜子，能够突出反映少数民族同胞对美好生活的态度与愿望。

表 1-2 少数民族地区代表性工艺品一览表

序号	省（自治区）	工艺品
1	内蒙古	牛皮画、蒙古族乐器、蒙古刀等
2	广西	壮锦、贝雕画、绣球等
3	西藏	唐卡、藏香、藏刀等
4	宁夏	贺兰石工艺品、滩羊皮制品等
5	新疆	和田玉雕、新疆地毯、维吾尔族花帽、英吉沙小刀等
6	云南	傣锦、扎染、剑川木雕、大理石雕、鹤庆银器、阿昌刀等
7	贵州	蜡染、苗族银饰、玉屏箫笛、苗族芦笙、大方漆器、民族织锦等
8	青海	土族刺绣、石刻工艺品、青海地毯等

少数民族地区的工艺品大部分都是日常生活中的实用物品，或是将工艺品结合附着在实用物品上，具有生产生活实用价值。另外，部分少数民族服饰也逐渐成为当地具有代表性的工艺品之一。例如，大理白族崇尚白色，服饰以白色为主色调，女子的头饰代表大理的“风花雪月”，男子则身着扎染马褂；贵州苗族服饰款式繁多，银饰更是精巧多样。这些服饰现已成为少数民族地区的旅游商品之一。

旅游者在旅游过程中一般都会被当地民间工艺所吸引，购买工艺品留作纪念或作为礼物赠送给亲朋好友。在云南大理可能会购买银饰品和扎染品，到广西桂林可能会购买绣球，到新疆可能会购买地毯和小花帽，到海南可能会购买黎锦品和椰雕等。

3. 宗教文化

宗教文化旅游资源是一种个性鲜明、内涵深厚的人文旅游资源，能够在旅游开发中发挥重要的吸引作用。近年来，随着我国旅游业的快速发展，宗教文化旅游资源开发问题引起了越来越多的关注，需要旅游业相关者谨慎对待。

少数民族地区作为我国宗教普遍分布的区域，宗教文化旅游资源十分丰富，既有原始宗教，也有佛教、基督教、伊斯兰教、道教等宗教。这里，将少数民族地区的宗教文化旅游资源分为佛教、道教、伊斯兰教和其他宗教等四大类别旅游资源进行阐述。

（1）佛教

1）佛教名山

少数民族地区的佛教名山可以云南宾川鸡足山为代表。相传佛祖释迦牟尼的大弟子饮光迦叶僧，抱金襤袈裟，携舍利佛牙入定鸡足山，由此奠定了该山在佛教界的崇高地位。鸡足山后来成为我国汉传佛教与藏传佛教的交汇地，是饮誉东南亚的著名佛教圣地。

2）佛教寺庙

云南、西藏、青海以及甘肃等地的许多少数民族普遍信奉佛教，汉传佛教、藏传佛教、南传上座部佛教寺庙众多。

云南佛教寺庙众多，昆明分布着圆通寺、盘龙寺、筇竹寺、太华寺、昙华寺等著名寺庙，香火旺盛，大理的崇圣寺以及西双版纳的总佛寺、曼春满佛寺及勐泐大佛寺的知名度均十分高。其中，圆通寺是昆明最大的寺院，位于市区圆通街，已有 1200 多年的历史；筇竹寺内保存的五百罗汉彩塑，吸引着大量国内外游客；大理的崇圣寺，东临洱海，西靠苍山，历史上有多位大理国王在此出家，在金庸武侠小说《天龙八部》中称为“天龙寺”；西双版纳的曼春满佛寺，建于公元 583 年[①]，距今已有 1400 多年的历史，传说是佛教传入西双版纳后修建的第一座佛寺，也是当地至今保存完好、最具代表性的南传上座部佛教寺庙之一；勐泐大佛寺则是在古代傣王朝的皇家寺院“景飘佛寺”的原址上恢复重建的，南传上座部佛教的历史与传统文化色彩浓厚。

西藏佛教寺院众多、规模宏大。布达拉宫屹立在拉萨市区西北的红山上，依山而建，气势雄伟，是集宫殿、城堡和寺院于一体的辉煌建筑群，是历代达赖喇嘛的冬宫居所和西藏政教合一的统治中心，也是一座恢宏的艺术殿堂。大昭寺，系藏王松赞干布所建，已有 1300 多年的历史，在藏传佛教中拥有至高无上的地位。小昭寺，与大昭寺相对应，是在文成公主主持下，藏、汉族

① 云南省旅游发展委员会：《现场导游》，云南大学出版社，2014 年，第 169 页。

工匠合力建造而成，与大昭寺合称“拉萨二昭”，驰名于世。

青海西宁的塔尔寺，始建于明代，是西北地区藏传佛教的活动中心，作为藏传佛教格鲁派六大寺院之一，殿堂雄伟，宝塔林立，历史悠久，艺术精湛。甘肃甘南的拉卜楞寺，也是藏传佛教的格鲁派六大寺院之一，有经卷 8 万余册，为研究藏族的政治、经济、文化、历史、天文、地理、宗教等提供了珍贵的史料，在全国喇嘛寺中有很大的影响，被誉为“世界藏学府”。

3）佛塔

我国佛塔分布普遍，少数民族地区也有不少，其中最著名的有云南大理的崇圣寺三塔。该塔屹立于苍山之麓和洱海之滨，气势雄伟，是云南现存最古老的建筑物之一，也是大理的象征，为国内享有盛名的塔群。云南西双版纳的曼飞龙白塔，由大小 9 座白塔组成，中间为主塔，高 16.29 米，雄伟挺拔，其余 8 座小塔分列八角，高 9.1 米，形似莲花，巍峨参差，壮丽奇特，耸入云霄，为南传上座部佛教著名建筑。宁夏银川的海宝塔，为楼阁式佛塔，形体高大、方形塔身，其建筑结构来源于中国传统建筑中的楼阁。宁夏青铜峡塔林，作为我国佛塔建筑中的大型塔群，位于青铜峡市峡口镇黄河西岸一个陡峭的山坡上，有佛塔 108 座，气势雄壮。

此外，在西藏、四川等少数民族聚居地区，长期以来，藏传佛教僧俗都热衷于建造佛塔，作为一种修德积福的途径，使得这一地区成为当今世界上拥有佛塔最多的地区之一。

4）石窟

我国的佛教石窟，起初是仿印度石窟开凿的，兴于魏晋，盛于隋唐，以西北地区的黄河流域最为集中。石窟艺术属于佛教艺术，取材于佛教故事，吸收了印度犍陀罗艺术精华，融合了我国传统的绘画、雕塑、建筑等艺术，反映出佛教思想及其本土化过程，是研究我国佛教史、艺术史及中外文化交流史的珍贵资料，深受人们的关注和喜爱。

少数民族地区的石窟数量较多，年代久远。新疆现有石窟群 17 处，洞窟多达 960 多个，大部分集中在天山南部的拜城、吐鲁番等地，其中著名的有拜城的克孜尔石窟群、库车的库木吐拉石窟群以及鄯善的吐峪沟石窟群等；甘肃肃南的文殊山石窟，是研究十六国时期佛教艺术的珍贵资料，对研究河西地区与西域的佛教建筑、艺术关系具有重要价值；云南剑川的石钟山石窟，开凿于大理南诏时期，对研究南诏王室宫廷生活及佛教文化具有很高的价值。这些佛教石窟的旅游文化价值都比较高，是旅游者观赏、研学的好去处。

（2）道教

道教，又称“道家”“黄老”，是我国土生土长的宗教，至今已有 1800 多年的历史[①]。巍峨的道教名山、瑰丽的宫观建筑、玄妙的雕塑绘画、神秘的法事礼仪、香烟缭绕的祈祷氛围等，吸引着无数的信士和旅游者。道教的修行场所，大多选择在风景秀丽、环境清幽的地方，所谓“洞天福地”。道教名山连同保存下来的建筑、雕刻、绘画等具备较高的旅游价值。

少数民族地区的道教名山有云南大理的巍宝山，盛于明清时期，至清末殿宇遍布全山，闻名遐迩；贵州镇远的中和山，历史悠久，环境清幽，为“黔东第一洞天”。此外，青海西倾山的西城山洞和广西白石山的白石洞天，也是不少游客熟悉的洞天福地。

道教的庙宇建筑一般称“宫”或“观”。少数民族地区保存较好的道教建筑主要有湖北恩施的石柱观、湖南通道的白衣观、宁夏银川的玉皇阁等。道教庙宇与保存下来的建筑、音乐、法式、绘画、雕刻、服饰、礼仪以及养生术等众多道教文化，构成了少数民族地区特有的道教文化旅游景观和资源。

（3）伊斯兰教

伊斯兰教大约于公元 7 世纪传入我国，为回族、维吾尔族等少数民族同胞所信仰。西北少数民族地区是我国伊斯兰教文化旅游资源最为集中的区域。伊斯兰教的旅游景观主要为清真寺，少数民族地区清真寺较著名的包括：新疆喀什的艾提尕尔清真寺，该寺系富有宗教色彩和民族风格的伊斯兰教古建筑群，不仅是新疆规模最大的清真寺，也是全国规模最大的清真寺之一；宁夏同心清真大寺，该寺是该区现存规模较大的清真寺，在其南部山区的穆斯林中影响较大；青海西宁的清真大寺，始建于明朝初年，是我国西北地区大清真寺之一，该寺坐西面东，建造雄奇，庄严雅静，兼具我国古典建筑特色和民族风格；内蒙古呼和浩特的清真大寺，该寺是呼和浩特原有八座清真寺中建筑年代最早、规模最大的一座，也是一座比较优美和相对完整的古建筑。

（4）其他宗教

西南地区是我国少数民族最集中的地区之一，部分民族信仰基督教，许多民族仍保存着古老神秘、丰富多样的原始宗教。在云贵高原上分布着一些规模不一、大小不等的基督教堂、天主教堂。生活在怒江边的普米族，在农历二月十五日会举行全村的祭天仪式，用松木杆建造 49 个祭坛，插上绘有日、

① 霍雅娟：《中国文化概论》，内蒙古科学技术出版社，2007 年，第 190-191 页。

月、星、风、雨、雷、电等图形的旗幡，选择各种牲畜、家禽等食物作为祭品，祭祀当日，全村必须前往参加[①]；居住在高黎贡山山区的傈僳族、怒族、独龙族、彝族等民族，或深信天地主宰，或深信万物有灵，还有一些祭祀仪式。这对一些旅游者来说无疑会产生神秘、特异的旅游吸引力。

4. 文学艺术

少数民族的文学艺术能够充分展示当地的历史文化、风俗习惯、人文情怀和生活状况，其中，有的被列入联合国教科文组织《人类非物质文化遗产代表作名录》和《急需保护的非物质文化遗产名录》（表 1-3）。少数民族地区的文学艺术内容与形式都非常丰富，如蒙古族的英雄史诗《江格尔》、柯尔克孜族的传记性史诗《玛纳斯》与藏族的民间说唱体长篇英雄史诗《格萨尔》并称我国少数民族的三大英雄史诗；云南石林的民间叙事长诗《阿诗玛》，为彝族撒尼人世世代代集体创作，是在其口头上流传的一支美丽的诗歌，享誉海内外；作为一种音乐艺术形式，贵州《侗族大歌》是侗族文化的重要体现；新疆的木卡姆艺术集歌、舞、乐等技艺于一体，是维吾尔族创作出来的音乐财富。这些少数民族文化艺术，已为许多爱好文学艺术的旅游者追捧和喜爱。

表 1-3 我国少数民族地区列入《人类非物质文化遗产代表作名录》和《急需保护的非物质文化遗产名录》的文化遗产统计表

序号	《人类非物质文化遗产代表作》	《急需保护的非物质文化遗产》
1	新疆“维吾尔木卡姆”艺术	羌年庆祝习俗
2	蒙古族长调民歌	黎族传统纺染织绣技艺
3	《侗族大歌》	维吾尔族麦西来甫
4	《格萨尔》史诗	赫哲族伊玛堪说唱
5	青海热贡艺术	
6	藏戏	
7	新疆《玛纳斯》	
8	蒙古族呼麦	
9	甘肃花儿	
10	朝鲜族农乐舞	

5. 风物特产

每个少数民族地区几乎都有体现地域特色和民族风情的土特产品，诸如

① 刘荣昆：《傣族生态文化研究》，云南大学出版社，2011 年，第 195 页。

新疆的葡萄干、香梨和玉石等；西藏的雪莲、藏红花及藏香等；宁夏的枸杞、甘草及葡萄酒等；内蒙古的奶酪、奶酒及奶茶等；广西的织锦、柚子及荔枝等；云南的野生菌、普洱茶及云南白药等；青海的牛肉干与冬虫夏草等；贵州的蜡染和茅台酒等。这些少数民族的风物特产深受旅游者特别是自驾车旅游者的喜爱。

四、少数民族地区旅游资源特色评价

（一）种类齐全，丰富多样

我国少数民族地区跨越多个经纬度，从南方四季如春的“春城”到北方林海雪原的“冰城”，热带雨林绵延不绝，草原草甸广阔纵横，动植物种类繁多，风物特产丰富，景观多彩多姿；从海拔–155 米的吐鲁番艾丁湖到海拔 8848.86 米的世界第一高峰——珠穆朗玛峰，山地、丘陵、盆地、平原、高原等地貌类型齐全，江河如织，湖泊广布，泉瀑众多，冰川多姿，海疆辽阔；在横断山脉地区，更是“一山有四季，十里不同天”，自然景观非同寻常；加之，55 个少数民族均有纯朴浓郁的民俗风情，建筑精美奇特，饮食风味独特，歌舞异彩纷呈，信仰神秘多元，古迹神奇珍稀，节庆传奇热烈，文化底蕴积淀深厚，人文景观异彩纷呈。少数民族地区旅游资源堪称我国乃至世界旅游资源的宝藏。

少数民族地区具有种类齐全、丰富多样的自然旅游资源与人文旅游资源，一方面是因为我国国土辽阔，地貌复杂，气候多样；另一方面也与我国历史悠久、文化灿烂有关。从旅游资源开发的角度，我国少数民族地区拥有旅游活动的各种资源和要素，能够开发适合现代旅游发展趋势的各种类型的旅游产品。

（二）绚丽多彩，特色鲜明

1. 雄伟壮丽的自然与人文景观

气势磅礴的高原大山、辽阔无际的草原牧场、绵延千里的戈壁沙漠、美丽多姿的江河湖泊、冰清玉洁的林海雪原、气候宜人的海滨海域，构成了少数民族地区包罗万象的自然旅游资源。少数民族地区不仅有众多的雪山冰峰、草原花海、奇花异草和珍禽异兽，而且还有岩溶地貌、“南山雨霁”和“东壁朝霞”，更有举世罕见的自然奇观。金沙江、澜沧江和怒江三条大江在云南西北部自北向南并行奔流 170 多千米，穿越担当力卡山、高黎贡山、怒山和云岭等，形成世界上罕见的江水并流而不交汇的“三江并流”奇特自然地理景观；云南石林、贵州荔波、重庆武隆、广西桂林、贵州施秉、重庆金佛山和广西环江等七地共同组成了被列入《世界遗产名录》的中国南方喀斯特，集中了我国最具代表性的喀斯特地形地貌，以石芽、石林、峰林、天生桥等地表喀斯特景观而著称，充分展示出了喀斯特地貌景观的魅力。

少数民族地区的人文景观，无论从历史悠久的遗迹、建筑到星罗棋布的名城、名村，还是从巍峨的宫殿、秀丽的园林到恢宏的工程、神秘的陵墓，都闪烁着耀眼的光芒。新疆“火洲”吐鲁番，是我国古代丝绸之路上的重镇，曾经是西域政治、经济、文化的中心之一，也是丝路遗存最为丰富的地区，文化积淀深厚，从交河故城到高昌故城，坎儿井、苏公塔、维吾尔族古村落、古城遗址、石窟寺、烽燧、墓葬、岩画等众多，或优美，或险峻，或壮观，是开展各项旅游活动的宝贵资源。

2. 绚丽多姿的民俗风情

一方面，每个民族都有不同于其他民族的民俗风情（风俗习惯），我国有 55 个少数民族就意味着有多种多样的民俗风情；另一方面，民俗风情是一个民族在信仰、语言、文学、艺术、服饰、饮食、居住、交通、礼仪、婚恋、生丧、节庆、娱乐、生产等方面表现出来的传统、习尚、喜好和禁忌，如果将这些方面再进一步展开，说少数民族地区风情“万种”一点不为过。云南省和新疆维吾尔自治区等少数民族地区，之所以被国内外旅游者称为“少数民族风情旅游目的地”，就是因为在其境内居住着数十个少数民族，而且各民族均有其绚丽多姿的民族风情。

各民族拥有各式各样的建筑，外有奇丽的风貌，内有智慧的技艺，形成了突出的民族民居文化；独具特色的村寨、艳丽鲜亮的服装、美味可口的佳肴、精巧别致的手工艺品，除了具有深厚的历史积淀外，还具有浓厚的乡土气息，都真实地表现出了少数民族的文化传统。这些对于极富好奇心的旅游者来说，都是其最为倾心向往的吸引物。

3. 拥有不少垄断性、高品质资源

旅游资源总是分布在一定的地理区域，同时也反映着这个区域资源的特色。少数民族地区旅游资源丰富多样、独特鲜明、规模宏大、品位高级，具有价值上的宝贵性、地域上的垄断性和范围上的相对性等特点。尤其值得强调的是，少数民族地区旅游资源的主要特色在于其拥有众多垄断性、高品质的资源。

四川阿坝的“童话世界”九寨沟、“人间瑶池”黄龙均被列入《世界遗产名录》，其他地区没有且无法复制；云南西双版纳的热带雨林具有全球绝无仅有的植物垂直分布“倒置”现象，是我国高纬度、高海拔地带保存最完整的热带雨林，也是世界上唯一保存完好、连片大面积的热带森林，其他地方不可能复制；宁夏沙坡头集沙漠、黄河、高山、绿洲于一体，既具西北风光之雄奇，又兼江南景色之秀美，人文景观丰厚，被旅游界专家誉为“垄断性旅游资源”。

此外，一些民族风情旅游资源，如摩梭人的“走婚”、彝族的火把节、傣族的泼水节、维吾尔族的木卡姆艺术以及蒙古族的长调民歌等，均独具魅力，难以复制，堪称“人间瑰宝”。

4. 地区之间资源特色差异显著

在少数民族地区，西北以大漠绿洲风光为主，西南以奇山异水风光为主，东北以冰天雪地风光为主，东南以岛屿海疆风光为主，不同地区自然旅游景观迥异。

各少数民族地区的人文旅游资源的差异也十分显著。信奉南传上座部佛教的少数民族，其衣食住行、节日庆典及文学艺术，与信奉藏传佛教、汉传佛教的少数民族不尽相同，与信奉基督教、伊斯兰教的少数民族更是大不相同；傣族的“泼水节”与蒙古族的“那达慕”大会和壮族的“三月三”，无论在形式上，还是在内容上都各不相同；傣族的竹楼、白族的“三坊一照壁”、藏族的碉房、蒙古族的蒙古包等差别也较大。此外，各少数民族地区还拥有各具地域特色、民族特点的旅游工艺品和土特产。

5. 大分散、小集中格局，空间组合良好

从总体上来看，少数民族地区旅游资源的空间分布呈现大分散、小集中的格局。即少数民族地区旅游资源的空间分布相对分散，犹如一颗颗珍珠散落在各个少数民族地区，给旅游资源的开发带来了巨大的挑战。但是，这些旅游资源又大多位于边疆，相对集中在各民族自治地方，特别是集中在内蒙古自治区、新疆维吾尔自治区、宁夏回族自治区、西藏自治区、广西壮族自治区及云南、贵州及青海等少数民族聚居地区，有利于开发和打造少数民族跨区域特大主题旅游区。

从旅游资源的空间组合上看，少数民族地区的各类旅游资源相辅相成，互为依托，表现出极高的组合性，既有自然-自然、人文-人文之间的同类组合，亦有自然-人文之间的不同组合。自然旅游资源之间的空间组合主要表现为山水资源的组合、动植物资源的组合，以及二者与地貌资源的组合等；人文旅游资源之间的组合主要表现为建筑设施与民族风情的组合、历史文化与现代文化的组合等；自然旅游资源与人文旅游资源的组合因各个少数民族地区的地理位置和民族风情不同而迥异。

第二节　少数民族地区旅游资源过度开发问题及其严重性

一、少数民族地区旅游资源过度开发问题

少数民族地区旅游资源的过度开发，给少数民族地区的生态环境、居民生活、传统文化、游客心理、旅游产业以及社会发展等带来了严重的影响。旅游资源过度开发的问题主要体现在对自然生态环境的破坏和人文社会环境的破坏两个方面。

（一）对自然生态环境的破坏

少数民族地区旅游资源的过度开发，使当地脆弱的自然生态环境承受着巨大的压力（图 1-10），许多旅游（度假）区、风景名胜区、自然保护区均出现不同程度的环境问题，一时难以弥补，具体表现在以下几个方面。

（a）贵州黄果树瀑布　　（b）四川九寨沟

图 1-10　贵州黄果树瀑布与四川九寨沟不堪重负

资料来源：http://k.sina.com.cn/article_6439959148_17fd9fa6c00100aehx.html；https://m.sohu.com/a/114619062_338078/?pvid=000115_3w_a.

第一，自然景观遭到破坏。少数民族地区部分自然景观遭到破坏，自然景区内人工建筑林立，景观景致受到影响，草山、洞穴、地表出露岩石等遭到破坏。

第二，生物资源遭到破坏。草原出现“公地悲剧”，森林遭受大面积砍伐，旅游景区（点）植被难以承受大批旅游者的涌入，野生动物的生活规律和活动空间受到扰乱和挤压。

第三，水体受到污染。旅游资源的过度开发，导致经营者和旅游者激增，旅游景区（点）、周边社区以及到访旅游者所产生的生产和生活污水，成为少数民族地区水体污染的主要污染源。

第四，出现空气与噪声污染。少数民族地区的旅游区及附近酒店、宾馆、餐馆、歌舞厅等林立，大量旅游车、自驾车过多到来，其产生的废气和噪声，必然导致空气污染和噪声污染。

第五，产生大量旅游垃圾。旅游垃圾是伴随旅游活动产生的、对自然生态环境造成污染和破坏的各种废弃物。少数民族地区旅游资源的过度开发，必然产生大量的废弃物，致使其环境卫生面临巨大压力。

（二）对人文社会环境的破坏

少数民族地区旅游资源的过度开发，也给当地人文社会环境带来了严重的影响，如文物古迹被破坏、对当地居民生活产生负面影响、传统文化蜕变等，这些破坏和影响的程度是难以估量的，具体表现在以下几个方面。

第一，文物古迹遭到破坏。旅游活动的开展本来就可能对文物古迹的保护造成一定程度的压力，而少数民族地区旅游资源的过度开发，必然导致游客的大量涌入，文物古迹遭受破坏的情况时有发生。

第二，对当地居民生活产生负面影响。其主要表现为旅游资源过度开发导致当地物价飞涨，居民生活质量下降，加之开发商、旅游者的不当言行会使当地居民产生不良反应，甚至引发当地居民与游客的冲突，进而还会引发当地居民的排外情绪等。

第三，传统文化发生蜕变。少数民族地区旅游资源的过度开发，会导致当地民族传统文化遭到异地强势文化的冲击，独特性不断消亡，民俗文化出现舞台化、商品化及庸俗化的异化倾向，甚至导致当地民族文化逐渐消失。

二、少数民族地区旅游资源过度开发的严重性

（一）对自然生态环境破坏的严重性

1. 自然景观破坏严重

少数民族地区旅游资源的过度开发，自然景观资源无底线、无红线的大肆利用，使自然景观破坏日益严重，甚至使个别自然景观遭到毁灭性的破坏（图 1-11）。

（a）开发前　　（b）开发后

图 1-11　云南洱海情人湖开发前后状况对比

资料来源：https://graph.baidu.com/api/proxy?mroute=redirect&sec=1645353483802&seckey=508e23b1be&u=http%3A%2F%2Fdy.163.com%2Fv2%2Farticle%2Fdetail%2FDNV8VMTR0524RCB3.html；http://news.sina.com.cn/o/2010-06-09/144517633602s.shtml.

湖南湘西武陵源风景名胜区被联合国教科文组织列入《世界遗产名录》，方圆 369 平方公里，自然景观出类拔萃。然而，在旅游产业发展如火如荼的时候，武陵源风景名胜区却忽视了对“世界遗产”的严格保护，对景观资源进行过度开发，伴随着所谓的重大旅游项目的上马建设，酒店、宾馆、餐厅、电梯等接待设施建设“泛滥”，致使自然景观遭到严重破坏，在 1998 年被世界遗产委员会出示“黄牌”警告。在各方压力下，当地政府停下大修大建的脚步，转而进行大规模的拆除，为自然景观的破坏“埋单”。然而，大兴土木的建与拆都对其造成了伤害，浑然天成的自然之美就在挖掘机和推土机的轰鸣声中严重受损。

长白山作为关东第一山，因其主峰多白色浮石与积雪而得名，素有“千年积雪万年松，直上人间第一峰”的美誉，然而，在巨大的经济利益诱惑下，当地贸然建造度假酒店、别墅、高尔夫球场等，导致其原生态自然景观大受影响。

2. 生物资源破坏严重

（1）对植被的破坏

在少数民族地区旅游资源过度开发的过程中，旅游资源开发者与经营者的逐利、无知、乱砍、滥伐行为，以及旅游者的不文明行为，造成当地植被破坏以及外来植被物种的入侵等。

内蒙古呼伦贝尔大草原是我国保存最完好的草原，也是世界著名的三大草原之一，自 20 世纪 80 年代起，当地开始开发草原旅游资源，草原上大大小小的草原旅游景区（点）有几百个。旅游资源过度开发的结果就是低层次、粗开发、重复性建设的景区（点）比比皆是，不仅加剧了旅游业的恶性竞争，阻碍了当地旅游业的发展，而且人为活动频繁，只利用不保护、长期掠夺式的开发利用，致使原本脆弱的草原植被日益被破坏，不少地区已经出现沙漠化。

（2）对野生动物的影响

少数民族旅游资源的过度开发，会对野生动物产生较大的影响，旅游者大量涌入野生动物活动区域，必然扰乱野生动物的正常生活规律和活动空间。如野象谷是西双版纳野生动物活动最为集中、频繁的地方之一，而景区开发引来了大量游客的进入，结果严重影响了野象、孔雀、猕猴、麂子、马鹿等野生动物的生活，原本经常出没于原始森林溪水旁的野象群已难寻踪迹，野象谷成了名不副实的旅游景区。更严重的是，自野象谷景区开发以来，当地曾多次发生野象糟蹋农田、进入村寨、袭击人畜的恶性事件，野象的生存与人的逐利之间的矛盾日益激化。

3. 水体污染严重

一般而言，任何旅游活动都会对旅游目的地的水体产生不同程度的污染。被誉为“高原明珠”的抚仙湖和洱海，一直都是当地赖以生存和发展的重要水源。但是，随着当地社会经济的不断发展和旅游资源的过度开发，生产和生活污水排放量的增加与湖泊本身自净力的减弱之间的矛盾日益突出，致使这些高原湖泊均饱受污染之苦。尽管目前上述湖泊的污染治理效果明显，已取得重大成效，但是，治理工程仍然任重而道远。

4. 空气与噪声污染严重

在少数民族地区，空气与噪声污染会危害人体健康，破坏当地纯净的环境，影响居民的正常生活，损害旅游资源的品质。新疆喀纳斯景区以神秘的

“湖怪”“云海佛光”“浮木长堤”等胜景，每年吸引大量旅游者前往观光游览、科考探险及摄影创作。然而，随着当地旅游业的迅速崛起，旅游资源开发规模越来越大，喀纳斯从一个偏僻宁静的山区变成了一个车水马龙的景区。沿着喀纳斯湖修筑的游道，侵犯了当地原生物种的生存空间；交通道路的修建，破坏了地表植被；汽车排放的尾气，嘈杂的喇叭声、刹车声，严重干扰了当地生物的生活方式。更为严重的是，大批喀纳斯湖游艇将游客带入景区的缓冲区，甚至到了喀纳斯湖的“六道湾”附近，进入喀纳斯自然保护区的核心区，这不仅违反了《中华人民共和国自然保护区条例》，同时游艇产生的废气与噪声给喀纳斯的自然生态环境带来了严重影响[①]。

5. 旅游垃圾问题严重

众所周知，珠峰大本营是为了保护珠峰核心区环境而建的帐篷群，海拔达 5200 米，与珠峰峰顶的直线距离大约为 19 千米，为登山队员和游客提供食宿。然而，当珠峰大本营为旅游者们提供便利的时候，游客量却严重超过当地空间环境的承载力，大量的垃圾随之而来，使生态环境难以承受。据专家估计，自 1953 年首次登顶以来，人类已在珠峰上留下了氧气瓶、幡旗、绳索、帐篷、罐头瓶、矿泉水瓶、塑料袋以及啤酒瓶等七八百吨的垃圾[②]。其他少数民族地区旅游地，因旅游资源过度开发，垃圾遍地、成堆的情况也比比皆是（图 1-12）。

图 1-12　珠峰大本营垃圾成堆

资料来源：https://www.sohu.com/a/168381495_659672；https://graph.baidu.com/api/proxy?mroute=redirect&sec=1645353714973&seckey=c75d57d30b&u=http%3A%2F%2Fdy.163.com%2Fv2%2Farticle%2Fdetail%2FDNHB81UR0524R7DS.html.

① 参阅尤海涛：《新疆喀纳斯国家级自然保护区生态旅游定位与运作的矛盾研究》，硕士学位论文，新疆师范大学，2006 年。

② 王文：《珠峰环保：现实与挑战》，《北方人（悦读）》2010 年第 11 期，第 39-40 页。

（二）对人文社会环境破坏的严重性

1. 文物古建破坏严重

旅游资源具有不可再生性，一旦遭到破坏，就很难恢复，特别是文物古迹。云南巍山是国家历史文化名城、南诏国的发祥地和古都。拱辰楼，位于巍山县城南诏镇，是巍山历史文化名城的标志性建筑，始建于明朝，高大雄伟、古色古香，被完整地保存至当代，在云南乃至全国实属罕见。然而，在旅游开发过程中，拱辰楼被当地政府承包给私人辟为茶馆，成为游客茶饮休闲的场所。2015 年因失火被焚毁，令人叹惜（图 1-13）。这不能不说是一种对少数民族地区旅游资源的灾难性利用。

图 1-13　巍山古城拱辰楼因不当开发毁于一旦

资料来源：http://jiangsu.china.com.cn/html/yq/yqzz/850669_2.html；
http://news.focus.cn/dg/2015-01-04/5931842.html?cfrom=mobile；
http://info.opsteel.cn/news/2015-01/0BCAA4D7136002EDE050080A7DC97E66.html.

2. 对当地居民生活影响严重

（1）当地居民生活质量下降

对于少数民族地区来说，旅游资源的可持续开发、旅游者的来访，无疑会给当地社区的居民带来更多的发展机会，有利于改善当地基础设施，促进当地社会就业。但是，少数民族地区旅游资源开发的景区（点）往往又是当地居民的生活区域。如果旅游者不加控制地大量涌入，那么当地社会公共服务功能可能难以正常运转，旅游目的地的物资供应会紧张，物价会上涨，地价会飙升，交通会堵塞，从而对当地居民的日常生活产生严重影响。同时，当旅游业进一步发展时，外来移民以及经商人员会蜂拥而来，参与到当地各行各业中，希望“分一杯旅游之羹”。外来人员或商业头脑灵活，或有一定的专业技术和经验，会与当地居民形成激烈竞争，对当地居民就业产生巨大压力。因此，少数民族地区旅游资源的过度开发，有很大可能会导致当地居民生活质量下降，日常生活受到严重影响（图 1-14）。

（a）人满为患　　（b）过度商业化

图 1-14　凤凰古城人满为患与过度商业化

资料来源：https://baijiahao.baidu.com/s?id=1681491282995122294&wfr=spider&for=pc；http://www.fotosay.com/article/90292.shtm.

（2）旅游者不良言行的负能量

少数民族地区旅游资源的过度开发，已经导致一些旅游者不良的价值观、道德观念、生活方式等逐渐影响到当地少数民族真诚淳朴的民风，给少数民族的传统伦理道德、生活方式、价值取向带来严重的消极影响。

（3）引发当地居民的排外情绪

在部分少数民族地区，旅游资源的开发已经超过了其承载能力。旅游者的大量涌入，致使当地社区居民的正常生活受到干扰，旅游业的发展带来的社会问题不断加剧。面对外来文化对本地文化的冲击，特别是少数旅游者对当地居民傲慢无礼以及对当地风俗习惯的不尊重，当地居民对旅游者的态度会从起初的热情友好迅速转变为不满甚至怨恨，进而引发当地居民的排外情绪。

3. 传统文化蜕变严重

（1）传统文化开发过度

传统文化是少数民族地区旅游业可持续发展的灵魂。然而，少数民族地区的部分传统文化却长期遭到挥霍性的过度开发与利用。

泼水节本来是傣族人民的年节，也是其最隆重的传统节日，被列为第一批国家级非物质文化遗产。然而，在美丽的西双版纳，为了迎合游客的需求、追求经济利益，傣族园打造了一个“天天泼水节”，以将其作为傣族民俗文化商业展示的舞台，脱离了一年一度的时间限制，随时可以上演。这种仪式的展示，在当地傣族居民看来，已经失去了节日本身的内涵和神圣的意义。更有甚者，有个别少数民族景区居然利用兄弟民族的婚恋习俗和少数男性游客的“猎艳”心理，打造变相敲诈游客的参与性节目。

（2）民族文化的异化

一味地满足大众旅游者的需求和追求经济利益的最大化，使得少数民族地区的民族文化被过度开发与利用，民族文化舞台化、商品化、庸俗化现象愈演愈烈，民族文化初现异化端倪。

尽管部分少数民族地区的民族风情演出大获成功，赢得大众旅游者的喝彩，但是从民族文化研究的角度看，这种演出脱离了民族文化本真的韵味。那些把少数民族的宗教祭祀仪式、婚恋习俗等精神文化、制度文化根据“旅游市场需求”随意进行“开发利用”的行为，对一个民族的文化来说，不仅是一种过度索取，而且是一种亵渎。

（3）部分文化的消亡

少数民族的文化与当地地理环境的封闭性紧密相连，而旅游业的发展却与当地的可进入性息息相关。随着交通的改善，地理环境的封闭性被打破，少数民族的文化也必然受到强烈冲击①。例如在当代社会经济文化的冲击下，伴随着旅游资源的开发与利用，云南部分少数民族地区的居民，特别是其年轻人，已经不穿戴本民族服饰，不学习本民族语言，不遵循本民族礼仪，不

---

① 王晞：《论“大众化旅游”对旅游地社会文化的负面影响》，《社会科学家》2002 年第 6 期，第 35-38 页。

继承祖辈的技艺等，民族传统文化面临着逐渐消亡的危险。云南旅游资源的灵魂被公认为少数民族文化，云南旅游业的可持续发展离不开少数民族文化，一旦少数民族文化丧失，其“七彩云南，旅游天堂”的形象将会在一定程度上失去绚丽的色彩。

第二章

少数民族地区旅游资源过度开发典型案例评析

第一节　少数民族地区旅游资源保护与开发规划成果评述

一、相关旅游策划、旅游规划及旅游项目可行性研究成果调查

富有创意、精心系统的旅游策划，能够在了解少数民族地区旅游资源优势与市场需求的基础上，通过“大胆设想、小心求证”，使旅游地或脱颖而出或稳步发展；科学的旅游规划，往往可从全局和长远的角度，凭借调研、选择、定位、布局、设计、营销、措施等规划手段，为少数民族地区旅游资源保护与开发提供指导和保障。少数民族地区旅游项目可行性研究，除了要对项目进行经济可行性分析外，还要对项目进行环境可行性等研究。因此，旅游策划、旅游规划及旅游项目可行性研究，特别是旅游规划，是少数民族地区实现旅游资源适度开发和旅游业可持续发展的一个关键和重要保障。

为了考量旅游策划、旅游规划及旅游项目可行性研究对少数民族地区旅游资源保护与开发的作用，本书从云南省旅游专家在1994～2014年这20年间参与评审的云南地区旅游策划、旅游规划[包括旅游发展规划、旅游区总体规划、旅游区（点）控制性详细规划、旅游区（点）修建性详细规划、专项旅游规划等]及旅游项目可行性研究成果（均为评审稿）中随机抽取了406个样本（附表11：《云南省旅游策划、旅游规划及旅游项目可行性研究成果随

机抽样调查名目表》），并对其进行了阅读、分析和统计，重点关注了这些成果中是否有“预留旅游资源”“旅游适度开发”“旅游过度开发”等方面的内容。

结果表明：提到“预留旅游资源”“后备旅游资源”“旅游适度开发”“限制旅游开发”“旅游过度开发”等内容的成果仅有 45 份，占总数的 11.08%，其中全部为旅游规划成果，没有旅游策划和旅游项目可行性研究报告；而没有提到这些内容的成果则有 361 份，所占比例高达 88.92%，具体对比如图 2-1 所示。

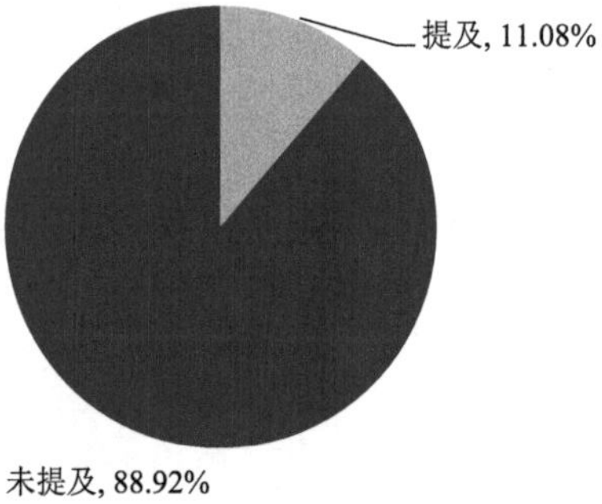

图 2-1 云南省旅游策划、旅游规划及旅游项目可行性研究成果抽样调查结果对比图

二、涉及旅游资源适度开发与过度开发的旅游规划评述

为了进一步考量上述旅游规划成果中“预留旅游资源”“后备旅游资源”“旅游适度开发”“限制旅游开发”“旅游过度开发”的具体情况，本书特对这 45 个[①]成果进行了较为详细的解读、分析。

（一）涉及“预留旅游资源”“后备旅游资源”内容的成果

1.《昭通市旅游发展“十五”计划和 2020 年远景规划》

云南大学工商管理与旅游管理学院、云南大学旅游研究所于 2001 年 8 月编制了《昭通市旅游发展“十五”计划和 2020 年远景规划》。在“第六章 旅游业发展总体布局”中，规划提出“罗汉坝景区、雨龙山景区、海子坪景

① 其中《德钦县旅游业发展总体规划》既涉及“预留旅游资源”“后备旅游资源”内容，又涉及“旅游适度开发”内容，在两部分中按不同的侧重点进行了解读、分析。

区、罗坪景区、中村景区、小山峡景区、药山景区、溪洛渡景区远期应重点开发建设，以作为后备性景区”。

2.《香格里拉县旅游发展规划》

云南师范大学旅游与地理科学学院、云南师范大学旅游规划研究中心于2002年1月编制了《香格里拉县旅游发展规划》。在“第六章 旅游发展总体布局”中，规划提出“以214廊道为本旅游区的主线，以美化廊道建设为主要工作，联动包装小中甸旅游服务中心，带动自然村参与旅游活动；中远期作为后备资源开发千湖山和天宝雪山，强化千湖草甸的旅游形象”等思路。

3.《文山壮族苗族自治州旅游发展规划》

云南大学工商管理与旅游管理学院、云南大学旅游研究所于2002年6月编制了《文山壮族苗族自治州旅游发展规划》。在“第八章 总体布局与功能分区”中，规划建议“远期重点开发建设老君山景区、小桥沟景区、旧莫景区、田蓬景区、古林箐景区、都龙景区、冲头景区、温浏景区及阿猛景区，以作为后备性景区”。

4.《德钦县旅游业发展总体规划》

中国旅游学院于2002年12月编制了《德钦县旅游业发展总体规划》。在“第四章 旅游资源评价与景区功能区划”中，规划认为“应对不同旅游功能区的旅游资源确定不同开发时序，人文生态大观园、活佛福地、说拉山口在规划期内进行开发论证，预留并保护资源”。

5.《罗平县旅游发展规划》

2002年12月，云南师范大学旅游与地理科学学院、云南师范大学旅游规划研究中心编制了《罗平县旅游发展规划》。在“第五章 旅游发展战略”中，规划将旅游功能分区分为“城市综合旅游区、农业观光休闲旅游区、峡谷观光探险旅游区、金鸡观光旅游区及潜在旅游区”等；将“阿岗湖光山色景区未来可以开发的湖光山色观赏、野外生活、水景观赏、水上运动等”定性为“潜在旅游产品”。

6.《宣威市旅游业发展总体规划》

云南大学旅游研究所在2003年8月编制了《宣威市旅游业发展总体规划》。其中，在“第七章 总体布局、功能分区与产品设计”里，在东部历史探秘岩溶探险旅游区（发展旅游区）的规划要点中提到要“加强对宝山、普立、文兴交界处的乐红草山的保护，将其留给后人开发”。

7.《云南元谋县旅游发展规划》

云南师范大学旅游与地理科学学院、云南师范大学旅游规划研究中心于2003年11月编制了《云南元谋县旅游发展规划》。在“第五章 旅游发展总体布局”中，规划提出“北部金沙江旅游片区的发展策略定位：近、中期重点开发龙街渡——盐水井片及金沙江峡谷，姜驿及江边乡其他地区作为后备资源区”等内容。

8.《屏边县滇越铁路人字桥旅游区总体规划及修建性详细规则》

2007年12月，昆明艺嘉旅游规划设计有限公司编制了《屏边县滇越铁路人字桥旅游区总体规划及修建性详细规则》。其“第七章 规划布局”有涉及“发展预留用地”的规划，如“将风雨桥南面、四岔河旁的梯田，现状保留，作为远期发展预留用地”等。

9.《龙陵县旅游发展规划》

云南大学旅游研究所于2010年10月编制了《龙陵县旅游发展规划》。在“第七章 总体布局、功能分区与产品设计”中，有“平达乡和木城彝族傈僳族自治乡生态环境良好、民族风情浓郁，规划近期重在保护资源和环境，不做大规模开发，作为远期开发预留”内容。

（二）涉及“旅游过度开发”“限制旅游开发”内容的成果

1.《双柏县旅游业发展规划（纲要）》

复旦大学数量经济与运筹学研究所、浙江大学旅游学院和云南大学工商管理与旅游管理学院于2001年3月共同编制了《双柏县旅游业发展规划（纲要）》。其中，在“第八章 旅游支持系统规划”中，提出了“开发过度，会超过资源的承载能力”“注意资源的承载能力，在开发中求保护”等。

2.《牟定县旅游业发展规划（纲要）》

复旦大学数量经济与运筹学研究所、浙江大学旅游学院和云南大学工商管理与旅游管理学院于2001年3月共同编制了《牟定县旅游业发展规划（纲要）》。其中，在“第八章 旅游支持系统规划”中，规划指出“开发过度，会超过资源的承载能力”。

3.《元谋县旅游业发展规划(纲要)》

复旦大学数量经济与运筹学研究所、浙江大学旅游学院和云南大学工商管理与旅游管理学院于2001年3月共同编制了《元谋县旅游业发展规划(纲要)》。在“第八章 旅游支持系统规划”中，规划指出旅游环境保护中存在许多问题，诸如“开发过度，超过资源的承载能力”“森林覆盖率较低”等。

4.《三江并流风景名胜区·梅里雪山景区总体规划》

北京清华城市规划设计研究院景观所和清华大学资源保护与旅游发展研究院于2002年8月编制了《三江并流风景名胜区·梅里雪山景区总体规划》。其中，在“第四章 战略规划”中，规划提出“协调社区发展，使对资源保护的影响减至最低，限制旅游开发使当地社区正常发展等”。

5.《滇西北香格里拉生态旅游区发展规划(纲要)》

滇西北旅游区旅游发展规划纲要编制工作组于2003年10月编制了《滇西北香格里拉生态旅游区发展规划(纲要)》。在“第三章 旅游发展现状及趋势”中，规划有如下阐述：“对有的高品质人文旅游资源的原真性保护不力，导致难以延长旅客的停留时间和提高旅游消费水平。与旅游资源的占用和旅游设施的投入相比较，旅游经济产出效益不高。”

6.《麒麟区南盘江乡村旅游区总体规划》

2010年10月，云南大学旅游研究所编制了《麒麟区南盘江乡村旅游区总体规划》。在“第七章 旅游区空间布局、功能分区与旅游容量”中，规划指出：“目前，三宝温泉存在着管理不力、设施老化、开发过度、总体形象不佳等一系列问题，急需改造或重建等。”

(三)涉及“旅游适度开发”内容的成果

1.《抚仙湖旅游规划与开发设计》

德国欧洲旅游研究所在其2000年12月编制的《抚仙湖旅游规划与开发设计》中提出“对抚仙湖各个地段的景观进行评价，探讨其具体保护措施及适度发展可能”。

2.《巍山县旅游发展规划》

2001年3月，昆明大学旅游系与昆明大学旅游科研所编写了《巍山县旅游发展规划》。在“第五章 旅游发展战略”中，规划提到“近期首先对历史文化遗址加强保护，待条件成熟再适度开发”。

3.《禄丰县旅游业发展规划（纲要）》

2001年3月，复旦大学数量经济与运筹学研究所、浙江大学旅游学院、云南大学工商管理与旅游管理学院共同编制了《禄丰县旅游业发展规划（纲要）》。在“第三章 开发原则”中，规划指出该县要坚持“以保护为前提的开发原则”；同时指出“对于生态环境优美的五台山景区，同样应当在保护的前提下，避免超出生态承载能力的对旅游资源的过度开发”；“生态环境方面，禄丰的黑井可以作为反面教材。历史上曾经盛极一时的繁荣商镇，由于大量伐树制盐，现在植被已经被破坏，泥石流随时危及人们的生命”。

4.《楚雄市旅游业发展规划（纲要）》

复旦大学数量经济与运筹学研究所、浙江大学旅游学院和云南大学工商管理与旅游管理学院于2001年3月共同编制了《楚雄市旅游业发展规划（纲要）》。其中，在“第五章 旅游业发展战略”中，规划将鹿城旅游区、紫溪山旅游区、龙川江旅游区、西部旅游区分别定性为中心区、重点区、适度发展区及保护区，对其旅游开发层次做了具体的划分。

5.《泸沽湖风景旅游区“文化模块”策划书》

2001年6月，美国大自然保护协会云南办事处编写了《泸沽湖风景旅游区“文化模块”策划书》，其中提出“在发展旅游业中注重摩梭文化的适度保护与发展”。

6.《禄劝彝族苗族自治县旅游发展规划》

云南大学工商管理与旅游管理学院、云南大学旅游研究所于2001年6月编制了《禄劝彝族苗族自治县旅游发展规划》。其中，在“第七章 总体布局与功能分区”中，针对云龙湖山生态旅游区的规划要点提到了“在进行调查和规划的基础上，对犀牛溶洞群进行适度开发，提高其可进入性和游览方便性”。

7.《德钦县旅游业发展总体规划》

2002年12月，中国旅游学院在《德钦县旅游业发展总体规划》的“第八章 旅游业可持续发展及环境保护规划”中提到“坚持审慎、适度开发原则，应尽量减少大规模开发”“旅游部门应加强对可持续发展的宣传力度，正确宣传景区生态环境的脆弱性和需要旅游者在旅游过程中注意的事项。在吸引更多游客前来的同时，必须维护好生态环境，不能以牺牲环境为代价招徕超出景区生态环境承载力的游客”等内容。

8.《腾冲县旅游发展规划》

云南师范大学旅游与地理科学学院、云南师范大学旅游规划研究中心于2003年1月编制了《腾冲县旅游发展规划》。其中，“第十五章 旅游发展对策措施”明确指出：腾冲县旅游业的发展必须走适度发展的道路，以经济效益为中心，以社会效益为目的，以环境效益为根本，从而实现三者的统一。

9.《拉市海高原湿地旅游区总体规划》

云南大学工商管理与旅游管理学院、云南大学旅游研究所在2003年3月编制了《拉市海高原湿地旅游区总体规划》。其中，“第十二章 分期建设规划”提到：“考虑到拉市海旅游区作为生态类型旅游区，保护是其首要的目的，因而建设项目不宜太多，建设规模也应有所控制，故规划将建设周期划分为二期，建设周期可视资金和其他条件情况而定。”

10.《大理省级旅游度假区总体规划（修编）》

云南方城规划设计事务所在2004年编制了《大理省级旅游度假区总体规划（修编）》。在“第九章 保护规划”中，规划对环境控制、文化保护等内容作了详细要求。

11.《姚安县旅游发展规划》

2004年3月，复旦大学数量经济与运筹学研究所、浙江大学旅游学院、云南师范大学旅游与地理科学学院共同编制了《姚安县旅游发展规划》。在“第六章 旅游发展总体布局”中，规划将“西部生态科考旅游区”的开发构想设定为：“近期可进一步搞好资源调查工作和前期开发准备工作，中、远期对水箐景区和园鹤山景区进行适度森林生态旅游开发。”

12.《武定县旅游发展总体规划》

2004年，云南省城乡规划设计研究院与云南大学旅游研究所共同编制了《武定县旅游发展总体规划》。在“第八章 旅游资源与环境的保护”中，该规划指出：“盲目地发展旅游业和过度、无序地开发旅游资源，将会导致旅游资源和旅游环境的严重破坏，从而危害旅游业乃至社会经济的可持续发展。”

13.《鲁甸县旅游发展总体规划》

云南大学工商管理与旅游管理学院、云南大学旅游研究所在 2004 年编制了《鲁甸县旅游发展总体规划》。在“第十章 旅游业发展的对策与措施”中，规划明确提出要控制旅游资源开发，强化旅游可持续发展战略。

14.《丽江市旅游发展规划》

昆明艺嘉旅游规划设计有限公司、云南师范大学旅游与地理科学学院于 2004 年 11 月共同编制了《丽江市旅游发展规划》。其中，“第一章 丽江市旅游发展背景环境与总体评估”对丽江旅游发展存在的问题进行了阐述：文化旅游地人口置换严重，本土文化氛围有所削弱。同时，在发展旅游中存在着过于追求经济利益的现象，盲目同现代旅游业接轨，如古城四方街和泸沽湖落水村外来人口经营的酒吧、林立的汉族餐馆正在挤兑传统文化，大量外来文化入侵，导致传统文化正处在被污染甚至丧失的状态之中。

15.《泸沽湖景区综合规划》

2005 年，云南方城规划设计事务所编制了《泸沽湖景区综合规划》。在“第七章 保护规划”中，规划确定了分级保护区，并对“摩梭文化、动植物景观的保护”做了详细规划。

16.《孟定边关风情旅游区总体规划》

2005 年 10 月，云南大学工商管理与旅游管理学院、云南大学旅游研究所编制了《孟定边关风情旅游区总体规划》。在“第七章 旅游区性质、范围、期限及容量”中，规划明确指出“为确保旅游区的可持续发展，应将旅游区的游客量控制在一定的环境容量范围之内，以避免过度拥挤，超出旅游区的承载力，造成环境污染和生态破坏，并为游客营造一个宽松、舒适、愉悦的旅游环境。综合考虑孟定边关风情旅游区的景点分布、游览方式、地形地貌等方面的因素，确定采用面积法、线路法和卡口法进行环境容量测算”。

17.《西盟佤族自治县里坎瀑布景区修建性详细规划设计》

深圳市园林设计装饰工程公司、广东省科学院、广州地理研究所共同编制的《西盟佤族自治县里坎瀑布景区修建性详细规划设计》在“第五章 保护培育规划”中提到“在资源普查的基础上，确定保护对象，划定保育规划范围，确定保育原则”等。

18. 《屏边苗族自治县旅游发展总体规划》

2006 年 8 月，昆明艺嘉旅游规划设计有限公司编制了《屏边苗族自治县旅游发展总体规划》。在“第七章 旅游业发展目标”中，规划明确提出，“控制旅游资源旅游开发”“以发展可持续旅游业为基本目标”等内容。

19. 《香格里拉梅里雪山国家公园——雨崩景区修建性规划》

中国建筑西南设计研究院于 2006 年 12 月编制了《香格里拉梅里雪山国家公园——雨崩景区修建性规划》。其中，“第六章 规划指导思想和总体定位”提出“为未来发展留有余地”“考虑当前的科学技术发展水平及雨崩地区的社会经济发展水平，合理并有限度地划定近期开发建设的景点区域和旅游活动用地，以保证景区生态风景旅游的可持续发展”等要求。

20. 《玉女峰·蝴蝶谷生态旅游区总体规划》

云南大学工商管理与旅游管理学院、云南大学旅游研究所于 2007 年 12 月编制了《玉女峰·蝴蝶谷生态旅游区总体规划》。在“第六章 旅游区发展战略与目标”中，规划提出了“资源保护与开发的协调”“资源保护就必须反对一切盲目开发建设旅游项目，而旅游开发则是对旅游资源的有效利用和积极保护”等内容。

21. 《“世外桃源”——广南坝美旅游区总体规划》

2008 年 2 月，昆明艺嘉旅游规划设计有限公司编制了《“世外桃源”——广南坝美旅游区总体规划》。在“第十一章 专项规划”中提出了一系列建议，以保护旅游区的生态环境，促进旅游区的可持续发展。

22. 《香格里拉虎跳峡景区总体规划》

2008 年 8 月，西南林学院城市设计院编制了《香格里拉虎跳峡景区总体规划》。在“第六章 香格里拉虎跳峡景区总体布局规划”中进行了功能分区、土地利用规划、水土保护规划、文化和社区管理规划，且每个部分对资源管理、保护环境、可持续发展均有涉及。

23. 《香格里拉县纳帕海景区旅游总体规划》

2008 年，昆明智兴旅游规划设计有限责任公司、香格里拉县纳帕海旅游景区有限责任公司、香格里拉县纳帕海自然保护区保护所共同编制了《香格里拉县纳帕海景区旅游总体规划》。在“第十四章 远景发展规划”中，规划对其远景做了如下规划：“对纳帕海自然保护区吉仁峡谷等区域和景点，考虑到资源及开发条件不够成熟，也为了旅游区今后的可持续发展，故规划作为远景发展，对其资源和环境加以严格保护，留待将来条件成熟时进行开发利用。”

24.《红河哈尼族彝族自治州旅游业发展总体规划》

2011 年 2 月，北京同和时代旅游规划设计院编制了《红河哈尼族彝族自治州旅游业发展总体规划》。规划在“第十一章 资源与环境保护”中提出了“旅游资源保护策略”“生态环境保护”“哈尼梯田保护”“滇越铁路保护”“红河谷保护”“古城保护与修复”“古村落保护”“非物质文化遗产保护”等具体措施。

25.《西双版纳风景名胜区总体规划（修编）》

在云南省住房和城乡建设厅 2011 年 3 月编制的《西双版纳风景名胜区总体规划（修编）》中，“第三章 风景名胜资源分析与评价”做了“资源敏感度评价”“资源保护等级评价”；“第五章 风景名胜区性质和目标规划”确定了“西双版纳森林植被、珍稀野生动植物资源、人文景观、非物质文化遗产资源、自然水系及大气质量”等资源保护目标。

26.《抚仙湖—星云湖生态建设与旅游发展综合改革试验区旅游发展控制规划》

云南财经大学旅游学院与云南方城规划设计有限公司于2011年8月共同编制了《抚仙湖—星云湖生态建设与旅游发展综合改革试验区旅游发展控制规划》。在“第五章 土地利用规划”中，规划提出应“坚持生态第一，土地可持续利用的原则”。

27.《富民县百花山旅游区总体规划》

2013 年 5 月，昆明新业态旅游规划设计有限公司编制了《富民县百花山旅游区总体规划》。在“第五章 旅游发展战略思路与目标”中，规划提到“保护优先，可持续发展”的原则；其“第十章 环境保护与生态建设规划”确立了“分区分级保护”机制，并测算出旅游区环境容量为 6.9 万人/天。

28.《永仁县“诸葛方山·中国红山”核策划》

2013 年 5 月，中国创意研究院、北京创意村营销策划有限公司、北京创意江山旅游规划设计院共同编制了《永仁县“诸葛方山·中国红山”核策划》。在“第五章　总体战略规划”中，规划原则之一有“开发与保护并重”，并强调“突出特色，保持自然资源的意境特色和诸葛文化民俗风情的古朴纯真，保持和突出诸葛方山旅游的灵性和生命”。

29.《七彩云南·时空世界项目规划》

昆明诺仕达集团与昆明怡美天香置业有限公司于2013年9月编制了《七彩云南·时空世界项目规划》。在“第十章　生态环境策略”中，规划认为环境策略开发用地选择，应在综合考虑生态敏感性及开发限制因子的基础上，得出开发适宜性，并将其用地分为高适宜建设区、中适宜建设区、低适宜建设区及限制建设区。

30.《瑞丽姐告边境贸易区旅游发展规划》

2014年1月，云南师范大学旅游规划研究中心与昆明融和旅游项目规划设计有限公司编制了《瑞丽姐告边境贸易区旅游发展规划》。在“第九章　生态环境保护：优化生态环境，打造生态旅游产业”中，规划确定了“旅游生态环境保护总体布局”，即商住旅游生态环境保护区、水域旅游生态环境保护区和公共服务旅游生态环境保护区；指出其主要的生态问题，阐述生态环境建设的思路；并提出加大环境保护力度，实现旅游业的可持续发展。

31.《元谋古人类历史文化旅游项目总体规划》

2014年，山东省菏泽交通集团与北京巅峰智业旅游文化股份有限公司编制了《元谋古人类历史文化旅游项目总体规划》。在“第六章　环境保护规划”中，规划确定了“在保护中开发，以开发促保护”的原则，并且提出旅游资源持续利用措施。

（四）旅游规划代表性样本分析小结

在上述45份规划成果中，只有9份成果提到“预留旅游资源”或“后备旅游资源”等内容；只有6份成果提及“旅游过度开发”或“限制旅游开发”等内容；另有31份成果提及“旅游适度开发”等内容，其中只有部分成果用专门的章节来介绍“旅游环境保护与可持续发展的理念、具体措施”“旅游过度开发带来的一系列问题”，如《丽江市旅游发展规划》《大理省级旅游度假区总体规划（修编）》《红河哈尼族彝族自治州旅游业发展总体规划》

《元谋古人类历史文化旅游项目总体规划》等。然而，其大部分规划成果在“旅游可持续发展”“旅游适度开发”“旅游过度开发”或“旅游资源预留”等问题上，也只用只言片语来简单陈述，没有深入探讨和对症下药，不能够为云南少数民族地区旅游资源的保护与开发，在规划层面和旅游产业链的上游，或者说在旅游资源开发的开端，提供有效的指导和有力的保障。

诚然，之所以出现这种状况，主要是因为我国国家标准《旅游规划通则》（GB/T 18971—2003）中就缺乏关于旅游资源预留、适度开发及反对过度开发等方面的硬性规定。

众所周知，科学而合理的旅游策划、旅游规划及旅游项目可行性研究能够为少数民族地区旅游业设计一个持续发展的框架，能够促进其旅游资源保护与开发，并能够在一定程度上遏制旅游资源的过度开发。如果少数民族旅游地的开发在旅游规划阶段就缺乏“旅游资源预留”“旅游适度开发”“旅游资源严格保护与控制”“旅游业可持续发展”等规划与措施，那么，在未来的发展中，其旅游资源就不可能被持续开发和永续利用。

第二节　少数民族地区旅游资源过度开发案例评析

一、少数民族地区旅游资源过度开发案例概述

凤凰古城、桂林、长白山、西双版纳、肇兴侗寨……当听到这些熟悉的地名时，人们首先想到的就是“旅游胜地”“旅游景区”，殊不知，这些地方都是我国的少数民族聚居区，长期承受着飞速发展的旅游业带来的“困扰”。

为了满足旅游业快速发展的需求，吸引更多的游客，我国少数民族地区纷纷引进旅游开发项目，但是，部分地区因为种种主观与客观原因，最终，背离了旅游可持续发展的方向，造成当地旅游资源的过度开发。例如，部分地方政府或旅游开发商，竭力加大旅游设施建设投资，热衷于在旅游区内大兴土木，或修建高尔夫球场，或兴建度假别墅，严重破坏了少数民族旅游地区的生态环境；个别旅游区无视当地历史文化传统，低层次开发当地民俗风情资源，使之成为赤裸裸的敛财手段；部分旅游景区忽略自身的长远发展，门票连年涨价，单靠“门票经济”增加景区收入；在不少少数民族旅游景区

内，其原住居民因自身或外在原因被排除到旅游景区发展的“利益圈”之外；部分少数民族地区的旅游经营者与管理者，不惜以生态破坏、环境污染为代价来谋取短期的经济利益。以上这些急功近利的做法，无异于杀鸡取卵，长此以往会严重影响到少数民族地区的长远发展。

为了深入了解我国少数民族地区旅游资源过度开发的现状及危害性，在综合考虑少数民族地区旅游资源开发及旅游产业发展的基础上，本书从少数民族地区大众传媒已经“曝光”和旅游业界较为关注的案例中选取了较有典型性的凤凰古城、桂林、香格里拉、珠峰大本营、肇兴侗寨、泸沽湖、武陵源、丽江古城、西江千户苗寨、西双版纳傣族园、长白山、大理双廊、洱海情人湖、喀什、喀纳斯、黄果树瀑布、呼伦贝尔、九寨沟及丹巴甲居藏寨等19个旅游景区，作为旅游资源开发案例，或进行实地调查或进行理性分析，希望通过研究其存在的问题，找出造成其旅游过度开发的原因，进而探讨遏制旅游资源过度开发的路径和措施。

二、少数民族地区旅游资源过度开发典型案例

（一）凤凰古城

1. 案例概述

被誉为“湘西明珠”的凤凰古城位于湖南省湘西土家族苗族自治州凤凰县，素来享有“北平遥，南凤凰”的美誉，曾被新西兰著名作家路易·艾黎称赞为“中国最美丽的小城”。历经300多年的发展，凤凰古城以其特有的自然风光、民族风情和人文历史，引得八方游人纷纷前来一览风采。

凤凰古城的发展与凤凰县城旅游业的发展密不可分。凤凰县的旅游业起步于1985年，当时的县政府成立了专门的管理机构，大力发展旅游业；2000年，凤凰县确立了“旅游带动经济整体发展”的战略，加大旅游资源开发力度；2001年，凤凰古城被列为国家级历史文化名城。同年，县政府将其下的八大景点的经营权转让给了黄龙洞投资股份有限公司，并在此基础上成立了凤凰古城文化旅游投资股份有限公司，全面开发凤凰旅游资源。2012年，全县接待游客量突破690万人次，旅游收入高达53.01亿元[①]。可以说，2001

① 人民网：《凤凰古城官民“金钱之战”政府预计每年可获亿元》，2013年4月23日，http://finance.people.com.cn/money/n/2013/0423/c218900-21238087.html，2022年3月15日。

年后的十年间，是凤凰旅游开发的“黄金十年”。

然而，在凤凰古城旅游业发展突飞猛进的背后，旅游资源过度开发带来的负面影响也日益显现：10 千米^{2}的凤凰古城，每天实际接待游客高达 49 000 人次，远远超过 5000 人次的日均承载量；古城店铺越来越多，不少生活生产用水直接排入沱江，严重污染了沱江水质；不少游客、旅游经营者缺乏环境保护意识，在古城内随意丢弃垃圾；东正街是古城中保存最完好的古街巷，也是凤凰地区民俗文化的集中展示，但是，随着旅游资源过度开发的加剧，不少新的水泥建筑开始在这里出现，严重影响了东正街的建筑景观；随着外来文化的影响，东正街上现已看不到身着苗族、土家族传统服饰的当地村民，取而代之的是身着现代服饰拉客的小商小贩，为了拉客，纠纷时常发生，往日淳朴的民风已难见踪影。

凤凰古城在发展过程中显现出上述诸多的问题，但是，将其推上舆论风口浪尖的是“凤凰古城收费”事件。2013 年 4 月 10 日，凤凰县人民政府以“规范旅游市场秩序，维护游客合法权益”为由，对凤凰古城进行统一收费，门票价为 148 元①。此举一出，舆论一片哗然，质疑一直不断。收费的第二天，古城内的商户关门罢市、渡船停运抗议。收费之后的“五一”黄金周，游客同比下降 12%，古城内多数店铺生意冷清。

2. 案例评析

凤凰古城是当地苗族、土家族等民族长期生活生产而创造的历史财富和文化财富，而后来，其格局和面貌已受到了旅游业发展的巨大冲击，旅游资源开发缺乏有效控制。在笔者看来，古城未来应按照“保护为主、合理利用、加强管理”的原则来发展，在开发旅游资源的过程中，注重资源适度开发与生态环境特别保护，加强政府部门的监督管理职能，既可保护其独特的自然资源与民俗风情，又能通过旅游发展带来可观的经济利益，还能让其文化在当代人手中得到更好的传承与发扬。

旅游资源有着独特的公共属性，盲目收费、提价会招致游客甚至民众的不满；旅游业还具有综合性强、涉及面广、关联度大等特征，正因为如此，其收费行为只考虑到政府及景区经营公司的利益，没有将景区商铺、社区居民及旅游者的利益考虑在内，最终必然导致多方博弈与争论。旅游发展需要

① 应琛：《凤凰古城“收费-罢市”背后》，《新民周刊》2013 年第 17 期，第 42-44 页。

门票收入，但不能单纯依靠门票收入。古城发展需要有策略的“休养生息”，不能让“148元的门票”降低了游客对凤凰的热情与向往之情。

（二）桂林

1. 案例概述

桂林位于广西壮族自治区东北部，历来享有“桂林山水甲天下”的美誉，以“山青、水秀、洞奇、石美”而享誉世界。漓江、象鼻山、七星岩、芦笛岩等喀斯特岩溶地貌构成了“千峰环立、一水抱城”的奇特景观；“三月三”“四月八”“苗年”等独特的民族节日庆典，展现了当地浓郁的风情风俗。

桂林旅游从1973年在全国率先起步，至今已经走过了40多个春秋。依托优越的旅游区位、优良的生态环境、鲜明的旅游资源，桂林在旅游发展方面有着得天独厚的优势。据统计，2014年桂林市接待游客总人数达3870万人次，同比增长8%；实现旅游总收入421亿元，同比增加20.5%[①]。然而，在“红红火火又一年”的背后，也隐藏着许多“不和谐”的旅游现象。

前些年，游客到漓江，都会体验一把“小小竹排江中游，巍巍青山两岸走”的惬意。在竹排换成了由汽油发动机助力的游船后，一个多小时的游程，两耳嗡嗡作响，即便有“一江如画”的风景在眼前，又哪有心思去看？况且，游船所过之处，留下点点斑斑的油污，不仅对漓江水体造成了污染，也给游人留下了不良的印象。从桂林到阳朔，沿着漓江，越往下游，游人、游船越多，江中的废弃矿泉水瓶、塑料袋、易拉罐也越来越多，甚至在部分回水湾区，固体废弃物密密麻麻。

对于桂林旅游资源的开发，除了水污染让我们痛心之外，其淳朴、传统的民风民俗的过度开发现状也令人担忧。2005年，网络上出现一则名为《阳朔惊现疯狂宰客黑店》[②]的报道，报道指出在阳朔部分街道的娱乐中心、休闲中心，服务员以观看“艳舞”为名，将游客拉进这些场所消费，游客在点完几杯酒水、几碟小吃后，就要支付几百甚至成千乃至上万元的酒水费，否则便会受到威胁，最后只能埋单。2012年，《人民日报》刊登题为《强拉游

---

① 桂林生活网：《2014年桂林市接待游客3870万人次 旅游收入421亿元》，2015年1月5日，http://news.guilinlife.com/n/2015-01/05/356375.shtml，2015年3月26日。

② 潘佳：《阳朔惊现疯狂宰客黑店》，2005年8月15日，http://finance.sina.com.cn/roll/20050815/1127264706.shtml，2022年3月15日。

客拍照抹黑桂林山水》的文章，爆料在银子岩景区每天有一群穿着民族服装的女子强行拉男游客拍照，并要求各给 10 元“合影费”，不拍照便破口大骂，不给钱就强行掏兜[①]。一时间，到阳朔的游客人人自危。

随着旅游演艺产品的开发，不少景区纷纷挖掘自身的文化资源，从而打造独树一帜的演艺项目，对此桂林也“不甘落后”。继 2004 年 3 月 20 日《印象·刘三姐》上映之后，2013 年 3 月 12 日，象山景区的山水实景演出项目《象山·传奇》正式开演。紧接其后，2013 年 3 月 22 日，全景体验秀《夜王城》宣布进驻桂林，又一场旅游与文化的盛宴即将开启。不可否认，这些实景演艺项目确实为桂林旅游业带来了切实的经济效益与社会效益，有助于桂林旅游产业实现转型。但同时这似乎向我们传达着这样一个信息：旅游资源包装热正在桂林蓬勃兴起。

2. 案例评析

桂林是我国最早一批对外开放的旅游城市，长期领跑中国旅游业。漓江山水作为桂林旅游的一大支柱，其生态环境应得到有效的保护。“景区黑店宰客”“民众强拍照片”这些行为，不仅严重违背了旅游市场公平交易的准则，也破坏了当地民风淳朴的旅游软环境，更是抹黑了“桂林山水甲天下”这张旅游名片。这些“旅游乱象”的出现，固然跟旅游从业者素质不高有关，然而追究其深层原因，跟个别相关执法部门在旅游发展中执法、监督、管理不力也有关联。

《印象·刘三姐》的成功，让桂林旅游景区尝到了“甜头”，于是，实景演出如雨后春笋般出现。在获取经济收益之后，我们应意识到单纯用科技手段，模仿历史的行为，并不能让所有景区得到长久发展；还应考虑随着演出规模的扩大、游客大量蜂拥而入，如何对当地的环境、文物进行有效保护的问题。山水实景秀要在保护的基础上，充分挖掘历史内涵，注重传统优秀文化，传达正能量，而不是简单只为博得“观众一笑”。可以这么说，只有在对旅游资源进行包装的同时，注入文化底蕴、历史内涵，才能实现真正的深度挖掘，否则只能是过度、低层次的开发，必然造成资源的浪费。

---

① 王捷：《强拉游客拍照抹黑桂林山水》，2012 年 5 月 2 日，http://news.cntv.cn/society/20120502/102081.shtml，2021 年 11 月 16 日。

（三）香格里拉

1. 案例概述

提到香格里拉，人们脑海中首先想到的便是英国作家詹姆斯·希尔顿在《消失的地平线》中提到的“世外桃源”“人间天堂”。香格里拉原本是云南省迪庆州一个默默无闻的小县城，原名“中甸县”。随着云南“寻找香格里拉”项目的启动，这座小城开始沸腾了。2001 年，中甸县更名为香格里拉县，此后的十多年间，凭借“香格里拉”的知名招牌与独特的高山草甸自然风光和藏族民族风情，香格里拉吸引了国内外众多游客，其旅游业因此得到了腾飞。普达措国家公园、松赞林寺、纳帕海、虎跳峡、哈巴雪山成为云南香格里拉旅游的“招牌”，这些旅游景区（点）无不让人神往。2014 年，香格里拉县接待国内外游客 1080.22 万人次，同比增长 19%，实现旅游收入 97.2 亿元，同比增长 12.9%[①]。

旅游快速发展、游客大量涌入，严重考验着这座小城的旅游接待能力。据了解，香格里拉旅游业的综合开发、旅游配套与服务设施跟香格里拉国际化的旅游品牌很不匹配，甚至远远落后于世界平均水平，旅游发展尚处于“初级阶段”。

本书的研究成员曾经在 2012 年底前往香格里拉调研，对于当地旅游业发展的“乱象”深有体会：一出汽车站，就有许多人凑上来，问你去哪个景点、要不要拼车，价格“漫天飞”；如果你婉言拒绝，他们会“穷追不舍”，直至对你“冷言相向”；如果你点头答应，他们便开始向你推销香格里拉骑马、划船、藏民家访等一系列旅游项目，使人根本无法将这个地方与“世外桃源”“人间天堂”联系起来。除了这些“乱象”，在调研过程中，当地有人告诉我们：网上所说的“零团费、负团费……个别导游擅自更改行程、增加自费项目和购物数次，甚至强迫、纠缠游客购物，不然就辱骂、挖苦、刁难游客。尤其散客拼团，更容易出问题”[②]确实在一定范围内存在。

2011 年 5 月，有网友投诉称，自己在普达措国家公园，被强制要求购买氧气瓶；2011 年 7 月，有媒体曝光，一名游客在香格里拉花一万多元买了假

---

① 墨志秀：《香格里拉市旅游业发展问题探究》，《中共云南省委党校学报》2015 年第 6 期，第 139-142 页。

② 搜狐网：《香格里拉，更名十年得与失》，2014 年 1 月 22 日，http://news.sohu.com/20120723/n348774972.shtml，2021 年 11 月 16 日。

药；2013 年 6 月，有游客投诉称，在虎跳峡因为拒绝参加自费项目，被导游扔在半路上；甚至有网友戏谑评论，再不加以整治，“七彩云南”将变成“黑色云南”[①]。

此外，香格里拉地区民族民俗资源的开发也令人担忧：砖混结构的房屋逐渐取代了藏族传统的土木建筑，吸引年轻人的是流行音乐，很少再对传统的民歌和锅庄感兴趣[②]。1995 年以后，香格里拉开始兴办“藏民家访”，围着火塘，喝着酥油茶，看着歌舞表演，对于游客来说，这是一种异族情调的体验；然而对于从事表演的藏族同胞来说，这是他们的“日常工作”之一，每天都要穿上同样的服装、对不同的客人表演同样的节目，民族服饰也有了“工作服”的意味[③]。

2. 案例评析

蜂拥而至的游客使这座被称为“人间天堂”的高原小城变得嘈杂不堪。“旅游乱象”“强迫购物”“宰客”等现象的存在，已经严重降低了这座小城的回头客数量与游客满意度。据调查，当地旅游从业人员大多文化水平不高[④]，旅游专业人才严重缺乏。这就不难解释为什么“欺骗游客”“宰客”“强制购物”等事件时有发生。加之有关部门监管职能的缺失，旅游监管标准不统一，对旅游违法现象“睁一只眼闭一只眼”，对于部分违规操作、违法行为只是“象征性处罚”，更是助长了当地旅游的“混乱之风”。

在了解到香格里拉旅游乱象的根源之后，我们还应清楚地意识到民族民俗文化十分脆弱，很容易受到外来文化的浸染，特别是对于为当地旅游服务所用的文化，比如歌舞、服饰。旅游地区的居民在某些方面会不可避免地为了迎合游客的需求与爱好而装饰自己，按游客对少数民族的想象和渴望来塑造自己[⑤]。其最终结果是，游客得到了满足，民族传统却“变味”了，这就形成了

---

① 人民网：《七彩云南变黑色之旅 云南旅游猫腻多被指“不省心”》，2011 年 8 月 19 日，https://news.ifeng.com/c/7faC7UaIuL2，2022 年 3 月 15 日。

② 参阅熊艳、杨筑慧：《从“中甸”更名为“香格里拉”看地方文化的重建》，《中央民族大学学报（哲学社会科学版）》2007 年第 5 期，第 66 页。

③ 参阅熊艳、杨筑慧：《从“中甸”更名为“香格里拉”看地方文化的重建》，《中央民族大学学报（哲学社会科学版）》2007 年第 5 期，第 66-67 页。

④ 参阅龙彦青：《快速发展中的香格里拉县旅游业存在问题研究》，《安徽农业科学》2008 年第 33 期，第 14690-14692 页。

⑤ 熊艳、杨筑慧：《从“中甸”更名为“香格里拉”看地方文化的重建》，《中央民族大学学报（哲学社会科学版）》2007 年第 5 期，第 66-67 页。

所谓的“文化冲突”。这一问题的解决，需要当地民众、外来游客、相关监管部门的齐心协力。

（四）珠峰大本营

1. 案例概述

珠峰大本营，位于西藏自治区日喀则市定日县扎西宗乡绒布寺旁，是为了保护珠峰核心区环境而建的保护地带，由一群帐篷旅馆组成，主要是为过往游客、登山者提供食宿。这里海拔高达 5200 米，与珠峰峰顶的直线距离大约是 19 千米。自 2006 年国内第一支业余登山队进驻大本营以来，越来越多的游客、登山队员在此停留。尤其是每年的 4 月初到 5 月底，是珠峰登顶的最佳时机，也是拍摄珠峰旗云的最好时间，来自全世界的登山好手和摄影爱好者都会在这里集聚。

从珠峰大本营建立到现在，时间已经不短。这期间，“珠峰清洁”“珠峰环保”“到珠峰捡垃圾”“珠峰上的清洁工”等新闻频频见诸报端，我们不禁要问：珠峰大本营，到底有多少垃圾？

据专家估计，自首次登顶以来，人类已在珠峰上留下了七八百吨的垃圾，“生活垃圾占据了绝大部分。生锈的铁皮罐头五花八门，连同未用完的番茄酱大多来自西方登山者；而红牛饮料与拉萨啤酒，估计大多出自中国登山者之手。更糟糕的是，散落在石缝中的残羹剩饭，在太阳照射下已经变质。”[①]几年前，为了加强对珠峰大本营的环境保护，进出大本营的每个人和每辆车都要求缴纳一笔环保费，并且配发登山垃圾袋，“保证只留下脚印，不破坏环境”。即便如此，还是有不少的登山者或有意或无意地将垃圾随地丢弃。

除了垃圾问题，珠峰大本营的生态环境也令人担忧。随着旅游业的发展，大本营的旅游接待设施日渐增多，其中最突出的就是餐馆、饭店。由于缺少必要的排污设施，不少餐馆、饭店的泔水、污水采用直接挖坑处理的方式，任其下渗；在大本营，甚至有餐馆、饭店打起了“野生动物”的主意，许多老板到位于缓冲区的扎西宗乡的小溪里抓“珠峰鱼”，有环保人士担心，溪里的鱼迟早会被游客吃光，而这必然会对当地脆弱的生态环境产生不利影响。

---

① 王文：《珠峰环保：现实与挑战》，《北方人（悦读）》2010 年第 11 期，第 39-40 页。

2. 案例评析

旅游资源开发不可避免地会改变某些地区的环境状况，会对某些环境造成影响，尤其是在生态环境敏感地区，这种变化更为明显。有时候，小的变化是无法抑制的，但是大范围的破坏活动要坚决制止。

珠峰大本营处于高海拔生态脆弱地区，环境敏感性强、稳定性差，一旦过度开发，原生态环境便会遭到破坏，很难恢复。无论是攀登者、游客还是当地居民，都应牢固树立环保观念，加强清理垃圾和净化环境的意识；相关部门也应加强对进入游客、居民的环保教育，考虑设置更多的垃圾收集点及安排更多的垃圾处理人；珠峰自然保护区应对大本营“随意捕捉珠峰鱼”的现象进行制止，监管餐馆、饭店，明禁制售野生动物食品，并向游客广泛宣传保护野生动物的知识，使游客自觉抵制消费珠峰野生动物食品，以此来保护脆弱的生态环境，使当地旅游业得以有序、永续发展①。

（五）肇兴侗寨

1. 案例概述

肇兴侗寨位于贵州省黔东南苗族侗族自治州黎平县，是黔东南地区最大的侗族村寨，被我国著名作家冯骥才称为“侗乡第一寨”，又因其鼓楼在全国侗寨中绝无仅有，而被誉为“中国鼓楼文化艺术之乡”。肇兴歌舞文化丰富，其侗族大歌、踩堂歌、拦路歌、蝉歌、琵琶歌等曲调多变，低回婉转。其中，侗族大歌因多声思维和形态，加之丰富的文化内涵被联合国教科文组织列入《人类非物质文化遗产代表作名录》。

由于地域相对封闭，肇兴的原生态民俗系统得以完整保存。为了寻奇、访幽、采风，20 世纪 80 年代，部分学者、摄影爱好者来到肇兴侗寨，其旅游业开始起步。2003 年，贵州世纪风华旅游投资有限责任公司进驻开发，当地旅游业从此迅速发展，肇兴成了贵州乡村旅游最旺的地方。

肇兴侗寨为迎接客人的到来，会在寨子门口举行“拦路”仪式，客人须接受“拦路”仪式，并与主人对歌，只有唱赢主人才能进寨。这一独特的仪式，是侗族民众为了祈求客人在主寨中平安吉祥而形成的传统风俗。

然而，随着旅游经济的发展，现在迎接游客的拦路仪式与过去传统的侗

---

① 吴山青：《珠峰需要捡垃圾的志愿者吗》，《绿叶》2010 年第 5 期，第 51 页。

族拦路仪式已有很大差别，在形式上已由过去主客双方的拦路歌对唱、互诉情感开发成为由年轻漂亮的侗族姑娘为游客机械地唱歌、敬酒，并劝说游客购买侗族特色的旅游纪念品[①]。毫无疑问，侗族传统的拦路仪式已经变成了商业操作模式，传统的祈求平安的愿望内涵已不复存在。

除了拦路仪式商业化以外，肇兴侗寨的旅游业发展也出现了问题。2009年，厦蓉高速建设给肇兴的可进入性带来了很大挑战，导致其旅游业绩大幅下滑；开发公司与当地政府、百姓在开发理念与利益分配上存在分歧，开发主体——贵州世纪风华旅游投资有限责任公司最终不得不撤出肇兴。

2. 案例评析

民俗文化是肇兴旅游的核心吸引物，其旅游业最大的潜力在于挖掘当地独特的侗族文化潜力。调查表明，有近 1/3 的肇兴民众表示，传承、保护侗寨文化的主要难题是外来文化的冲击。因为受外来文化的冲击，加之市场运作的结果，拦路仪式由自娱自乐、祈求平安变为追逐利润、推销产品；由传统神圣的仪式变为世俗逐利的形式，这种商业模式，已经引起不少居民的反感。因此，肇兴侗寨的旅游开发需要回归当地历史与文化，在本真性与商业性、开放性与限制性之间找到一个平衡点，将独特而有魅力的侗族风情重现于游客眼前。

肇兴侗寨曾经是“景区+村寨”模式的典型代表，这种模式一直得到广泛的推广。后来由于村民和景区的利益冲突，开发公司不得不退出肇兴，“景区+村寨”模式不得不中止。这就告诉我们，只有建立合理的利益分配机制，让当地社区居民参与旅游开发并从中获益，少数民族地区旅游业发展才能持久。

（六）泸沽湖

1. 案例概述

泸沽湖位于四川省盐源县与云南省宁蒗县之间，是云南省九大高原湖泊之一，被誉为“高原明珠”[②]；同时，因湖滨居住着摩梭人，至今仍有“男

① 吴文仙：《黔东南“侗族拦路仪式”：期待原滋原味》，《贵州民族报》2010 年 8 月 6 日，第 A8 版。

② 《亲历者》编辑部编：《畅游云南》，中国铁道出版社，2018 年，第 140 页。

不娶、女不嫁”的“走婚”遗风，有“世界上最后的母系民族领地”之称，泸沽湖也因此得名“女儿国”。

多年来，凭借优美的自然风光和神秘的“走婚”习俗，泸沽湖吸引了数以万计的游客，旅游业发展迅猛。潮水般涌入的旅游者在给当地民众带来旅游收入的同时，也影响了当地居民的生活生产方式，甚至在一定程度上改变了这里淳朴的民风民俗，有专家认为其人文旅游资源开发已属过度。

自 2011 年 10 月“泸沽湖导游性侵女游客事件”曝光以后，关于泸沽湖的负面报道频频见诸公众视野。2012 年 5 月，有网友发微博称，在泸沽湖旅游的过程中，途经落水三家村时，因未参加划船消费，同行游客被司机和导游推搡、殴打；2013 年 4 月，一则《六女孩泸沽湖旅游拒绝“走婚”遭导游强迫下跪写检讨》的帖子在网上引起热议。名为“莲漪 len”的微博用户发布微博称，自己去泸沽湖旅游时，当地一男性导游“对我们各种照顾”，并在篝火晚会后邀约一起吃烧烤，“然后（导游）就类似表达各种友好之情”，并邀“今晚跟我去走婚”，遭到拒绝后，导游“态度大转变，改为破口大骂，还收走我手机”，“他反手过来掐我脖子，扬言要整死我和同行的姑娘”。回到住处后，与其同行的“3 个房间 6 个姑娘都被打”①。导游打人、强迫走婚，最美“女儿国”旅游乱象引起了社会的广泛关注。

2. 案例评析

即便当地旅游执法部门在事后第一时间了解了事件进展，吊销了涉事导游资格证，责令旅行社对游客进行了经济赔偿，但泸沽湖的旅游名声已经被蒙上了阴影。

旅游资源开发，是国内许多少数民族地区脱贫致富的手段之一。然而，在旅游发展中，由于个别旅游服务人员素质低，受经济利益的驱使，损害旅游目的地形象的行为时有发生；加之，相关市场监督、管理不到位，也为“泸沽湖导游打人事件”“强迫走婚”的发生提供了可乘之机。

走婚、划船本来是泸沽湖特色旅游项目之一，游客有权利选择是否参加，任何强迫游客消费的行为，不仅有失社会公平，更是违反了《中华人民共和国旅游法》的相关规定。

---

① 顾一航：《网曝女游客泸沽湖拒“走婚”被打　涉事导游被开除》，2013 年 4 月 11 日，http://www.chinanews.com/sh/2013/04-11/4722553.shtml，2015 年 3 月 5 日。

（七）武陵源

1. 案例概述

武陵源风景名胜区位于湖南省张家界市，由张家界国家森林公园、索溪峪风景区、天子山风景区三大景区构成；1992 年，被联合国教科文组织列入《世界遗产名录》；2004 年，又被联合国教科文组织列入《世界地质公园名录》。世界自然遗产和地质公园的金字招牌，不仅使张家界迎来了旅游发展的高峰，也极大地提升了当地土家族居民的生活水平。尤其是入选《世界遗产名录》后，其名气大增，国内外游客蜂拥而至。由于游客在景区需要解决吃、住、行的问题，世居在景区里的居民、企事业单位竞相在核心景区进行大肆开发，建设了各类旅游服务设施。一时间，在天子山、杨家界等地，宾馆、饭店和大小不一的商贸棚点相继出现在绿水青山之间；位于景区交通枢纽的“水绕四门”，一批较大规模的宾馆、酒楼也开始出现[①]。人造的“天上街市”不和谐地耸立在优美宁静的“世界自然遗产”中。

1998 年，联合国教科文组织因武陵源“存在大量粗制滥造的人工建筑”，对其亮出了“黄牌”进行警告。2001～2004 年，为了保住世界遗产这块金字招牌，张家界市花费近 10 亿元，完成了 34 万米^{2}的拆迁工程[②]，最终还了当地一片青山绿水。

2013 年，在中国世界地质公园年会上，湖南张家界因“向公众科普地球知识”等方面存在不足被联合国教科文组织给予“黄牌”警告，其世界地质公园身份的有效期由正常的四年缩短为两年，两年后该地质公园将被全面评估检查，如果未能取得卓有成效的进步，将从世界地质公园网络中除名[③]。张家界为此从世界地质公园标识的更新、科普教材的编印、环境教育项目开展等十个方面进行了积极的整改工作。

2. 案例评析

“除了脚印，什么也不留下；除了照片，什么也不带走。”这是对自然

---

① 王健玮：《悬起黄红牌 不让“遗产”成噱头》，《中华建筑报》2006 年 7 月 6 日，第 1 版。

② 凤凰网：《人工建筑破坏景区 张家界被联合国黄牌警告》，2013 年 6 月 28 日，http://phtv.ifeng.com/program/shnjd/detail_2013_06/28/26911974_0.shtml，2014 年 9 月 25 日。

③ 凤凰网：《人工建筑破坏景区 张家界被联合国黄牌警告》，2013 年 6 月 28 日，http://phtv.ifeng.com/program/shnjd/detail_2013_06/28/26911974_0.shtml，2014 年 9 月 25 日。

遗产保护最通俗的诠释。武陵源世界自然遗产非常宝贵、不可再生，它是门票收入、旅游发展的保障。如果把遗产地的旅游收益放在第一位，而忽视了对遗产本身的保护，这种本末倒置的做法必然会受到相应的惩罚。

国内许多地质公园在发展过程中，普遍存在“重申报、轻建设；重旅游、轻科普”的问题。张家界的“黄牌”警告事件警示我们：设立地质公园的首要目的在于保护地质遗迹，普及地学知识；其次才是发展旅游，增加收入。因为大多数地质公园处在特殊的地质地貌区，一旦把握不好旅游资源开发的“度”，极易对其造成无法弥补的损坏。

（八）丽江古城

1. 案例概述

丽江古城，人们习惯称之为“大研古镇”，位于云南省丽江市，因浓郁的纳西风格、神秘的东巴文化、独特的高原水乡风貌，于 1997 年被列入《世界遗产名录》。丽江古城接连创下接待人数和旅游收入的新高，旅游业带动了丽江经济的飞速发展，被人们称为“民族文化和经济对接”的“丽江现象”，以及“世界遗产带动旅游发展”的“丽江模式”①。然而，在丽江经济社会快速发展、民众收入节节攀升的同时，旅游高速发展带来的过度开发弊端也逐渐显现。

据统计，丽江城镇人口不足 20 万人，最多的时候日接待游客则高达 17 万人次，游客的大量涌入给古城的基础设施、服务设施带来了极大的压力。2007 年，丽江古城因“商业化对古城人文环境的破坏，原住民的不断搬离”而受到联合国世界遗产委员会大会的警告。2013 年 7 月，一则名为《深陷宰客门，谁搅浑了丽江旅游市场？》的网络报道指出：丽江旅游正遭遇过度商业化的困扰，旅游乱象突出，如司机乱拉客、客栈宰客、景区乱收费、酒吧高消费、古城街同质化商业竞争等②。这些现象的出现，让我们对曾经的“丽江模式”“丽江现象”产生了质疑。

---

① 和良辉：《从“丽江现象”到“丽江模式”》，《理论前沿》2005 年第 3 期，第 46 页。

② 新浪网：《深陷宰客门 谁搅浑了丽江旅游市场？》，2013 年 7 月 6 日，http://finance.sina.com.cn/roll/20130706/022616034906.shtml，2022 年 3 月 26 日。

2. 案例评析

从20世纪90年代开始，丽江逐步形成了“旅游兴则百业兴”的经济格局，旅游带来的巨大收益，使得很多人都想来“分一杯羹”。由于多部门、单位的介入，原本单一的旅游监管职能变得复杂化、交叉化，各个部门、单位之间出现各自为政的状况，导致游客投诉、维权行为得不到及时、有效的解决，久而久之，旅游负面影响越来越大。由于部门、单位之间管理无序，加之监管不力，直接或间接地酿成了其开发过度商业化的局面。

后来，丽江旅游乱象引起了学术界的关注，不少专家学者都在积极探讨一条旅游发展与资源保护兼容的路径。2013年10月出台的《中华人民共和国旅游法》中提到“尊重和维护当地传统文化和习俗，维护资源的区域整体性、文化代表性和地域特殊性，并考虑军事设施保护的需要。有关主管部门应当加强对资源保护和旅游利用状况的监督检查”①，对规范丽江旅游市场秩序、营造古城良好氛围，有着十分重要的意义。

（九）西江千户苗寨

1. 案例概述

西江千户苗寨位于贵州省黔东南苗族侗族自治州雷山县，由十余个依山而建的自然村寨相连成片，完整地保存了苗族原生态文化，是中国乃至全世界最大的苗族村寨。著名文化学者余秋雨曾这样赞誉西江：以美丽回答一切，看西江便知天下苗寨。

西江旅游业的蓬勃发展与2008年贵州省第三届旅游产业发展大会的召开有着密切的联系，该大会使得西江的名字传遍天下。在后来的几年间，依托丰富多彩的苗族风情文化旅游资源、清新自然的田园风光，西江千户苗寨招徕了越来越多的来自全国各地的旅游者。2014年，西江千户苗寨接待游客272.56万人次，同比增长41.9%；旅游综合收入达21.36亿元，同比增长42.7%②。

然而，在收获发展成果的同时，西江千户苗寨也遭遇了“成长的烦恼”。“年轻人都去打工了，愿意花力气学苗歌、刺绣的人越来越少”“村民参与旅游业的模式太单一，就是餐饮住宿、手工艺品、歌舞表演，长期恐怕难以为

① 计谷卿、李青：《旅游法律法规（第2版）》，旅游教育出版社，2015年，第9页。

② 郜捷：《基于空间分异视角的少数民族村寨商业化感知研究》，《贵州师范学院学报》2016年第11期，第75-81页。

继”“村民为开旅馆客栈私搭乱建，破坏苗寨的整体风貌”……当地百姓、文化人士、经营管理部门表达了各自的忧虑[①]；另有村民说，“以前的父老乡亲，邻居之间，你见了我就喊我到你家吃饭，我见了你就邀你到我家喝酒，而对外来的陌生人都当是自己家的亲戚，这才是真正的苗族人，多淳朴啊，多好啊，现在哪里还有这些玩意，都只认钱了”[②]。

随着西江旅游的日益发展，越来越多的外来投资者发现了“商机”。他们纷纷涌入西江，大力开发建设酒店、客栈、酒吧、餐馆、手工艺品商店等等。这些外来商人凭借其资金优势及营销、管理技巧，不断把当地民众挤出了旅游区及“旅游利益圈”。

2. 案例评析

西江千户苗寨，作为原生态民族文化村寨旅游开发的典型代表，在发展初期，取得了不少成效。但是，外商的大量进入，旅游资源的开发过度，后来导致村民对本民族文化认同感降低、传统技艺逐渐失传、古朴民风逐渐变质、旅游开发建设雷同等，既浪费了宝贵的旅游资源，也导致了苗寨风气的不正。

积极保护、合理开发应是西江旅游开发的前提，苗族的建筑、服饰、饮食、刺绣、歌舞等是西江千户苗寨的价值所在，不断挖掘苗族文化内涵，把民族文化精华展示给旅游者，才能实现当地旅游业的持续长久发展。旅游发展不能只看经济收入的增加，还要考虑到苗族民众的旅游参与。只有很好地爱护世代生活在这片美丽土地上的百姓，以及围绕他们所形成的地域文化、传统风俗，才能保住西江文化及旅游的“根”。

（十）西双版纳傣族园

1. 案例概述

傣族园位于云南西双版纳州橄榄坝，南靠澜沧江，北依龙得湖，距离州府景洪市仅 27 千米，因其园内有 5 个保存完整、傣族风情浓郁、热带风光绚丽的村寨（曼将、曼春满、曼乍、曼嘎、曼听）而闻名海内外。

---

① 张芽芽、石新荣：《西江千年苗寨遭遇“发展的收获与困惑”》，《中国民族报》2010 年 12 月 21 日，第 2 版。

② 杨经华：《旅游的张力：南部侗族地区文化与经济的互动与共生》，《贵州民族大学学报（哲学社会科学版）》2016 年第 2 期，第 1-9 页。

在傣族园内，除了身着傣装、婀娜多姿的傣家少女，最让游客心动的当属傣族“天天泼水节”。2002年底，傣族园投入巨资打造的“百名小卜哨——天天欢度泼水节”民俗歌舞泼水系列活动，吸引了无数海内外游客前来观光体验。可以说，“天天泼水节”不仅是傣族园标志性的旅游项目、旅游品牌，更成为西双版纳州旅游的一台重头戏。

本来，傣族传统的节日——泼水节为一年一度。为了让不能赶上泼水节的游客感受、体验泼水节气氛，傣族园开发了每天一次、一次一下午的“天天泼水节”，2013年“国庆黄金周”期间甚至增加到了每天三场。对于这种情况，不少民俗学者认为，长此以往，传统的泼水节意义会不复存在，可能会变为迎合游客而可以随时上演的“娱乐秀”。

本书研究成员通过实地调查了解到，傣族园的“天天泼水节”活动主要聘请当地傣族村民作为演员。尽管可以增加收入，但部分表演者坦言：天天泼水节只是一项工作、一场表演，是一项能够挣工资的工作、可以娱乐游客的表演，跟傣族传统泼水节本身没有关系，并且仪式的程序、参与者现都大幅度缩水。

2. 案例评析

长期以来，“天天泼水节”俨然成了景区傣族文化商业展示的舞台，神圣传统的泼水节在旅游资源过度开发的推动下变成了随时展演的世俗化旅游项目、展示仪式。这种“天天泼水节”的展示，在当地傣族民众看来，已经失去了本身的文化内涵；对于外来游客而言，过度的商业开发，更是误导其全面地了解傣族民俗文化。

其实，不少游客来到傣族园，想要体验的是一种奇特的、真实的、完整的傣族风情，结果却是一种变样的、包装加工过的“舞台表演”，其期望值都大打折扣，满意度也大幅降低。

因此，如何将少数民族旅游资源原真性地进行适度开发，是我们应该思考的问题。因为这不仅关系到少数民族文化的保护、传承与发扬，更关系到少数民族地区旅游业的持续发展。

（十一）长白山

1. 案例概述

长白山位于吉林省延边朝鲜族自治州安图县和白山市抚松县境内，是中国纬度最高的山脉[①]，享有“千年积雪万年松，直上人间第一峰”之美誉。长白山自然景观奇幻——天池、瀑布、雪雕、林海交相辉映，人文风情浓郁，满族、朝鲜族等多个少数民族在此世代生活。丰富的自然资源与独具特色的关东民风、民俗，吸引着无数游客前往观光度假。

随着当地旅游业的发展、游客的增多，长白山的旅游负面报道也逐渐增多。2011 年，长白山景区因在暑期旅游旺季随意提高景区大巴游览车的票价而被《中国消费者报》曝光。2012 年 8 月，一篇名为《万人拥堵成常态 长白山旅游：过度开发让商机变危机》的文章直指长白山旅游过度开发问题。报道指出，长白山景区为了增加游客数量与盈利能力，尽快满足上市要求，长期超负荷运行，经常出现游客拥堵现象。据景区工作人员讲，长白山景区最高峰日实际接待能力约 1.7 万人，自 2012 年 7 月中旬以来，景区主干道路修整，景区的实际接待能力下降到原来的一半，但相关部门为了经济收益，依然使得日接待量为 1.2 万～1.7 万人次，远远超过景区承载力，没有实行限流措施，景区无序、拥堵时常发生[②]。

长白山景区的旅游发展带动了周边地区的经济发展。在巨大的经济利益诱惑下，越来越多的五星级酒店、高尔夫球场、公路、停车场、别墅在这里兴建。这些土木项目的过度开发，不仅对当地生态环境造成了破坏，更严重地影响到了包括野生熊在内的不少动物的栖息。如此看来，长白山的保护与开发似乎是一对无法调和的矛盾。

2. 案例评析

鉴于长白山旅游旺季短、旅游季节性强等特征，为了实现既定的旅游增长目标，景区采取了门票涨价的策略，旺季不加限制地售出更多的门票，其结果造成景区在接待能力、配套水平不足的情况下仍然超负荷运行，最终游客、车辆远远超过景区承载量，造成大规模拥堵，严重降低了游客的满意度。

事实告诉我们，景区不能一味地追求经济利益，而忽略其实际的承载量。在客流量大的时候，必须采取门票限售、游客限流等措施，才能合理地疏导游客游览，提升旅游体验的质量。2013 年，《中华人民共和国旅游法》出台，

① 龚勋：《全球最美的国家公园》，重庆出版社，2013 年，第 86 页。

② 李慧敏：《万人拥堵成常态 长白山旅游：过度开发让商机变危机》，2012 年 8 月 4 日，http://www.cb.com.cn/index/show/jj/cv/cv1151245272/p/s.html，2022 年 3 月 15 日。

其中规定“景区接待旅游者不得超过景区主管部门核定的最大承载量”①，这对长白山景区的“超额接待”行为产生了不小的约束力。

酒店、别墅、停车场等人工接待服务设施不和谐地林立在青山绿水中间，不仅会对当地的生态环境产生影响，而且由于旅游季节性变动的原因，淡季会造成大量旅游设施的闲置。

（十二）大理双廊

1. 案例概述

以“大理风光在苍洱，苍洱风光在双廊”而闻名遐迩的双廊古镇，位于大理白族自治州的东北部，是一个有着上千年历史的白族渔村。这里三面环山，一面临海，苍山洱海交相辉映，白族风情十分浓郁，是名副其实的“历史文化名镇”和“苍洱风光第一镇”。每年都会吸引大批游客、艺术家、闲居者慕名而来。

很多年以前，双廊是一个安静平和、与世无争、民风淳朴的小渔村。然而，自 2000 年杨丽萍将“太阳宫”、赵青将“青庐”相继安置在这里开始，不少投资者、当地民众纷纷盖起了客栈、驿站、宾馆，有着上百年历史的古朴老屋倒在了推土机面前，传统的“三坊一照壁，四合五天井”的白族风格民居建筑已难寻踪影。尽管当地政府已经意识到了这个问题并相继出台了相关规划、方案与措施，但为时已晚。混凝土搅拌的声音已使曾经安静的渔村变得热闹喧嚣，曾经缓慢的生活节奏也变得日益急促而紧张，投资与回报成为双廊镇炒得最热闹的话题②。

双廊的商业化气息越来越浓，旅游业急剧膨胀，随之带来了一系列问题，如生活垃圾增多、洱海水污染严重等。垃圾的增多，无疑影响了双廊古镇的秀美形象。更为严重的是，双廊古镇至 2012 年尚未有正式运行中的污水处理厂，生活污水直接排入洱海，事实上，当时的洱海成了一个“天然化粪（污）池”③。

2013 年 11 月，本书研究成员曾经到双廊古镇进行实地调研。映入眼帘的是这样一幅景象：狭窄的街道上，到处穿梭着游人和当地白族居民，时不

---

① 计谷卿、李青：《旅游法律法规（第 2 版）》，旅游教育出版社，2015 年，第 20 页。

② 张素珍：《双廊“成长的烦恼”》，《决策探索（上半月）》2013 年第 1 期，第 46-47 页。

③ 陈泽：《大理双廊：古渔村“蝶变”之痛》，《云南政协报》2013 年 5 月 20 日，第 6 版。

时有运输建筑材料的卡车驶过，带来一阵灰土；在临街道路两侧，客栈正在紧锣密鼓地建设，砖块横陈、钢筋林立；走在小镇的路上，油漆味、汽油味、垃圾污水味充斥着口鼻，裹挟着嘈杂的叫卖声、施工噪声，让人不由得替这个惨遭过度开发的渔村古镇的未来感到焦躁、忧虑。

2. 案例评析

秀美壮阔的洱海风光、星罗棋布的白居建筑、当地特有的白族传统文化，是双廊旅游发展的招牌。双廊古镇，由于无序、过度开发，到处都是钢筋水泥建筑；由于无节制地向洱海排放污水，昔日澄澈的湖水面临污浊化的危险；由于受旅游收益的驱使，部分淳朴的居民变得“唯利是图”。有人说：一旦糟蹋了自然景观和民俗风情，毁坏了人文环境和地域内涵，就是糟蹋了游客感情，甚至摧毁了游客信念，最终必然自断财路，自毁发展前程。如此，原本美好的印象将不复存在①。

双廊古镇忽略规划、无序建房，几近掠夺式的开发，鱼龙混杂式的发展，究竟还能持续多久？②自然风光与人文风情是互为补充的，那么，缺少了白族特有文化和风情的双廊，其内涵和灵魂在哪里？古镇大肆建房、洱海受到污染，怎样把双廊古镇美丽的风貌展现给后代人？其实，只要细细琢磨，就可将这三个问题浓缩成一个：未来，我们究竟要一个什么样的双廊？

（十三）洱海情人湖

1. 案例概述

云南大理苍洱风光，闻名遐迩。情人湖，是洱海自然延伸的港湾，也是大理市一个著名的景点，湖边绿树成荫，杨柳垂岸，水域面积 30 余亩（1 亩≈666.67 $米^2$），曾经是周边市民休闲漫步的一个场所。

然而，2010 年 4 月 13 日，《中国青年报》披露，情人湖被填埋，取而代之的是“洱海天域”项目的一栋栋别墅。据悉，“洱海天域”是大理州政府招商引资进入的项目，目的为提升大理的旅游业水平，改善旅游接待设施，其中除了别墅区以外，还包括商业风情街和五星级酒店③。

---

① 陈泽：《大理双廊：古渔村“蝶变”之痛》，《云南政协报》2013 年 5 月 20 日，第 6 版。

② 同①。

③ 王珍：《洱海“情人湖别墅”：还有多少不能说的秘密？》，《中国民族报》2010 年 4 月 27 日，第 3 版。

该事件曝光后，大理州相关部门立即进行“危机公关”，对外发布“洱海天域”项目存在严重的官商勾结、行贿受贿等问题，已对涉案人员进行了处罚。可是，无论采取怎样的措施，都已经无法改变情人湖被毁的事实。

2. 案例点评

“昨日游团山，归来泪满襟。沧海变豪宅，何是情人湖？”[①]这是大理一位市民在“情人湖别墅事件”曝光以后写下的，其悲痛惋惜之情，溢于言表。大理州某些人打着“提升旅游水平”的旗号，强占原属于公共旅游资源的青山绿水，“暗度陈仓”地毁掉一个景点，无论如何都要给公众一个站得住脚的理由。

在房地产迅猛发展的今天，一个公共休闲空间就这样消失在人们的视野中，单纯地靠处罚，是不能服众的。大理州作为公共旅游资源的配置者和监督者，在经济利益的诱惑下，必须要“坐怀不乱”，牢牢地把握好自身的配置、监管职能，树立在公众面前的形象，提升自身的公信力。

所谓“洱海清，大理兴”。大理州历来提倡“像保护眼睛一样保护洱海”。情人湖遭到过度开发而被别墅群取代，就如同“挖了眼睛镶钻石”，只是钻石再怎么璀璨，也是没有生命力的。

（十四）喀什

1. 案例概述

喀什地处亚欧大陆中部、中国西北部、新疆西南部，是祖国最西部的一座边陲城市，古称疏勒，历史上曾是著名的“安西四镇”之一。喀什还是维吾尔族、汉族、回族、乌孜别克族、哈萨克族等 31 个民族的世居地。众多民族的交汇融合，使得这里的地域风情浓厚，因此，享有“不到喀什，就不算到新疆”的美誉。沙漠绿洲中独特的自然景观，古尔邦节、肉孜节等浓郁的民俗风情，清真寺、高台民居等深厚的文化底蕴，使喀什成为无数旅行者向往的旅游胜地。

为了提高游客接待量，满足日益增长的游客需求，喀什进行了大规模的现代化建设。宾馆、酒店、餐馆、购物中心林立，许多古老而具有民族特色

① 腾讯财经：《评论：沧海变豪宅 何觅情人湖？》，2010 年 4 月 14 日，https://finance.qq.com/a/20100414/005732.htm，2022 年 3 月 16 日。

的古建筑遭到严重破坏，其厚重的历史感逐渐消失。鲜明的地区特色是民俗文化旅游开发的基础和出发点，然而，在旅游开发过程中，个别民俗风情园和民俗旅游接待点不是致力于发展具有民族地方特色的民俗娱乐活动，而是追求所谓的“现代化”——在民族特色建筑内进行卡拉 OK 娱乐、一些民族歌舞表演队表演现代歌舞等，这些不洋不土的民俗文化展示，使当地的各种民族文化（歌舞、建筑等）丧失了自身的古朴性和乡土性[①]。

随着游客对喀什特色旅游纪念品需求量的增加，经营者们放弃了传统工艺和材料，采用大规模的机器来制作、生产简单、粗糙的工艺品，其文化内涵已经荡然无存，如有的维吾尔族花帽、英吉沙小刀制作就是典型的例子。

喀什一度被认为是维吾尔族特征最明显的地区。如今走在大街上，很少能够看到包裹头巾的妇女、穿着民族服装的少年。大部分维吾尔族人穿着简洁、方便的西服和裤装，对于他们来说，民族服饰仅仅成为演出服或舞台装。

2. 案例评析

任何事物都有两面性，旅游业同样是一把“双刃剑”。喀什旅游的发展，在对当地经济起到积极带动作用的同时，也给民俗文化带来了不可忽视的消极影响。

从某种意义上说，旅游资源的开发有一个“度”的问题，适度地开发，才能实现资源的永续利用；而过度开发，则是通过破坏旅游资源来换取部分人的经济利益。因此，民俗旅游产品质量低劣，传统民族文化庸俗化或“洋化”或商业化，都可以被看作喀什旅游资源的过度开发。“越是民族的，越是世界的”，喀什旅游只有在保持民族特色、民族传统的基础上才能实现长远发展。

（十五）喀纳斯

1. 案例概述

喀纳斯景区位于新疆阿勒泰地区布尔津县北部、阿尔泰山脉中段，地处中国、哈萨克斯坦、俄罗斯、蒙古等四国接壤的黄金地带，素有“人类净土”之美誉。此外，古老的蒙古族图瓦人世代在这里聚居。神秘的喀纳斯湖“湖怪”“云海佛光”“浮木长堤”等胜景，原汁原味的图瓦文化，每年吸引大

① 参阅窦建丽：《喀什民俗文化旅游发展研究》，硕士学位论文，新疆大学，2006 年；窦开龙：《民族旅游开发中西部民族文化涵化、同化现象研究》，《消费导刊》2008 年第 16 期，第 203 页。

量游客前来观光游览、科考探险及文艺创作。

20世纪八九十年代，由于交通不便，很少有外来人员进入喀纳斯，因此，该地区保持着较好的原生态环境及文化。然而，随着1997年喀纳斯旅游业的迅速崛起，喀纳斯从一个偏僻宁静的山区变成一个日渐热闹的景区。沿着喀纳斯河修筑的游道，干扰了当地原生物种的生存空间，破坏了地表植被；越来越大的汽车喇叭声、刹车声和燃油尾气，干扰了区内生物的生活方式，使许多动物逃离了原来的栖息地……已经有不少专家学者对喀纳斯景区的开发表示了担忧。更为严重的是，在喀纳斯湖，游艇可以带游客深入自然保护区的缓冲区，甚至喀纳斯湖的“六道湾”附近，这实际已经将旅游活动延伸至了喀纳斯自然保护区的核心区。此外，游艇产生的噪声与燃油污染，给湖内鱼类带来了巨大影响，尤其影响了富有传奇色彩的鱼种大红鱼的生存环境①。

随着旅游业的不断发展，喀纳斯景区不得不进行后期扩建。相关部门认为，图瓦人的日常活动与景区的交通、游客的游览会相互影响，于是在1999年实施整体搬迁，形成了现在的新图瓦村。此后，原本淳朴的游牧民族开始经商；绚丽的民族服装被千篇一律的西服、长裤取代；独特的民族技艺由于难以找到继承人而濒临失传。新图瓦村已丧失了大部分民族风貌。

2. 案例评析

随着喀纳斯湖知名度的提高，旅游业已经轰轰烈烈地在当地展开。这片安宁的“人间净土”开始变得嘈杂，原本淳朴的图瓦乡民，放弃了传统的牧耕，转行成为兜售药材、特产的小商贩，喀纳斯景区被贴上了“过度开发”的标签。

究其原因，还是利益的驱使。因为有利可图，所以忽视动植物的栖息环境，大肆修建景区道路；因为有利可图，所以忽略《中华人民共和国自然保护区条例》的规定，将旅游活动深入到自然保护区的核心区域；因为有利可图，所以忽略图瓦人世代积累的传统，将其居住地进行了迁移；因为有利可图，原本的游牧民族开始经商，而不愿意继承祖传的独门绝技。

如果喀纳斯景区不采取有效的措施，遏制旅游资源过度开发的趋势，那么，“由于游人带来的污染超过了自然环境本身的自净能力，这就使生态旅

① 参阅尤海涛：《新疆喀纳斯国家级自然保护区生态旅游定位与运作的矛盾研究》，硕士学位论文，新疆师范大学，2006年。

游区受到严重污染，导致动植物生长受阻，动植物病虫害增多，致使整个环境遭到破坏。”①

（十六）黄果树瀑布

1. 案例概述

黄果树瀑布，位于贵州省安顺市镇宁布依族苗族自治县，是世界最壮观的瀑布之一、中国第一大瀑布、贵州第一胜景。作为我国第一批国家重点风景名胜区和首批国家AAAAA级旅游景区，黄果树瀑布历来享有“中国最美丽的地方”“西部最具魅力的旅游景区”“国际知名旅游景区”“中国自驾车旅游品牌十大景区”等称号。多年来，黄果树瀑布节、“六月六”布依文化节的举办，吸引了越来越多的海内外游客。

黄果树瀑布作为贵州的金字招牌和旅游业发展的龙头，其一举一动牵动着不少人的“神经”。1992年，黄果树瀑布第一次向联合国教科文组织申报“世界遗产”称号，结果因为“景区人工痕迹和商业化气息重，植被覆盖率低（当时其核心区森林覆盖率仅为7.2%）”而被“拒之门外”。2000年，《文汇报》撰文《黄果树风景区环境日趋恶化》②指出，黄果树旅游业的发展，不仅产生了大量垃圾，更是催生了餐馆、宾馆的过度建设，对景区的发展造成了严重的破坏。2001年，“五一黄金周”期间，曾经有着“飞流直下三千尺，疑是银河落九天”美誉的黄果树瀑布出现断流，联合国官员指出断流原因是瀑布上游植被被大面积破坏。2010年3月，“贵州干旱持续，黄果树瀑布几乎断流”的消息，又一次刺激了世人，人们不禁要问：断流到底是因为干旱，还是因为上游植被的破坏？

2013年11月，本书研究成员曾到黄果树瀑布进行实地调研。景区内“三步一摊点、两步一小亭”，到处有穿着布依族传统服饰的小商小贩向游客兜售煮鸡蛋、水果、粗糙的民族工艺品。据了解，黄果树旅游公司在收取这些小商贩几十元的入园费以后就允许他们进入景区做生意。小商贩们的随意摆摊与叫卖兜售，不仅严重影响了景区的美观，同时对游客的正常游览也造成了不小的影响。

---

① 余安琦：《新疆喀纳斯风景区生态资源的保护与开发利用》，《学理论》2013年第15期，第97-98页。

② 袁成本：《黄果树风景区环境日趋恶化》，《（上海）文汇报》2000年7月27日，第8版。

2. 案例评析

旅游资源开发要遵循一定的规律，适时而为，适度而为。20 世纪 60 年代以前，黄果树是不分枯水期、丰水期的。如今枯水期的时间越来越长，甚至出现断流现象，这是大自然给我们发出的警告。据了解，黄果树瀑布的上游是贵州省生态破坏和石漠化现象最为严重的地区之一，如果不能在黄果树瀑布的上游地区实施大范围的退耕还林、封山育林，进行有效的水源涵养，那么，可能很难遏制黄果树瀑布水量逐年减少的趋势①。

布依族风情是黄果树瀑布旅游不可或缺的一部分，但是，其传统文化的旅游价值并未得到有效的挖掘与利用。为了更好地展现布依族的民族风情，建议景区管理部门全面展示布依族风貌，统一规划卖场，售卖特色旅游纪念品和土特产品，以此来整合旅游资源，规范旅游秩序。

（十七）呼伦贝尔

1. 案例概述

呼伦贝尔草原，位于被称为“北国碧玉”的内蒙古自治区呼伦贝尔市，因呼伦湖、贝尔湖而得名；草原总面积约 10 万千米^2，是世界著名的三大草原之一，也是我国保存最完好的草原。这里除了广袤无垠的草原、纵横交错的河流外，还聚居着蒙古族、鄂伦春族、鄂温克族、俄罗斯族等数十个少数民族，民俗文化原始奇异而丰富多彩，民族节日精彩纷呈，因此它又被称为“中国北方游牧民族成长的历史摇篮”。

呼伦贝尔地区的旅游业发展始于 20 世纪 80 年代，最早开展的旅游项目是草原旅游。经过 30 多年的发展，草原旅游景区由最初的政府投资建设，逐渐转变为个体开发建设。呼伦贝尔草原上大大小小的草原旅游景区、景点于是有了几百个，除原国有景区改制后由个体经营、国有资产参股的几个大景区外，其余均为私营业主单独开发经营。无序开发的结果就是草原旅游景区和景点呈现遍地开花的状态，低层次、粗开发、重复性建设的景区（点）比比皆是②。这些所谓的“草原旅游景区”“游牧人家”“游牧部落”等带有旅游含义的牌子，实质上是私营业主在水草肥美的草地上开设蒙古包饭店、

① 项建新：《城市的远见：新格局下的博弈与反思》，经济管理出版社，2004 年，第 310 页。

② 参阅张颖：《呼伦贝尔旅游资源区域整体开发思考》，硕士学位论文，内蒙古师范大学，2011 年。

建设简易娱乐设施，以此作为招徕游客的噱头。很长一段时间内，呼伦贝尔草原人为活动频繁、旅游开发过度，人们“只利用、少保护、长期掠夺式”的经营利用，使得原本脆弱的草原生态环境日趋恶化，不少的草原已经严重沙漠化。据报道，呼伦贝尔草原的建设速度每年仅为0.2%，而退化速度则高达2%[①]。

2. 案例评析

“天苍苍，野茫茫，风吹草低见牛羊”，这是无数人对呼伦贝尔草原的印象。如今这片草原上却杂乱分布着“蒙古包饭店”“蒙古旅游接待点”“游牧部落”“游牧人家”等，已经不易看到牛羊奔跑的影子了。

旅游资源在一定程度上具有公共属性，因此，在旅游资源开发给当地牧民带来巨大的经济利益时，人们就容易沉醉于对利益的分享，而忽视了对草原的保护。上述“游牧部落”“游牧人家”“蒙古包饭店”等缺乏文化内涵和地方特色的“速成景点”，不仅加剧了草原旅游业的恶性竞争，阻碍了当地旅游业的发展，更是对草原生态环境造成了破坏。未来，呼伦贝尔草原应当实施旅游资源保护和旅游规划先行措施，否则大草原的未来，可能会像那曾经美丽的草原一样变得面目全非。

（十八）九寨沟

1. 案例概述

九寨沟位于四川省阿坝藏族羌族自治州九寨沟县漳扎镇，是白水沟上游白河的支沟，因有9个藏族村寨（又称何药九寨）而得名；平均海拔为2000米，原始森林密布，沟内有100多个大大小小的湖泊；篝火、烤羊、锅庄、藏家木楼、晾架、经幡、祭山会和古老美丽的传说，展示了当地藏族羌族热情奔放的民族风情；雪山、湖泊、森林巧妙组合，尽显“自然的美，美的自然”；翠海、叠瀑、彩林、雪峰、藏情、蓝冰被誉为九寨沟“六绝”。

然而，这样一个被称为“人间仙境”的旅游景区，却屡屡传出“不和谐”的声音。国家三令五申禁止建设高尔夫球场，九寨沟仍“顶风而上”。2012年8月，九寨沟为了实现“提升旅游服务软硬件设施，打造世界顶级会议度假休闲目的地”的目标，以“九寨沟世外桃源”项目名义，招商引资违规建

---

① 新浪网：《呼伦贝尔大草原退化面积已达40%以上》，2007年1月18日，https://news.sina.com.cn/c/2007-01-18/155111032538s.shtml，2022年3月16日。

设高尔夫球场，导致大面积松林地被毁，植被遭到严重破坏。

2013 年 10 月 2 日，由于入园人数严重超载，景区上下山通道瘫痪，许多游客滞留山上，不少游客滞留时间长达 5 个小时。据了解，在“国庆黄金周”之前，该景区已经发布其最佳承载量为 2.3 万人次/天，最大承载量为 4.1 万人次/天[①]。如此，出现大规模游客滞留的原因，到底是九寨沟管理局所说的“对市场情况估计不足，准备不够，管理上存在问题”，还是景区为了经济利益，忽视旅游资源过度开发所带来的严重后果？

2. 案例评析

高尔夫球场在带来旅游经济收益的同时，也会带来水土流失、化学药剂污染等问题，凡是开发高尔夫球场的地方，土地在很长一段时间内没法得到再利用。九寨沟海拔在 2000 米以上，生态环境脆弱，一旦遭到破坏就难以恢复。因此，在九寨沟建设高尔夫球场，既违规，又对环境产生污染与破坏。

2013 年颁布的《中华人民共和国旅游法》规定，“景区接待旅游者不得超过景区主管部门核定的最大承载量”；“旅游者数量可能达到最大承载量时，景区应当提前公告并同时向当地人民政府报告，景区和当地人民政府应当及时采取疏导、分流等措施”[②]。设定景区承载量的目的在于提高游客舒适度、保护景区资源以及保障游客的安全[③]。很显然，九寨沟管理局没有很好履行《中华人民共和国旅游法》关于“限流”的义务，导致景区“超负荷经营”，不仅给景区的生态环境带来了压力，也极大地降低了游客的满意度。

（十九）丹巴甲居藏寨

1. 案例概述

甲居藏寨位于四川省甘孜州丹巴县境内，距县城大约 8 千米，是丹巴最具特色的旅游地。独具一格的藏式楼房与周围的森林、溪流、农田及远处的雪山相互映衬，使甲居藏寨成为“中国最美的六大乡村古镇”之首。

2000 年前后，就有游客自发到甲居藏寨观光游览，部分有经济头脑的村民开

---

① 中国旅游新闻网：《四川九寨沟景区发布公告：每日最大游客接待量 4.1 万人次》，2013 年 9 月 21 日，http://www.cntour2.com/viewnews/2013/09/21/z81JHeCRdfAG0lTnlP2F0.shtml，2014 年 10 月 20 日。

② 计谷卿、李青：《旅游法律法规（第 2 版）》，旅游教育出版社，2015 年，第 20 页。

③ 郭光明：《景区最大承载量该如何核定》，《中国旅游报》2013 年 9 月 23 日，第 5 版。

始自发为游客提供食宿[①]。截止到 2011 年，甲居藏寨已经有超过 90 户的藏民在从事民居接待，约占全寨总户数的 1/3。节假日或者周末，为了争抢客源，民居接待户争先恐后地到进寨公路旁或者寨口拉客，为了拉客，村民之间吵架、闹矛盾的情况时有发生。这不仅影响了景区居民的关系，更是破坏了景区的美好形象。

不仅如此，随着游客的增多，不少村民开始扩建房屋，他们就地取石，挖土伐树，这些行为对景区的自然生态环境造成了破坏。由于受外来文化的影响，藏寨内一些村民新扩建的房屋抛弃了传统的嘉绒藏式“连碉房”，转而采用“现代化”建筑与装修风格，这与寨子原有的建筑格局格格不入。更有甚者，为了提高游客接待量，获取经济收益，有些村民擅自将自家的承包土地改作临时停车场。原有的、淳朴的、有序的甲居藏寨已令人担忧。

2. 案例评析

“千里不同风，百里不同俗。”作为藏族传统活态文化的主体及载体，甲居藏寨村民及言行举止都体现着当地独特的民俗风情。这种独特的民俗风情，也正是甲居藏寨的旅游吸引力之所在。如果当地村民无序拉客的问题长久得不到解决，甲居藏寨的魅力也一定会渐减。

诺贝尔经济学奖得主诺思在《经济史上的结构和变革》一书中说：“为什么人民没有把乡村搞乱？……我讨论的是家庭和学校教育反复灌输的那些价值观念，它们引导个人约束自己的行为，不采取像白搭车人那样的行为。”[②]从这个角度考虑，要改变甲居藏寨村民在旅游经营、房屋建设、生态保护等问题上的混乱状况，就要向村民反复灌输保护传统文化、追求长远利益、维护生态环境的重要性，最终使每个人能够从集体角度出发，捍卫村寨旅游发展赖以依存的旅游资源和生态环境。

三、旅游资源过度开发典型案例分析小结

我国少数民族地区拥有许多保护完好的生态环境、独特丰富的自然景观以及绚丽多彩的民俗风情，这不仅是中华民族巨大的宝藏，也是中国旅游多

---

① 刘旺、孙璐、吴明星：《少数民族村寨旅游开发中的“公地悲剧”及其对策研究——以丹巴县甲居藏寨为例》，《开发研究》2008 年第 1 期，第 125 页。

② 刘旺、孙璐、吴明星：《少数民族村寨旅游开发中的“公地悲剧”及其对策研究——以丹巴县甲居藏寨为例》，《开发研究》2008 年第 1 期，第 128 页。

元而亮丽的风景线。

随着旅游业的兴起和发展，各少数民族地区的旅游资源开发风起云涌，你追我赶，方兴未艾。事实上，当地旅游资源的开发和旅游业的发展，确实带动了少数民族地区的经济和社会的发展，切实给部分当地居民带来了实惠甚至使其脱贫致富，在基础设施建设与公共设施改善方面，几乎人人受益。然而，旅游是一把双刃剑，在给少数民族旅游目的地及居民带来积极影响、正能量的同时，也给当地生态环境、传统文化以及居民带来了消极影响和负能量，诸如由于旅游资源的过度开发，少数民族地区自然环境污染、优秀文化蜕变、人际关系紧张等等，究其原因，或因为个别领导好大喜功，或因为旅游开发商急功近利，或因为旅游经营者杀鸡取卵，或因为旅游规划者迎合迁就，再不就是因为旅游者求异猎奇，加之，相关法律缺失，旅游管理和监测、执法不力。

为了遏制少数民族地区旅游资源过度开发，实现当地旅游业的可持续发展，不仅需要直面上述少数民族地区旅游资源过度开发的严峻事实，而且需要透过以上诸多旅游资源过度开发“乱象”，进一步通过理性分析，更加全面地找出少数民族地区旅游资源过度开发的主客观原因及其根源。

第三章

对少数民族地区旅游资源过度开发原因的分析

近年来，随着我国少数民族地区旅游产业的迅猛发展，当地的自然资源和人文资源为旅游开发所利用，且发挥出前所未有的功能与作用。但是，在旅游开发过程中，由于各种原因，对“少数民族地区旅游资源的重复建设、盲目开发导致资源浪费，”[①]引发了一系列过度开发问题。例如，云南大理因旅游地产过度开发，其苍山洱海景观、白族民俗风情大失原有的地域特色；湖南凤凰古城因为旅游资源过度商业化，当地居民逐渐被边缘化，其淳朴的民风民俗面临蜕变的危险；新疆喀什由于旅游者过多涌入，其资源环境承受巨大压力，维吾尔族手工艺品已出现大量以次充好的情况。

为了有效地遏制少数民族地区旅游资源的过度开发，平衡少数民族地区旅游资源开发与保护的关系，找到解决问题的关键点，使少数民族地区旅游产业走上可持续发展的道路，我们必须认真分析少数民族地区旅游资源过度开发的原因。由于少数民族地区旅游资源过度开发的原因较为复杂，从大的方面讲，可以分为主观原因和客观原因两个部分。然而，具体到部分原因又会出现主观原因当中夹杂着客观原因因素和客观原因中又包含主观原因因素的情况。因此，以下关于主观原因与客观原因的分类不是绝对的而是相对的。

---

① 广西壮族自治区社会科学界联合会：《第十六期广西发展论坛交流论文集》，广西科学技术出版社，2016年，第70页。

第一节　少数民族地区旅游资源过度开发的主观原因

一、旅游资源开发主体方面的原因

少数民族地区旅游资源数量大、品质高、分布广，其开发利用的受益群体必然广泛，涉及不少利益主体，如地方政府、旅游开发商、当地居民、旅游者等。众多利益主体围绕着旅游资源的开发利用会有多元的利益诉求，构成复杂的利益网络。少数民族地区旅游资源的开发利用能够给利益相关者带来可观的收益，但是，并非所有的利益主体都注重旅游资源的合理、持续开发。由于受不同利益的驱使或出于自身的不同考虑，少数民族地区旅游资源过度开发就难以避免。

（一）当地政府层面

第一，部分少数民族地方政府领导，出于政绩需要或者对区域经济发展的考虑，受功利主义的影响，不能科学考量旅游资源开发的承载力，而片面追求眼前利益，忽视长远发展，致使当地旅游资源出现过度开发的情况。

一些少数民族地区政府领导，往往以牺牲当地旅游资源和环境以及子孙后代的发展需要为代价来满足当代人的利益诉求，缺乏对旅游资源开发条件进行深入的调查和科学论证，突出形象工程、政绩工程，一味地对旅游资源进行开发利用，致使当地出现旅游资源超负荷、生态环境质量下降、少数民族文化异化等旅游资源过度开发问题。

一些少数民族地区政府领导，意识到当地经济亟待发展，为了吸引旅游开发商前来投资建设，不严格按照相关规章制度办事，降低旅游开发商进入的门槛，其纵容行为使旅游资源的开发利用肆无忌惮，导致旅游资源过度开发。

一些少数民族地区政府领导，为了发展地方经济，会把当地旅游资源开发权转让出去，失去了对其旅游资源管理和监督的可能性，导致旅游资源过度开发问题难以遏制。有些政府领导过于关注经济，加上我国旅游法规的制定未能跟上旅游资源开发的步伐，造成其不能及时有力地依法依规监督旅游资源开发利用的情况，常常无法做到对少数民族地区旅游资源开发进行相关的约束管理，使其旅游资源过度开发，甚至严重影响到资源的后续利用。

此外，部分少数民族地区政府领导，为了引进旅游开发商，给予其较多的优惠政策，使他们可以以较低廉的价格获得土地使用权等，导致当地旅游资源开发利用缺乏可持续性，最终不能有效地约束外来企业的开发行为。

从典型案例来看，我国《风景名胜区条例》明确规定："风景名胜区内的景观和自然环境，应当根据可持续发展的原则，严格保护，不得破坏或者随意改变。"[①]但是，因急于旅游宣传营销，四川省阿坝藏族羌族自治州政府领导允许影视集团前往九寨沟景区进行肆意拍摄，结果使得景区内的植被、水体等旅游资源受到破坏。无独有偶，云南省迪庆藏族自治州香格里拉市也发生了类似事件。

第二，部分少数民族地区政府领导，防止旅游资源过度开发的意识薄弱和素质不够，导致当地旅游资源出现过度开发问题。

一些少数民族地区政府工作人员，缺乏对当地旅游资源的调查、评估和判断，没有过度开发的概念，执法观念落后，忽略旅游资源开发的监督管理，对防止辖区内旅游资源过度开发问题的重视不够；同时，在行政执法过程中，缺乏对旅游资源保护主体的责任明细，不能依据相关的规定明确保护范围，缺少对旅游资源保护的宣传教育；加之，没有相应的监督机制作为支撑，有法不依、违法不究、执法不严的情况层出不穷，难以指导当地旅游资源的科学开发，甚至纵容利益集团对旅游资源的过度开发利用。例如，作为旅游资源的重要组成部分，草原资源为我国少数民族地区旅游业的发展做出了巨大的贡献。但是，由于在草原资源管理方面，内蒙古部分地方政府工作人员没有要防止过度开发的概念，缺乏科学指导与管理，很多地方都曾出现过自由无节制的放牧，加之大规模旅游活动的不断开展，结果造成了草原旅游资源的过度开发。

第三，部分少数民族地区政府，旅游资源管辖权不统一，致使出现过度开发的问题。

我国《风景名胜区条例》规定："风景名胜区所在地县级以上地方人民政府设置的风景名胜区管理机构，负责风景名胜区的保护、利用和统一管理

---

①《风景名胜区条例》，《中华人民共和国国务院公报》2006年第32期，第9-13页。

工作。”“国务院建设主管部门负责全国风景名胜区的监督管理工作。国务院其他有关部门按照国务院规定的职责分工，负责风景名胜区的有关监督管理工作。省、自治区人民政府建设主管部门和直辖市人民政府风景名胜区主管部门，负责本行政区域内风景名胜区的监督管理工作。省、自治区、直辖市人民政府其他有关部门按照规定的职责分工，负责风景名胜区的有关监督管理工作。”①

我国各级人民政府又设置若干职能部门，如此，往往少数民族地区同一旅游资源为不同的部门所管辖，如建设、文物、林业、水利、旅游等多个部门共同管理同一旅游资源，造成交叉重叠管理、各司其职、各自为政、“政出多门、体制混乱”的局面。另外，有些旅游资源并非分布在同一行政区域内，存在着旅游资源跨区域分布的情况，旅游资源所处不同地区的行政部门，可能更多地关注自身的利益诉求，使其利益最大化，必然就会出现政府间缺乏合作、干预缺位或越位、多头管理、有法不依、执法不严等问题，势必会给少数民族地区旅游资源过度开发留下隐患。例如，完整的布达拉宫历史建筑群包括布达拉宫、大昭寺和罗布林卡。但是，在实际的管理中，三个项目属于不同的管理部门，在行政隶属上布达拉宫和罗布林卡归属文物部门，大昭寺归属宗教部门，这就使得不同部门之间各自为政、相互推脱责任，导致布达拉宫历史建筑群世界自然文化遗产的保护和管理缺乏整体性和系统性，为其过度开发利用留下了隐患。

（二）旅游规划者层面

第一，部分旅游规划者缺乏防止旅游资源过度开发的意识，在编制少数民族地区旅游规划时，或迁就委托方，或忽略保护前提与保护措施，导致旅游资源出现过度开发问题。

旅游规划是少数民族地区旅游资源开发的基础性工作，一旦旅游规划不合理，就可能在旅游产业链的上游和旅游资源开发的开端出现过度开发问题。《旅游发展规划管理办法》中规定：“旅游发展规划应当坚持可持续发展和市场导向的原则，注重对资源和环境的保护，防止污染和其他公害，因地制宜、突出特点、合理利用，提高旅游业发展的社会、经济和环境效益。”但是，

①《风景名胜区条例》，《中华人民共和国国务院公报》2006 年第 32 期，第 9-13 页。

编制旅游规划的部分人员，没有坚持“保护第一、利用审慎”的原则，缺乏对少数民族地区旅游资源、生态环境的科学认识，甚至没有对当地旅游资源进行实地调查与分析，没弄清什么样的旅游资源可以大幅度开发，什么样的旅游资源应该审慎开发，就编制出旅游规划。有的旅游规划者则一味迁就、满足委托方的不合理要求，违反科学精神，杀鸡取卵。在本书抽样调查的400余个少数民族地区的旅游规划成果中，一些旅游规划没有保护前提，一些旅游规划没有保护措施，这在“源头”上就为当地旅游资源的过度开发留有了余地。

第二，部分少数民族地区旅游规划的编制，在社区参与、征求意见、专家咨询、评审审查各阶段没有严格遵循有关规定，未能认真吸纳当地居民等的意见，致使少数民族地区旅游资源被过度开发。

《旅游规划通则》提出：“编制过程中应当进行多方案的比较，并征求各有关行政管理部门的意见，尤其是当地居民的意见。”[①]《旅游发展规划管理办法》中也规定：“旅游发展规划上报审批前应进行经济、社会、环境可行性论证，由各级旅游局组织专家评审，并征求有关部门意见。”但是，在少数民族地区旅游规划的编制过程中，一些旅游规划者无视上述规定，导致旅游资源的过度开发。美国国家公园在规划管理制度方面就做得比较到位，在其国家公园管理局的直接领导下，规划工作由下设的丹佛规划中心负责，且要求基层公园规划设计人员参与，在规划方案确定之前，必须广泛听取公众意见，然后根据公众意见进行修改，上报国家公园管理局批准，再提交到联邦参议院讨论通过。此外，在制定规划的过程中，除了广泛听取公众意见之外，还要根据国家环境政策的要求，对公园内的所有活动进行详细的环境影响评估，并制定详细的环境保护措施，把对环境的影响降到最低程度。

第三，部分旅游规划的编制目的出现偏离，不是为了科学指导旅游资源开发，而是为了争取上级资金、完成任务，致使少数民族地区旅游资源出现过度开发的问题。

本来，编制旅游规划的目的是科学指导旅游资源的合理开发与利用，从而保证旅游业的可持续发展。但是，部分少数民族地区的旅游职能部门或者旅游开发商，委托旅游规划单位编制当地旅游发展规划、旅游区（点）规划

① 中华人民共和国国家质量监督检验检疫总局、中国国家标准化管理委员会：《旅游规划通则》（GB/T 18971—2003），中国标准出版社，2003年。

的目的却变为争取上级资金和完成上级任务，而旅游规划者又不能坚持《旅游规划通则》等相关原则，从较为功利的角度而不是可持续发展的角度进行旅游规划编制。旅游资源开发不以保护为前提条件，就极有可能导致少数民族地区旅游资源的过度开发。

（三）旅游开发商层面

第一，多数旅游开发商只注重利润不在乎保护、只在乎眼前不顾及长远的急功近利行为，使得少数民族地区旅游资源遭到过度开发。

旅游资源的开发利用可以为旅游开发商带来丰厚的利润，加上当地政府有关部门监督不力、不作为等，使旅游资源保护理念差、只追求经济利益最大化的旅游开发商，抢占了少数民族地区极具市场开发价值的旅游资源，造成部分少数民族地区“旅游圈地”现象频发，尤其是在知名景区周围变相地进行旅游房地产开发，破坏旅游资源和自然人文环境，致使当地传统文化变异、濒临消亡，严重破坏了少数民族旅游资源的景观美学价值和完整性。例如，香格里拉市子元房地产开发有限责任公司在千湖山景区投资修建缆车索道和停车场，在核心区修建酒店等行为就造成了严重后果，导致藏民心中的神仙圣地——千湖山的水源地、牧场和森林受到破坏，引发了当地群众的强烈不满。

第二，不少旅游开发商不遵循有关法规，在旅游景区核心区安排破坏景观、污染环境的项目，建设旅游基础设施和接待服务设施，造成了少数民族地区旅游资源的过度开发。

《中华人民共和国旅游法》规定：“对自然资源和文物等人文资源进行旅游利用，必须严格遵守有关法律、法规的规定，符合资源、生态保护和文物安全的要求，尊重和维护当地传统文化和习俗，维护资源的区域整体性、文化代表性和地域特殊性。”[①]《新疆维吾尔自治区旅游管理条例》规定：“旅游资源开发和旅游设施建设，必须在规划的范围内进行，必须进行环境影响评价，与其相关的环境保护设施必须与主体工程同时设计、同时施工、同时投入使用。旅游资源开发和旅游设施建设应当发挥自治区旅游资源优势，突出自治区自然景观、人文景观和民族文化的特色，做好景区（点）内的文物和

① 《中华人民共和国旅游法》，《中华人民共和国全国人民代表大会常务委员会公报》2013 年第 3 期，第 444-454 页。

环境保护工作。”[①]《云南省旅游条例》规定：“以自然景观为主的旅游景区，应当加强对自然资源和生物多样性的保护，保障资源的可持续利用。”[②]

但是，一些旅游开发商在开发利用少数民族地区旅游资源时，或无视有关规定，或不制定专项保护规划，或不进行环境影响评价，结果导致旅游资源过度开发。例如，集高山雪岭、森林草原、图瓦部落原始民俗文化于一体，被誉为“人类最后一片净土”的新疆阿尔泰山喀纳斯自然保护区，随着旅游业迅速发展，现已发展成为我国最重要的自然生态旅游区之一，对拉动阿尔泰地区经济发展做出了巨大贡献。可近年来旅游景区内的建筑规模却越来越大，从最开始的小木屋、蒙古包，演变成了小洋楼，甚至发展成为一些钢筋混凝土结构的现代化建筑，造成了保护区自然景色在视觉上的污染，致使景观协调性降低。云南大理苍洱旅游区，也由于旅游基础设施、接待服务设施特别是旅游房地产的兴建，当地自然资源与生态环境遭到破坏。贵州雷山郎德苗寨，明清建筑风格的民居建筑与砖石结构、钢筋混凝土建筑掺杂在一起，呈现出土洋联袂、不伦不类的情况，严重影响了景观协调性。

第三，部分旅游开发商刚愎自用，不尊重科学、不按照旅游规划来进行旅游景区的开发建设，致使少数民族地区的旅游资源遭到过度开发。

通常情况下，旅游开发需要有旅游规划的指导，尤其是旅游开发商过去不是从事旅游行业的专业人士，不仅要尊重旅游规划，而且还要咨询旅游规划、旅游经营、环境保护、乡土文化等方面的专家，听取他们关于旅游资源开发与保护的建议和意见。但是，部分旅游开发商不是将旅游规划束之高阁，就是盲目自信、主观主义、刚愎自用，因其瞎指挥酿成少数民族地区旅游资源的过度开发。

（四）旅游经营者层面

第一，在旅游经营的过程中，部分旅游经营者唯利是图，不遵循国家相关法律法规要求，忽视保护，盲目逐利，导致少数民族地区旅游资源过度开发。

《中华人民共和国旅游法》第四十五条规定：“景区接待旅游者不得超

---

① 新疆维吾尔自治区旅游局：《旅游政策与法规》，新疆青少年出版社，2003 年，第 298 页。

②《云南省旅游条例》，云南省第十二届人民代表大会第八次会议通过，2014 年 3 月 28 日。

过景区主管部门核定的最大承载量。景区应当公布景区主管部门核定的最大承载量，制定和实施旅游者流量控制方案，并可以采取门票预约等方式，对景区接待旅游者的数量进行控制。”[①]这就要求旅游经营者应在旅游资源容量允许的范围内开展经营活动，防止因超负荷经营损耗旅游资源。但是，少数民族地区的部分旅游经营者，不重视经营的管理规范，主要心思在于经济收入，片面追求经济利益，完全忽视旅游资源的开发程度、容量和承载力等，使其设施建设和接待量失去控制，最终追求利益最大化诉求与旅游资源合理利用之间发生矛盾冲突，最大化利用资源使得旅游资源的可再生空间缩小，导致了少数民族地区旅游资源的过度开发。

例如，随着大理双廊名气的日渐变大，很多国内外游客慕名而来。据统计，双廊镇的年游客接待量已经由 2006 年的 50 万人次增加到 2010 年的 80 万人次[②]。2012 年春节黄金周期间，双廊镇 100 家农家乐和民居客栈每天要接待不少于 3000 人次的游客。实际上，双廊镇的日接待能力不到 1000 人次，结果很多游客只能借宿普通农户家[③]。激增的游客使得双廊单位面积内旅游资源承载了过多的游客，旅游基础设施严重不足，超负荷的运转最后使得旅游资源遭到过度利用。

第二，在旅游经营的过程中，部分旅游经营者不遵循国家和地方的有关规定，不执行国家、地方、行业的有关标准，不注意行为规范，其产生的餐厨垃圾、废水等超出了旅游资源本身的自身净化能力和容量空间，导致少数民族地区旅游资源的过度开发。

例如，过去丽江古城居民对水的利用以及垃圾和污水的倾倒的做法是十分合理而有序的。后来，由于缺乏科学的环境容量计算与控制，大量缺乏旅游资源保护理念和漠视旅游经营规范的外地经营者不断涌入古城，一方面使得丽江古城面临被污染的危险，另一方面还使得当地的纳西族文化氛围被大量替代。2000 年，联合国教科文组织世界遗产中心认为，“丽江古城商业氛围和旅游气氛过于强烈，侵蚀了丽江传统文化，传统建筑形式、东巴文化、纳

---

① 《中华人民共和国旅游法》，《中华人民共和国全国人民代表大会常务委员会公报》2013 年第 3 期，第 444-454 页。

② 贾钊：《热旅游或慢生活？火热开发中的大理古渔村寻平衡》，2011 年 9 月 14 日，http://news.xinhuanet.com/politics/2011-09/14/c_122031076.htm，2021 年 11 月 17 日。

③ 张译丹：《滇西北旅游密集地聚落无序开发问题探微》，《小城镇建设》2012 年第 7 期，第 92 页。

西节庆、服饰和工艺技术正在面临改变和消失，导致古城面临文化危机”[①]。又如《云南省大理白族自治州洱海保护管理条例》规定：在三级保护区内禁止“侵占湿地、水库、河道”；“擅自砍伐林木”；“向湖泊、水库、河流、湿地、农田排放污水、废油及其他废液，倾倒或者掩埋土、石、尾矿、垃圾和动物尸体及其他废弃物”[②]。但是，过去一段时间，大理双廊的旅游设施大规模的开发建设、餐馆和客栈里大量废水的直接倾倒，对洱海造成了污染，很多鱼类处于濒危状态，洱海的水环境曾经令人担忧。

（五）旅游者层面

第一，到访少数民族地区旅游景区（点）的旅游者日益增多，一方面，一些旅游景区（点）自身的承载能力已被超过；另一方面，旅游者的增多促使旅游景区（点）扩大开发规模和增加接待设施，导致少数民族地区旅游资源出现过度开发。

2014 年我国旅游接待人次已经突破 36 亿，其中，相当一部分旅游者，特别是许多自驾车旅游者以少数民族地区旅游景区（点）为其目的地，而每个旅游景区（点）的旅游容量、承载力都是有限的。研究表明，过多的游客进入旅游景区，不仅导致景区内旅游资源空间紧张，而且导致旅游资源遭到污染破坏，如生活垃圾污染、水污染、土壤板结、物种减少等；而景区扩大旅游资源的开发规模，增大游览面积、兴建宾馆饭店等，无疑会使少数民族地区旅游资源遭到过度开发。在内蒙古草原，适度的游客进入量是维持其旅游资源不被过度开发的措施之一，因为无论哪种类型的草原，过高的载客量都会造成草原被过度使用，牧草质量下降，甚至导致草原牧场被侵蚀。如今，有专家指出，云南玉龙雪山冰川每年以数十米的速度后退，常年积雪的雪线也在以每年数米的速度上升，这均与游客的大量进入有一定关系。

第二，一些进入少数民族地区旅游景区（点）的旅游者，缺乏对旅游资源的保护意识，会产生破坏旅游资源的行为；少数旅游景区（点）会迎合某些旅游者的猎奇心理，将人文旅游资源虚假化、庸俗化，最终导致少数民族

---

① Duan S. A Heritage Protection and Tourism Development Case: Study of Lijiang Ancient Town China, Report Submitted to UNESCO Office of the Regional Advisor for Culture in Asia and the Pacific, Bhaktaphur，2000.

② 大理白族自治州人民政府：《云南省大理白族自治州洱海保护管理条例》，2021 年 6 月 28 日，http://www.dali.gov.cn/dlrmzf/c101585/201911/80ac967c0564460fb07f03608a8a050d.shtml，2021 年 11 月 17 日。

地区旅游资源的过度开发。

《旅游权利法案》第三条明确要求："为了当前和后代的利益，保护包括人文、自然、社会和文化在内的旅游环境，因为它们是全人类的遗产。"① 但是，一些进入少数民族地区的旅游者，旅游资源保护意识淡薄，甚至认为自己没有义务保护当地的旅游资源，保护工作应该是经营管理者的事情，支付景区门票的费用完全可以用来保护旅游资源和环境。更有甚者，有些游客到处乱刻乱画，破坏景观与设施，乱扔垃圾，践踏植被甚至猎杀野生动物等。少数民族地区的部分旅游景区（点）为了追逐金钱，迎合一些旅游者的猎奇心理，或上演"伪民俗"大戏，或将少数民族婚俗庸俗化，"宰"了猎奇游客的同时也引起了当地居民的反感，有的甚至伤害到少数民族同胞的感情。这不能不说是一种对少数民族地区旅游资源的过度开发利用。此类问题若干年前在云南西双版纳个别旅游景区（点）就已曾出现过。

（六）社区居民层面

第一，伴随旅游业的发展，少数民族社区居民的现代商品意识崛起，价值取向发生变化，为了经济利益，部分社区居民牺牲了当地民俗，使得少数民族地区旅游资源受到冲击和过度开发。

少数民族地区一般是经济社会发展不平衡的地区。随着旅游业的发展，面对经济利益与发展契机，少数民族地区的部分社区居民市场经济意识增强，价值观开始发生变化，已经不大关注其传统文化及其传承的重要性，急于把自身的文化资源优势转化为经济优势，为了获得经济收入和刺激游客的消费，满足游客求新、求异、求奇的心理，使得民族文化过度商品化、舞台化，甚至为迎合游客的低俗要求，将千百年形成的民俗风情庸俗化，使得传统文化内涵变质，热情好客、关爱自然的民风日渐消失，朴实忠诚、吃苦耐劳的品性逐渐消退，这严重影响到少数民族传统文化的传承与发展，成为少数民族地区旅游资源被过度开发利用的具体表现。需要指出的是，在少数民族地区旅游资源开发的过程中，有的地方只是部分居民获利，不少居民无利可得，却要承担旅游资源过度开发带来的恶果。例如，被列为中国最美乡村古镇之一的四川丹巴甲居藏寨，由于旅游业的发展，当地居民都希望最大限度地利

① 魏小安、张凌云：《共同的声音——世界旅游宣言》，旅游教育出版社，2003年，第94-96页。

用本村的特色旅游资源获得自己的经济收益，而不愿意主动承担对传统文化的维护和传承的责任，村寨民居建筑的整体风貌和淳朴的民风民俗逐渐异化，甲居藏寨旅游发展的核心吸引物长期深陷“公地悲剧”。此外，游客向当地居民提出“合影留念”的要求而被回应“需要付费”的少数民族社区更不是一例两例。

第二，由于历史和地理等方面的原因，部分少数民族社区居民在旅游资源开发认识上存在误区，致使当地旅游资源过度开发。

长期以来，人们普遍认为旅游产业是“无烟工业”、旅游资源低消耗产业。这种观念的存在，使得人们热衷于旅游资源的开发，却不顾及是否会对旅游资源造成破坏。在少数民族地区的旅游资源开发过程中，部分社区居民依然坚持从前“文化搭台，经济唱戏”的发展思路，没有意识到文化遗产的重要性和不可再生性，破坏了生态文化的延续发展，导致片面追求短期经济利益行为的发生。一些社区居民则在古镇古村保护认识上存在盲区，意识不到自然环境因素和历史文化因素是保持古镇古村文化特色的重要内容，盲目建设现代楼房甚至洋别墅,使其历史文化古镇古村失去固有风貌和历史形态，历史文脉和民族特色消失殆尽。《巴音郭楞蒙古自治州旅游资源管理条例》第十二条规定：“在规划开发或者已开发利用的旅游区内，应当保护区域内的生态植被、野生动物、文物古迹和水资源等。保持旅游区内的地形地貌景观，禁止在旅游区内进行开垦荒地、开山采石、挖沙取土、填盖水面、砍伐树木等可能改变旅游区地形地貌景观的活动。”①但是，这些规定并没有深入当地社区百姓的心中，仍然有很多当地居民不顾条例规定，砍伐保护区内的树木，开采保护区内的景观石，导致旅游保护区地形地貌发生改变，旅游景观被破坏。观念支配行为，落后的观念是造成少数民族地区旅游资源过度开发的原因之一。

（七）多元开发主体层面

旅游业发展初期给人们留下“低投入，高产出”的印象，一些旅游项目确实具有“低投入，高产出”的特点，给人们提供了一条低付出、高收益的捷径，部分开发主体受其影响，且对其理解产生偏差，不惜以牺牲资源为代

---

① 《巴音郭楞蒙古自治州旅游资源管理条例》，摘自中华人民共和国国家旅游局：《中国旅游法律法规汇编》，中国旅游出版社，2016 年，第 957-958 页。

价，寻求短暂的经济利益等，致使少数民族地区旅游资源过度开发。

物质对意识具有决定作用，意识对物质具有能动作用。针对旅游资源开发，正确、先进的意识能够促进少数民族地区旅游资源的可持续利用，但是，错误、落后的意识则会导致少数民族地区旅游资源被盲目地、不计后果地开发。随着旅游业的快速发展，少数民族地区开展的旅游活动越来越多，部分保持着原有传统文化、风俗纯朴的偏远少数民族地区，也开始进入人们的视线，当地旅游资源的开发固然能够促进当地经济效益和社会效益的提高，但是，人们对旅游资源保护与开发的观念意识却较为滞后，跟不上旅游业发展的步伐。

在少数民族地区旅游资源开发初期，旅游业总被贴上"朝阳产业"、"投入少、见效快产业"及"无烟产业"等标签，加之，旅游业属于劳动密集型产业，能够产生巨大的经济效益和良好的社会效益，如解决部分当地居民的就业问题、促进当地经济的发展、增进地区间的文化交流、改善社区居民的生活条件、更新旅游地居民的价值观念和思维方式、保护和传承民族地区的传统文化和民俗风情等。其中，"低投入，高产出"成为人们开发旅游资源的最大动力，很多行业纷纷投资少数民族地区旅游资源的开发，以谋取更多更大的利益。但是，随着旅游业的不断推进，其发展也带来了不少负面的影响，主要表现为旅游资源的过度开发，严重影响了旅游资源的可持续利用，妨碍了旅游业的可持续发展。究其原因，由于经济发展落后，在旅游"低投入、高产出"观念的驱使下，部分少数民族地区的旅游资源多元开发主体，包括当地少数民族同胞在内，只注重开发带来的短期经济效益，不关注民族文化的真实性、完整性及延续性，使得其文化认同感和价值观发生严重扭曲，民族文化旅游资源的可持续利用面临巨大威胁。

二、其他方面的原因

（一）执法不严

执法是最广泛、最普遍的落实法律的活动，作为一种强有力的手段在旅游资源的开发与保护中发挥着重要作用，对防止少数民族地区旅游资源的过度开发有十分重要的意义。但是，在实践中，却存在着执法不严的情况，主要表现在以下三个方面。

首先，执法主体多，权力分散，责任不明。旅游资源的开发与保护具有复杂性和联系性，范围广泛，环节众多，需要各部门的有效配合和积极合作。长期以来，我国实行统一管理与分类相结合的多部门、多层次的执法体制，即先由各级行政主管部门在各自的管辖范围内依法对旅游资源的保护工作进行统一管理，然后再由其他相关职能部门进行专项监督。由于执法主体过多，往往权力分散，相关执法工作难以有效开展。同时，执法主体之间往往相互争夺对自身有益的旅游资源开发与保护，争抢审批、发证、收费、处罚等各种权力；对于无利可图或利益不大的旅游资源开发与保护，往往无人愿意接手，甚至相互推诿，严重影响了执法工作。

其次，现行法律对执法主体授权有限。我国现行法律法规对执法主体的授权有限，执法手段较少。例如，对于一些组织和个人过度开发旅游资源的行为，执法主体没有强制执行权，当事人如果逾期不申请复议，也不向人民法院起诉，又不履行处罚，执法主体也不能进行强制执行，而只能申请人民法院强制执行。对于所引发的纠纷，执法主体只能够进行调解而没有最终的决定权，而且执法主体在进行执法时只有罚款的权力而没有关闭权和停业权①。

最后，执法人员素质亟须提高。在旅游资源开发与保护工作中，执法主体的执法行为发挥着重要作用，其执法能力的强弱是执法工作能否有效开展的关键所在。

旅游资源开发与保护的执法工作综合性强、涉及范围广、业务能力要求高，执法人员需要相当熟悉相关法律法规，具备相应的科学素养，了解利用资源开发、环境保护方面的专业知识，才能在执法中作出较为准确的判断。虽经多年发展，执法主体的执法能力已有了很大的提高，但总体而言，我国相关部门旅游资源开发与保护的执法水平和能力仍处于较低水平，执法人员的素质与执法现状以及所肩负的责任仍存在较大的差距。

既了解法律法规又具备相应科学素养的执法人员缺乏，导致执法不当或者行政不作为的现象屡见不鲜，同时一些基层机构在进行人员选拔的过程中不够严格，使得一些业务水平较低、文化程度不高的人员进入了执法队伍，影响了执法人员整体素质的提高②。这些都严重地损害了执法队伍的综合能力，影响了相关工作的整体成效。

---

① 许岭：《对我国环境执法问题的思考与建议》，《安徽理工大学学报（社会科学版）》2010 年第 2 期，第 30-33 页。

② 参阅马慧：《环境行政执法机制比较研究》，硕士学位论文，昆明理工大学，2008 年。

（二）宏观调控不到位

旅游市场调节不是万能的，宏观调控是弥补市场调节不足的重要手段，当宏观调控不到位，不能及时纠正旅游市场运行中出现的偏差，市场发展不平衡导致旅游资源得不到有效配置时，少数民族地区旅游资源过度开发的问题就不可避免。

宏观调控是政府运用政策、法规、计划等手段对旅游经济运行状态和经济关系进行调节和干预以保证旅游经济的持续、快速、协调、健康发展。旅游市场存在着固有的自发性、盲目性、滞后性等特点，宏观调控就是在尊重市场调节的前提下，弥补市场调节的缺陷，当旅游市场调节失灵时，旅游资源得不到有效配置，为及时防止和遏制旅游资源过度开发，当地政府需要通过经济手段、行政手段和法律手段干预旅游市场，保证旅游资源的可持续合理利用。

针对少数民族地区的旅游市场，当游客需求强盛时，部分投资商、开发商受短期经济利益驱使，为了最大限度地满足过量游客的旅游需求，忽视对旅游资源可持续利用的思考，导致对旅游资源进行掠夺式开发，这时就需要政府通过宏观调控手段对旅游市场进行干预，以遏制旅游资源过度开发。例如，随着交通的改善，进藏游客大幅度增加，当地旅游景区（点）的管理者为了吸引更多的游客，大力开发旅游资源，拓展旅游道路，修建高档星级酒店，架设缆车索道，兴建娱乐设施，甚至引入房地产开发项目等，使得旅游景观与最初开发时的状况相去甚远，政府又未能及时地合理干预调控，导致当地旅游资源过度开发现象极为严重。

（三）旅游客源市场分析不足

对少数民族地区旅游客源市场分析不足，就不能有效地预测游客流量和市场趋势，致使开发盲目、无序，进而导致旅游资源的过度开发。

随着社会经济不断发展进步，人们的可支配收入和闲暇时间大量增加，外出旅游成为一种普遍的休闲娱乐方式，自驾车旅游尤为显著。近年来，少数民族地区的游客接待人次爆发式地增加，但是，相关人员对旅游客源市场分析不够，没有对这一趋势作出科学的预测。加之，少数民族地区各旅游目的地之间的协调配合、信息互通、资源共享欠缺，相关部门不能通过对市场数据的收集、整理和统计来有效地把握旅游市场的变化，及时应对旅游目的地的异常情况和超负荷运转；部分旅游开发商又采取应急式的盲目、无序开发，结果造成旅游资源过度开发的局面。

因对旅游客源市场分析不足导致旅游资源开发过度问题，往往会在旅游旺季表现出来，如在节假日、黄金周时期，人满为患的场面，会导致景区基础设施遭到不同程度的破坏，水体污染、垃圾污染、噪声污染等加剧，以及旅游资源承受巨大的压力。丽江古城“申遗”成功后，由于缺乏对客源市场的充分认识，大批国内外游客前来游览，特别是在旅游旺季，游客接待量远远超过了古城本身及设施的承载能力。加之，随着商业化的加剧，外来人口比重不断增加，城市人口置换严重，古城内的纳西族文化特征逐渐弱化，被联合国教科文组织亮了“黄牌”，并督促其修复完善。反观喜马拉雅山南麓的不丹政府，通过对游客流量数据的分析，制定了每年进入不丹的国外游客数量标准，即超过标准数量就不允许进入，有效地防止了旅游资源的过度开发。如果我国少数民族地区也采取限制游客进入数量的方式，虽然可能会给当地经济发展造成一定的影响，但是，在保护旅游资源方面会起到重要作用，可以避免出现过度开发的情况，从而使当地旅游资源能够得到持续利用。

第二节　少数民族地区旅游资源过度开发的客观原因

一、旅游资源保护相关法律法规方面的原因

法律是以国家权力为后盾，对全体社会成员具有普遍约束力的一种特殊行为规范。运用法律手段来管理、保护旅游资源，较其他手段更具有权威性、规范性、强制性和稳定性。[①]旅游资源的保护离不开法律的保障。通过立法规定明确旅游资源各个参与主体的权利、义务和责任，将其行为约束在一定的法律法规权限之内，以防止旅游资源的过度开发。

我国目前尚没有专门的旅游资源保护法，与旅游资源保护有关的法律条文散见于相关法律、法规中，如《中华人民共和国环境保护法》《中华人民

① 参阅曾彩琳：《论我国旅游资源保护的法律问题》，硕士学位论文，东北林业大学，2004年，第5页。

共和国旅游法》《中华人民共和国自然保护区条例》《风景名胜区条例》等。这些法律、法规的相关规定对防止旅游资源的过度开发起到了积极作用。但不可否认的是，国家和地方相关部门制定的法律、法规中尚存在一定的缺陷，为少数民族地区旅游资源的过度开发留下了隐患。具体而言，主要体现在立法、执法、监督、司法几个方面。

（一）旅游资源保护立法滞后

第一，我国缺乏专门的法律防止旅游资源过度开发。

目前，我国颁布的一些法律法规中都涉及旅游资源的开发和利用，如《中华人民共和国环境保护法》《中华人民共和国旅游法》《中华人民共和国文物保护法》《风景名胜区条例》中均有关于旅游资源利用和保护的条款；地方政府和相关部门也制定了部分地方性法规、部门法律文件以及自治条例，如自 1995 年 6 月海南省制定《海南省旅游管理条例》以来，新疆、广西、云南等多个省（自治区）都先后制定了地方性旅游法规。

尽管我国已颁布的一系列相关法律、法规在一定程度上遏制了旅游资源的过度开发，但是，不同部门和地方政府制定的法律法规之间缺乏整体性、系统性和协调性，不同层次、不同部门的相关规定有的还存在不一致的地方，缺乏对旅游资源保护的针对性，导致实践中出现权责不明、操作不易的情况，难以起到遏制旅游资源过度开发的作用。

2007 年，国家旅游局颁布《旅游资源保护暂行办法》，其主要目的是加强对旅游资源和生态环境的保护，促进旅游业的健康、协调、可持续发展，同时，明确了各级旅游部门对旅游资源保护的权利和责任，但仍没有针对不同类型的旅游资源的具体操作路径，缺乏对过度开发利用旅游资源的法律责任追究。

2013 年 10 月 1 日，《中华人民共和国旅游法》正式实施，但是，其中很少有关于旅游资源保护的条款，只有五条规定涉及旅游资源的合理利用和保护，内容如下[①]：

第四条："旅游业发展应当遵循社会效益、经济效益和生态效益相统一的原则。国家鼓励各类市场主体在有效保护旅游资源的前提下，依法合理利

①《中华人民共和国旅游法》，《中华人民共和国全国人民代表大会常务委员会公报》2013 年第 3 期，第 444-454 页。

用旅游资源。利用公共资源建设的游览场所应当体现公益性质。”

第十七条：“国务院和省、自治区、直辖市人民政府以及旅游资源丰富的设区的市和县级人民政府，应当按照国民经济和社会发展规划的要求，组织编制旅游发展规划。对跨行政区域且适宜进行整体利用的旅游资源进行利用时，应当由上级人民政府组织编制或者由相关地方人民政府协商编制统一的旅游发展规划。”

第二十一条：“对自然资源和文物等人文资源进行旅游利用，必须严格遵守有关法律、法规的规定，符合资源、生态保护和文物安全的要求，尊重和维护当地传统文化和习俗，维护资源的区域整体性、文化代表性和地域特殊性，并考虑军事设施保护的需要。有关主管部门应当加强对资源保护和旅游利用状况的监督检查。”

第四十五条：“景区接待旅游者不得超过景区主管部门核定的最大承载量。景区应当公布景区主管部门核定的最大承载量，制定和实施旅游者流量控制方案，并可以采取门票预约等方式，对景区接待旅游者的数量进行控制。旅游者数量可能达到最大承载量时，景区应当提前公告并同时向当地人民政府报告，景区和当地人民政府应当及时采取疏导、分流等措施。”

第一百零五条：“景区在旅游者数量可能达到最大承载量时，未依照本法规定公告或者未向当地人民政府报告，未及时采取疏导、分流等措施，或者超过最大承载量接待旅游者的，由景区主管部门责令改正，情节严重的，责令停业整顿一个月至六个月。”

此外，一些涉及旅游资源保护的法律法规在制定上有明显的滞后性，往往在出现旅游资源过度开发问题以后才匆匆制定。等到问题出现，才着手制定相关的法律法规，有时会为时过晚。反观“在美国、日本和加拿大等市场经济发达国家，已形成了一套比较健全的旅游资源保护法律体系。很多国家制定了旅游基本法，确立关于旅游资源管理、保护和开发利用的基本原则和基本制度；同时，还针对各类旅游资源的不同特点，制定了单项旅游资源保护法律法规，并将旅游资源保护立法融合在国家资源与环境保护立法体系之中”[①]。例如，日本已制定、实施了《城市公园法》《温泉法》《自然公园法》《河川法》等一系列的单项旅游资源保护法律文件。

第二，专门法律的缺失，难以保障旅游资源的合理开发，致使少数民族

① 明庆忠、李庆雷：《旅游循环经济学》，南开大学出版社，2007年，第17页。

地区旅游资源出现过度开发。

旅游业要成为我国国民经济战略性支柱产业，需要有相关法律法规来保障。迄今，大部分关于旅游资源保护方面的法律法规属于行政法规或部门规章，权威性不高，保护原则和要求较为笼统，还缺乏可操作性，这不利于少数民族地区旅游资源的保护。同时，少数民族地区旅游资源保护的法规往往泛泛地照搬上一级部门或政府的规定，不能够结合地方实际情况，缺乏整体性、稳定性和协调性，出现严重的“水土不服”。因此，防止少数民族地区旅游资源过度开发，应当从中央到地方，整合旅游资源保护的法律文件，规范遏制少数民族地区旅游资源过度开发的行为步骤，形成协调统一的法规体系。

（二）旅游资源保护法律解释、修改滞后

时代发展和社会变化使得原本关于旅游资源保护的法律法规中某些内容规定可能不再适应当前少数民族地区旅游业发展的现状，难以全面指导旅游资源的合理开发，会为开发主体留下过度开发的空间，最终导致少数民族地区旅游资源的过度开发。

例如，《中华人民共和国环境保护法》规定：“为保护和改善环境，防治污染和其他公害，保障公众健康，推进生态文明建设，促进经济社会可持续发展，制定本法。”[①]但是，其中对于防治的规定较多，对于保护的规定较为缺乏，缺乏公众参与，在执法方面也较为欠缺。这些不足之处，很可能导致在防止少数民族地区旅游资源过度开发方面难以达到预期目标。反观日本国家公园保护和利用的法规由国家环境厅制定，每 5 年修订一次，保证了其旅游资源的保护与旅游业的发展情况相适应。

（三）旅游资源保护立法侧重点不同

过去，我国大多数关于旅游资源的立法侧重点没有集中在防止其过度开发上，导致很难从整体的角度始终如一地保护旅游资源，致使少数民族地区旅游资源过度开发的情况屡屡出现。

---

① 中央人民政府：《中华人民共和国环境保护法自 2015 年 1 月 1 日起施行》，2014 年 4 月 25 日，http://www.gov.cn/xinwen/2014-04/25/content_2666328.htm，2021 年 11 月 17 日。

例如，2019年修订的《中华人民共和国森林法》第一条："为了践行绿水青山就是金山银山理念，保护、培育和合理利用森林资源，加快国土绿化，保障森林生态安全，建设生态文明，实现人与自然和谐共生，制定本法。"[①]虽然强调了资源保护，但是没有把防止资源过度开发放在首要位置。另外，部分少数民族地区的地方性法规在立法侧重点上更多地关注经济发展，很少体现防止资源过度开发，也没有提出具有可操作性的措施，照搬在全国实行的相关法规，规定较为原则，缺乏对当地旅游资源保护的针对性。日本在这方面就做得比较到位，早在1963年，该国在充分考虑旅游资源、旅游者重要性的基础上就制定了《旅游基本法》。此外，一方面积极汲取国外在旅游资源保护方面的先进经验，另一方面不断结合本国国情，逐步构建了一套以《旅游基本法》为基础的、较为完善的旅游资源环境保护法律法规体系，立法侧重点涉及各有不同，操作性也比较强，在旅游资源保护法律之后还颁布了相应的实行细则和具体办法。因此，防止少数民族地区旅游资源过度开发的立法要学习国外的先进经验，基于当地旅游资源的特点，建立专门的旅游资源保护法律法规体系。

（四）旅游资源保护立法考虑当地情况不足

一些旨在保护旅游资源的相关法律法规在制定时并没有考虑少数民族地区的实际情况，导致旅游资源保护的实践并不能完全遵循法律法规的相关规定，致使资源出现过度开发。例如，相关法规没有将少数民族文化旅游资源纳入保护范畴，有的保护规定不切合少数民族地区实际，当地人就不能完全遵循这个规定，也就可能致使当地旅游资源的过度利用。基于此种情况，防止旅游资源过度开发不仅需要建立健全旅游资源保护法律法规体系，还要考虑少数民族地区的实际情况以构建完善可行的实施细则。

（五）法律法规可操作性较差

现有的法律法规多从原则的角度制定了防止旅游资源过度开发的办法，却没有确定相应的技术标准、具体指标，如设置合理的开发面积、单位容量等，也缺乏针对旅游资源开发与利用各个环节的具体操作制度，包括旅游资

①《中华人民共和国森林法》，《中华人民共和国最高人民检察院公报》1998年第2期，第3页。

源开发限度评价制度、旅游资源开发管控制度，导致对引发少数民族地区旅游资源过度开发的相关单位和个人不能按照法律的相关规定进行相应的处罚。

例如，《大理白族自治州大理风景名胜区管理条例》第十二条规定：“一级保护区内必须严格保护原有的自然风貌和人文景观。除按规划统一设置必要的保护和游览设施外，不得建设其它设施。严禁挖沙取土、开山采石、新造坟墓和放牧。二级保护区的开发建设，必须进行环境影响评价和景观影响评价。不得新建改变地貌、破坏景观、污染环境的项目和设施。三级保护区的开发建设，要与景区环境相协调。”[①]但是，在该条例第六章“法律责任”的相关规定中就没有明确地指出违反以上规定的具体处罚，使得一些不法旅游开发商得以乘虚而入，致使少数民族地区旅游资源过度开发的情况难以有效遏制。

（六）行政主体权责不清、职能重叠

在对少数民族地区旅游资源过度开发事件的处理中，行政主体在机构设置和职责划分方面往往存在职责不清、相互重叠的现象，行政主体错位、越位、失位的情况屡见不鲜。多头管理和条块分割导致实际工作中各部门权限不明确，对旅游资源的开发利用监管不力，严重影响了执法的实际效果，进而影响了旅游资源的开发与保护。

旅游资源往往受到旅游、环保、文物、建设、林业、农业等部门的管辖，不同部门的权限往往交叉重叠，导致管理混乱。少数民族地区旅游局（或旅游发展委员会）作为当地旅游业的行政主管部门，在理论上应当发挥管理少数民族地区旅游资源的作用。但是，有些地方既是风景名胜区又是世界遗产还是旅游（度假）区，或者同一景区分属于不同地域的行政机构管理，使得相互之间交叉重叠较多。这就可能出现各自为政、相互推诿责任的现象，不利于防止旅游资源的过度开发。

例如，《中华人民共和国自然保护区条例》第八条规定：“国家对自然保护区实行综合管理和分部门管理相结合的管理体制。国务院环境保护行政主管部门负责全国自然保护区的综合治理。国务院林业、农业、地质矿产、水利、海洋等有关行政主管部门在各自的职责范围内，主管有关的自然保护

① 大理白族自治州人民政府：《大理白族自治州大理风景名胜区管理条例》，2013 年 10 月 24 日，http://www.dali.gov.cn/dlrmzf/c101585/201310/d2fc2854b441463eb975e52604dc6801.shtml，2021 年 11 月 27 日。

区。县级以上地方人民政府负责自然保护区管理的部门的设置和职责，由省、自治区、直辖市人民政府根据当地具体情况确定。”[①]

云南三江并流旅游区分别由生态环境部、国家林业和草原局、住房和城乡建设部、水利部等部门管理，致使各主管部门在行政管辖范围、管理权限等方面存在相互交叉的情况，导致政出多门。按照相关规定，进入三江并流遗产地的旅游人数及活动范围应实行控制，但是，实际情况是，行政管理的多元复杂性导致相关的控制条款没有真正得到落实和实施，这无疑会影响三江并流自然保护区的可持续发展。

总体而言，对于少数民族地区旅游资源的管控，有关法律法规呈现出相对分散、系统性不强的情况。例如《地质遗迹保护管理规定》第六条规定：“国务院地质矿产行政主管部门在国务院环境保护行政主管部门协助下，对全国地质遗迹保护实施监督管理。县级以上人民政府地质矿产行政主管部门在同级环境保护行政主管部门协助下，对本辖区内的地质遗迹保护实施监督管理。”[②]《风景名胜区条例》第五条规定：“国务院建设主管部门负责全国风景名胜区的监督管理工作。国务院其他有关部门按照国务院规定的职责分工，负责风景名胜区的有关监督管理工作。省、自治区人民政府建设主管部门和直辖市人民政府风景名胜区主管部门，负责本行政区域内风景名胜区的监督管理工作。省、自治区、直辖市人民政府其他有关部门按照规定的职责分工，负责风景名胜区的有关监督管理工作。”[③]但实际上，地质公园、森林公园、文物保护单位与风景名胜区、自然保护区相互重叠，形成多头管理局面，利益冲突严重，监督管理不力，难以遏制旅游资源的过度开发。

美国的国家公园保护则是建立在完善的法律制度和合理的管理基础之上的，其管理体制是中央集权领导下的垂直管理，实行管理与经营相分离的制度。国家公园管理局是其国家公园体系中的唯一中央管理机构，下设地区局，地区局下设公园组和支持系统。国家公园管理局受内政部的直接领导，独立行使管理权，这就保证了管理的权威性，实现了权责统一，形成了一整

① 环境保护部环境工程评估中心：《金属矿采选业环境保护政策法规》，中国环境出版社，2013年，第62页。

② 自然资源部：《地质遗迹保护管理规定》，2001年9月9日，https://www.cgs.gov.cn/xwl/zcwj/dzhj/202009/t20200903_654058.html，2021年11月17日。

③《风景名胜区条例》，《中华人民共和国国务院公报》2006年第32期，第9-13页。

套国家公园管理政策和管理制度，使得美国国家公园体系得到严格保护，避免了旅游资源的过度开发。

（七）处罚力度偏弱、细则不明

当前，我国有关法律法规对少数民族地区旅游资源过度开发的处罚力度偏弱，难以有效遏制少数民族地区旅游资源的过度开发。关于旅游资源保护的法律法规，对于破坏旅游资源的违法行为，大多数的条款都是一般的罚款或民事处罚，甚至对情节较为严重的单位和个人的处罚力度也较轻，难以起到警示、制止的作用。

例如，《风景名胜区条例》第四十一条规定："违反本条例的规定，在风景名胜区内从事禁止范围以外的建设活动，未经风景名胜区管理机构审核的，由风景名胜区管理机构责令停止建设、限期拆除，对个人处 2 万元以上 5 万元以下的罚款，对单位处 20 万元以上 50 万元以下的罚款。"①第四十二条规定："违反本条例的规定，在国家级风景名胜区内修建缆车、索道等重大建设工程，项目的选址方案未经省、自治区人民政府建设主管部门和直辖市人民政府风景名胜区主管部门核准，县级以上地方人民政府有关部门核发选址意见书的，对直接负责的主管人员和其他直接责任人员依法给予处分；构成犯罪的，依法追究刑事责任。"②第四十三条规定："违反本条例的规定，个人在风景名胜区内进行开荒、修坟立碑等破坏景观、植被、地形地貌的活动的，由风景名胜区管理机构责令停止违法行为、限期恢复原状或者采取其他补救措施，没收违法所得，并处 1000 元以上 1 万元以下的罚款。"③第四十四条规定："违反本条例的规定，在景物、设施上刻划、涂污或者在风景名胜区内乱扔垃圾的，由风景名胜区管理机构责令恢复原状或者采取其他补救措施，处 50 元的罚款；刻划、涂污或者以其他方式故意损坏国家保护的文物、名胜古迹的，按照治安管理处罚法的有关规定予以处罚；构成犯罪的，依法追究刑事责任。"④

又如，《中华人民共和国草原法》明文规定："为了保护、建设和合理

---

①《风景名胜区条例》，《中华人民共和国国务院公报》2006 年第 32 期，第 9-13 页。

② 同①。

③ 同①。

④ 同①。

利用草原，改善生态环境，维护生物多样性，发展现代畜牧业，促进经济和社会的可持续发展，制定本法。”[①]《中华人民共和国草原法》的实施弥补了其他法律对于自然旅游资源保护仅有原则规定的不足,文中具体规定了“禁止开垦草原。对水土流失严重、有沙化趋势、需要改善生态环境的已垦草原，应当有计划、有步骤地退耕还草；已造成沙化、盐碱化、石漠化的，应当限期治理”，明确了对草原的方针政策、产权归属、建设和使用、保护和监督以及法律责任。但是，《中华人民共和国草原法》中的一些处罚性措施，对于破坏草原的行为，处罚力度较轻，原则性规定较多，很难对破坏旅游资源行为的单位和个人起到实质性的警示、警戒作用。

（八）司法保护机制不到位

长期以来，我国与旅游资源保护有关的刑事案件数量少、量刑轻、缓刑比例高，对破坏旅游资源的刑事处罚不够，威慑力不足。对少数民族地区旅游资源的司法保护机制不到位，主要表现在刑事审判处罚不到位、民事审判维权不到位、行政审判监督不到位。由于没有检索到关于旅游资源过度开发案件刑事审判处罚等方面的论著,又由于旅游资源过度开发会引发环境问题，因此，这里引用朱建新、陈迎在《环境案件专业化审判的实践路径》中的部分论述来作为以上观点的佐证。刑事案件中，“对破坏环境行为的刑事惩戒明显不够，刑罚的威慑力明显不足”；民事案件中，“大部分案件中原告所获得的赔偿仅几百元到几千元，扣除诉讼成本后所剩无几，甚至入不敷出”；行政案件中，“为规避败诉风险，行政机关往往以不执行行政处罚为条件换取原告撤诉，这种和解方案进一步削弱了环境行政管理的效果”。[②]

（九）现行审判机制不合理

在导致少数民族地区旅游资源过度开发的诸多原因中，有一个原因是我国现行的相关审判机制难以满足防止旅游资源过度开发的现实需要。现行的相关审判机制存在着分散性、盲目性、孤立性的情况。具体说来：涉及旅游

---

① 《中华人民共和国草原法》，《中华人民共和国全国人民代表大会常务委员会公报》2003 年第 1 期，第 43-50 页。

② 参见朱建新、陈迎：《环境案件专业化审判的实践路径》，《法律适用》2014 年第 4 期，第 15 页。

资源开发保护的民事案件、刑事案件和行政案件分别由不同的审判庭审理。同样援引上述作者的论述："刑事审判强调疑罪从无，更多地关注如何对被告人定罪量刑；民事审判强调调解优先，往往更多地关注个案纠纷的解决；行政审判强调依法行政，更为关注被诉行政行为的合法性评判……这种分散的审判机制难以形成统一的生态环境司法保护理念……不管是民事案件、刑事案件还是行政案件，都被审判人员看成单纯的个案，容易就案办案……孤立地处理个案，难以充分发挥环境司法的保护功能。"①

（十）专业审判队伍的缺乏

涉及旅游资源保护有关的审判有其一定的特殊性。首先，由于此类审判涉及较多资源开发、环境保护方面的专业判断，审判人员只有在具备相应的科学素养的情况下，才能做出较为准确的判断；其次，此类案件存在侵害行为查证、法律责任判断、损害后果确定等方面的困难，要求"在法律依据相对不足的情况下，法官要在环境理念和环境思维的指引下，对现有法律规则进行符合环境保护宗旨和目标的遴选与适用"②。这些都要求法官必须具备较高的专业素养和较强的司法能力，但总体而言，现有法官队伍难以满足强化环境司法保护的现实需要。③

二、旅游资源开发经济方面的原因

（一）旅游资源产权不明晰

旅游资源产权不明晰，其开发外部性明显，不同的利益主体在责任、权利、义务、利益等方面不对等，导致少数民族地区旅游资源过度开发的情况屡见不鲜。

目前，我国对于旅游资源的管理主要采取行政管理制度，对于旅游经济活动的约束主要依靠各级行政部门，这种软约束一旦弱化，就易于导致旅游资源的过度开发。虽然对旅游资源进行产权管理的要求已经产生，但是在少

① 参见朱建新、陈迎：《环境案件专业化审判的实践路径》，《法律适用》2014年第4期，第16页。

② 参见朱建新、陈迎：《环境案件专业化审判的实践路径》，《法律适用》2014年第4期，第17页。

③ 朱建新、陈迎：《环境案件专业化审判的实践路径》，《法律适用》2014年第4期，第17页。

数民族地区缺乏更为符合当地实际、从产权角度进行旅游资源管理的制度。另外，相关法律法规对于旅游资源产权方面的规定非常笼统，如《中华人民共和国草原法》规定："草原属于国家所有，由法律规定属于集体所有的除外。国家所有的草原，由国务院代表国家行使所有权"[①]，并没有具体界定旅游资源的使用权主体，这为开发者过度开发提供了"理由"，各利益主体也"理所当然"地进行旅游资源的开发利用，容易出现政府追求政绩、开发商追求短期经济利益、当地居民追求既得利益等，致使旅游资源遭到过度开发与利用。

在少数民族地区，由于旅游资源产权不明晰，不同的利益主体在责、权、义、利等方面不明确，最终造成旅游资源过度开发。首先，行政权与资源产权粘连，设租和寻租行为不可避免，会导致旅游资源的开发与利用缺乏公平机制，先发性存在旅游资源过度开发的隐患；其次，政府和企业（开发商）在开发利用旅游资源时，若不重视当地民众的意见和利益，旅游资源的使用就会缺乏激励和约束，而不合理开发或粗放式经营必然造成旅游资源的过度开发；最后，在共享旅游资源带来的利益时，当地社区处于弱势地位，难以从旅游业收益中获得更多实惠，造成各利益主体争抢使用、重复利用旅游资源，降低或损害其自身价值，形成旅游资源过度开发的局面。

旅游资源产权明晰化，使产权主体拥有对旅游资源的产权，不仅能够明确行为主体的权限，而且能够激励产权主体最优化地开发旅游资源，主动遏制旅游资源的过度开发，使之在获得最大收益的同时对少数民族地区旅游资源进行可持续利用。反之，产权约束作用、资源配置功能等就无法实现，也就无法调动产权主体保护旅游资源的积极性和主动性，旅游资源过度开发就难以避免。因此，要实现对少数民族地区旅游资源的可持续开发利用，防止过度开发，必须明晰旅游资源的产权，明确各利益主体的权利、责任和义务，实现旅游资源的合理配置，提高旅游资源的利用率，降低开发带来的负面影响。

（二）旅游市场机制不健全

旅游市场机制不健全，不能通过价格、供求、竞争等对旅游资源进行有

---

① 《中华人民共和国草原法》，《中华人民共和国全国人民代表大会常务委员会公报》2003 年第 1 期，第 43-50 页。

效配置，从而对旅游资源合理开发的引导作用难以实现，导致少数民族地区旅游资源过度开发。

健全的市场机制能够保障旅游资源在不同的情况下得到有效且合理的配置，这是少数民族地区旅游业发展的一个重要方面。高效合理的旅游资源配置需要发挥市场的基础性作用，通过价格机制、供求机制、竞争机制和风险机制的有效运用，实现旅游资源的持续有效开发。但是，现实往往事与愿违，在我国少数民族地区，由于市场机制不健全，市场这只“看不见的手”发挥作用有限，许多少数民族旅游地无法依靠旅游市场供给与需求的矛盾运动来引导其对旅游资源的合理开发，无法通过门票价格的调整来控制进入景区的游客人数，无法根据旅游市场信息的搜集、分析来计算、预测旅游资源的合理承载能力，致使旅游市场对旅游资源合理开发的引导作用难以发挥，从而造成旅游资源的过度开发。

少数民族地区旅游资源的独特性、差异性明显，对游客极具吸引力，如果一味地满足旅游者的需求，却忽略自身和其他开发商的供给能力，必然导致旅游资源的过度开发。在少数民族地区，应当充分利用旅游市场机制来调节旅游资源的开发。经过开发利用的旅游资源是旅游产品的核心构成，旅游资源的开发利用程度应随着旅游者对旅游产品需求的变化而不断变化，若旅游市场机制不健全，则供求机制不能有效运行，旅游资源得不到有效合理的配置，即可造成当地旅游资源的过度开发。

三、旅游资源保护与开发技术方面的原因

（一）旅游资源开发缺乏控制标准

少数民族地区旅游资源保护与开发缺乏相应的控制标准，难以从技术上有效地把握旅游资源的适度开发。

目前，我国关于旅游资源保护与开发的相关标准有《旅游规划通则》（GB/T 18971—2003）、《旅游资源分类、调查与评价》（GB/T 18972—2003）等，但是，均缺乏相应的控制标准，没有相应的控制指标，如有一定控制性、指导性的开发面积、数量、规模、程度等。《旅游规划通则》明确了旅游规划编制的目的是：“为规范旅游规划编制工作，提高我国旅游规划工作总体水平，达到旅游规划的科学性、前瞻性和可操作性，促进旅游业可持续性发

展，特制定本标准”，提出“旅游规划编制要突出地方特色，注重区域协同，强调空间一体化发展，避免近距离不合理重复建设，加强对旅游资源的保护，减少对旅游资源的浪费”[①]等要求，规范了各级旅游发展规划及各类旅游区规划的编制工作，但对于旅游资源的保护和开发只是笼统的理念性指导。《旅游资源分类、调查与评价》是一部应用性质的标准，包括三个核心内容，即旅游资源分类、旅游资源调查和旅游资源评价，对旅游资源类型划分、调查、评价的实用技术和方法进行了一系列的探讨和规定，却基本没有关于旅游资源保护与开发控制方面的内容，从而难以从技术标准上把握旅游资源的适度开发。在各个少数民族地区，需要制定相应的技术指标、标准和规程，科学而合理地控制旅游资源开发的程度，尤其是控制人文旅游资源的保护和开发，才能更有效地遏制其旅游资源的过度开发利用。

（二）旅游资源开发与保护技术落后

在旅游资源开发与保护方面，少数民族地区的技术相对落后，大多属于粗放式开发与保护，最终必然致使其旅游资源过度开发。

世界旅游组织确定了旅游可能产生环境问题的五种情况：一是改变地区生态环境，使原有的自然、文化和视觉环境处于非良好的状态；二是投机性开发使风景和自然习惯遭到破坏；三是不协调的空间占用和活动开发与土地利用之间产生不可调和的状态；四是对传统价值观的破坏，当代开发中降低了人性的标准；五是超载过度，消耗环境质量。在旅游资源开发、利用过程中，科学合理的开发利用技术，能够提高单位旅游资源的使用效益，降低对资源环境的破坏，实现保护性开发的目标；在旅游资源保护、维护过程中，科学合理的保护维护技术，能够避免旅游资源的二次破坏，快速有效地改善资源环境，达到旅游资源的可持续利用，从而有效地减少上述问题及情况的发生。喀斯特地貌、丹霞地貌等自然旅游资源在少数民族地区多有分布，由于资源本身具有脆弱性，且所处生态环境较为敏感，在开发与保护过程中，先进技术显得尤为重要，它能够大大降低资源开发带来的损耗和破坏。人文旅游资源中的遗址遗迹、建筑与设施等在少数民族地区分布众多，具有很高的艺术、精神、研究、欣赏、历史价值，一旦遭到破坏就很难复原，在开发

① 中华人民共和国国家质量监督检验检疫总局、中国国家标准化管理委员会：《旅游规划通则》（GB/T18971—2003），中国标准出版社，2003 年。

与保护过程中要尤为谨慎，对其进行开发和保护的技术手段要求高，如果技术水平低，就很容易造成破坏性开发。

四、旅游资源本身的原因

（一）少数民族地区旅游资源的脆弱性

旅游资源的脆弱性，是指旅游资源由于受到外力的作用很容易遭到破坏的性质或本身具有不稳定因素而造成其不稳定性、易损性和易消亡性①。少数民族地区旅游资源的脆弱性容易导致其被过度开发，这可以从以下两个方面来理解。

第一，少数民族地区旅游资源本身具有不稳定性、不适应性，不宜进行大规模开发，且旅游承载能力一般比较有限，一旦开发不当或者超过其承载能力就容易致使其被过度开发。

少数民族地区的旅游资源极为丰富，自然风景优美秀丽、人文风情多姿多彩，但是，更多地分布在偏远地区，受外界干扰较少，稳定性和适应性相对较差。加之，旅游资源本身容易发生变化，旅游承载能力有限，一旦开发不当或超过其承载能力就会影响其系统性、稳定性和可持续性。据估计，在我国生态保护区中，各类保护区有 22%的旅游资源遭到破坏，11%的旅游资源出现一定程度的退化②。

根据《旅游资源分类、调查与评价》，自然旅游资源分为地貌景观类、水域风光类、天象与气候景观类和生物景观类等③。这类旅游资源一般都是经长期发育演变而来，本身具有可塑性和易变性，且可再生性较差，一旦过度开发就很难恢复，甚至不可挽回。例如，喀斯特地貌旅游资源本身具有脆弱性，即使在生态环境建设被高度重视的前提下，也不能进行大面积的开发利用。目前，我国的喀斯特石漠化面积以每年 2%～4%的速度扩张，其生态系统的退化对旅游资源产生了极大破坏，其中，南方喀斯特地貌石林风景区的旅游开发，使得白龙洞中的鹅管、石枝、石花和方解石晶体遭到折断、崩

---

① 田喜洲：《试论生态旅游资源的脆弱性及其保护》，《生态经济》2001 年第 12 期，第 56-58 页。

② 田喜洲：《关于生态旅游资源脆弱性的深入分析》，《林业经济问题》2006 年第 26 卷第 1 期，第 64-68 页。

③ 《旅游资源分类、调查与评价》（GB/T 18972—2003）。

落和污染破坏①。

人文旅游资源是古今人类创造的能够激发人们产生旅游动机的物质财富与精神财富的总和。少数民族地区人文旅游资源多以传统文化、民族风情为主，其神秘性、独特性、乡土性等极具旅游吸引力，但是，与汉文化相比，相对属于弱势文化，旅游者的大量涌入，特别是过度开发旅游容易促使其变迁，失去原有的样貌，甚至消失。例如，贵州不少苗族村寨，过去是木楼小屋，特色鲜明，到处弥漫着民族的气息；如今民族地方特色逐渐被弱化，传统民居建筑与现代建筑交错并存，苗族服饰为现代休闲服饰所取代，民族风俗发生异化，严重影响了其旅游吸引力。

第二，少数民族地区旅游资源因自身脆弱性比较容易受到外界的影响，遭受非自然因素的破坏，从而失去平稳性和强韧性，最终导致旅游资源过度开发。

在诸多外界因素中，人为因素是少数民族地区旅游资源出现过度开发的一个原因。少数民族地区不少旅游资源具有观赏、审美、科考等价值，但是，部分景区（点）的开发建设对景观的协调性、资源的原始风貌、资源的脆弱性等方面缺乏充分认知和保护，致使其旅游资源的审美价值和文化内涵受到一定程度的不利影响。例如，云南丽江玉龙雪山拥有亚热带、温带和寒带垂直自然景观带，雪域冰川景观、高山草甸景观、原始森林景观等丰富多样，但是，雪山索道架设严重影响到其景观独特性，与周边的自然生态环境不相协调，也不符合《风景名胜区条例》中的规定，即“风景名胜区内的建设项目应当符合风景名胜区规划，并与景观相协调，不得破坏景观、污染环境、妨害游览”②。

在少数民族地区，部分旅游景区（点）缺乏科学的开发与保护指导，旅游企业重开发、轻保护，造成对旅游资源采取掠夺式开发、粗放型经营。例如，大理古城作为首批国家历史文化名城，在早期的旅游开发中，片面地考虑古城原石板路面不利于旅游车的行驶，而将石板拆毁，换成柏油马路，使之与古城风貌格格不入，破坏了古城特色。又如，广西三江，当地对民族特色旅游资源管理不力，致使具有极高价值的民族村寨建筑——木制吊脚楼毁于一旦。

① 吴良林、周永章、陈子燊等：《广西喀斯特山区原生态旅游资源脆弱性及其安全保护》，《热带地理》2008 年第 28 卷第 1 期，第 74-80 页。

②《风景名胜区条例》，《中华人民共和国国务院公报》2006 年第 32 期，第 9-13 页。

（二）少数民族地区旅游资源的公共性

少数民族地区旅游资源具有公共性的特点，每个人都拥有使用的权利，结果往往造成旅游资源的过度开发。

旅游资源作为公共性资源或公共性财产，具有使用的非排他性、竞争性以及外部性。旅游资源一旦被开发或提供，每一个主体都有使用权，还没有权力阻止其他人使用。旅游资源相对是有限的，会诱发竞争，每增加一个使用主体就会降低其他主体的使用效用，这就可能造成旅游资源利用的“拥挤效应”；某一主体的行为必然对他人造成影响，一方过度使用就会损害其他方的利益。因此，旅游资源的公共性特征容易诱发过度开发问题。

旅游资源作为一种公共性资源，从理论上讲，其所有权和管理权必须是国家所有。《中华人民共和国宪法》第九条规定：“矿藏、水流、森林、山岭、草原、荒地、滩涂等自然资源，都属于国家所有，即全民所有；由法律规定属于集体所有的森林和山岭、草原、荒地、滩涂除外。国家保障自然资源的合理利用，保护珍贵的动物和植物。禁止任何组织或者个人用任何手段侵占或者破坏自然资源。”[①]国务院代表全体国民对旅游资源行使所有权，但是，中央政府并没有直接管理各类旅游资源，实际的控制权落到地方政府，这样，导致地方政府、景区管理机构在旅游资源管理权、经营权和所有权上的混乱局面，致使国家对旅游资源所有权的虚化。贵州黎平的“侗族大歌”，被誉为“清泉般闪光的音乐，掠过古梦边缘的旋律”，在各个地区广泛演出，其所有权的界定相当模糊，缺乏一个独立的、完整的、明确的权威部门集中行使所有权，文化、旅游等部门往往从自身利益出发行使行政管理权利，导致权限的交叉，出现相互争夺开发旅游资源的情况。

旅游资源是向不同利益主体开放的，每个利益主体获得的直接利益一般取决于他们所开发利用资源的多少，由于缺乏相关的约束条件，他们只能是同别人一样，尽可能多地利用旅游资源以追求最大化利益，只管疯狂开发利用却很少考虑保护维护，缺乏公共旅游资源可持续利用与保护的责任感，形成“谁都有责任，谁都不负责任”的状况，致使旅游资源开发与利用的无度

---

①《中华人民共和国宪法》，1982年第五届全国人民代表大会第五次会议通过，2018年第十三届全国人民代表大会第一次会议修正。

和失序，结果致使旅游资源被过度开发。在少数民族地区，部分地方政府为了当地经济社会发展，大力发展旅游业，不顾生态环境的承载力，非理性地、急功近利地进行招商引资，且缺乏对旅游资源利用的监督管理机制，往往是把旅游资源开发全权交到旅游开发商手中，于是，滋生了盲目开发的温床，“牵一发而动全身”，一处旅游资源遭到破坏将会引发“蝴蝶效应”，导致大范围旅游资源开发出现过度；部分旅游开发商受经济利益的驱动，不顾其他影响一味地扩大对旅游资源的开发利用，追求经济利益最大化，造成旅游资源开发过度。

（三）少数民族地区旅游资源反应的迟缓性

少数民族地区旅游资源从开发初期到开发过度是一个动态的过程，其反应迟缓的特点使得过度开发难以受到有效遏制。

少数民族地区旅游资源出现过度开发问题并不是一朝一夕形成的，而是各种因素长期作用的结果。这个过程是渐进性质的，由个别性到普遍性，由不显著到显著。旅游业开发利用各种能够为其发展提供效益的资源，其中旅游资源的开发与利用是重中之重。在少数民族地区，旅游资源过度开发是由一系列不合理开发因素引起的，并且是综合作用的结果，旅游资源反应的迟缓性正是这个综合作用的表现。

我们说少数民族地区旅游资源的过度开发是一个动态的过程，是不合理开发逐渐显现的结果。理由是：在少数民族地区旅游业发展的初期阶段，大部分旅游资源处于未被激活的状态，有关部门、企业和个人对于旅游资源的开发利用还没有超过其本身的再生速度和承载力，存在的问题亦处于隐性状态，几乎没有产生足够的威胁。随着国际国内旅游业的不断发展，为满足不同层次人群、不同团体的旅游需求，旅游资源开发利用的程度逐渐加深，当一系列旅游负面影响产生之后，旅游资源的过度开发已经不可避免。量变引起质变，长期的不合理开发利用以及旅游资源自身反应滞后的特性，最终导致了少数民族地区旅游资源的过度开发。

例如，西藏拉萨的布达拉宫是世界文化遗产，大昭寺、罗布林卡是布达拉宫历史建筑群的重要组成部分，其开发建设都应以保护为前提，以开发促保护。《西藏自治区布达拉宫保护办法》第二条规定：“布达拉宫作为世界文化遗产和全国重点文物保护单位，应当坚持保护为主、抢救第一、合理利用、加强管理的方针，保持其真实性和完整性。”[①]《关于在国家一级保护文化和自然遗产的建议》第二十四条规定：“古迹与其周围环境之间由时间和人类所建立起来的和谐极为重要，通常不应受到干扰和毁坏，不应允许通过破坏其周围环境而孤立该古迹。”[②]随着入藏旅游者的不断增多，作为西藏最具代表性的旅游景点，布达拉宫历史建筑群接待的游客数量每年都在大幅度增加。在此背景下，布达拉宫日均接待游客量超过 1500 人次，每年的旅游旺季经常出现异常拥挤的情况，使得布达拉宫主体建筑在单位时间内要承载 45 吨以上的重量，狭窄的殿堂空间显得更加逼仄，布达拉宫的负荷越来越大，这给布达拉宫木结构建筑带来巨大威胁；另外，20 世纪 80 年代以来，由于城市现代化建设和遗产管理不当等，布达拉宫周边环境逐渐受到现代化建设的影响，建设控制带上新建的建筑，在建筑面积、高度、风格、色调等方面与布达拉宫的环境风貌完全不相符合[③]。上述问题是长期不合理开发与管理不当的结果，旅游资源过度开发问题受其反应迟缓性的影响而缓慢显现，如今布达拉宫只能被动地接受其遭到过度开发利用的事实，且在短时间内难以复原，以至于成为现代化城市中的一座文化孤岛。

又如，石林风景名胜区属于中国南方喀斯特世界遗产地，为了有效保护和合理利用石林这一世界自然遗产资源，云南省根据国务院《风景名胜区条例》和相关法律法规制定了《昆明市石林风景名胜区保护条例》，该条例规定把石林风景名胜区保护范围划分为“特级、一级、二级、三级保护区”，并明文规定禁止“开山、采石、开矿、开荒、修坟立碑等破坏景观、植被和地形地貌的活动”，禁止“猎捕野生保护动物”，禁止“在非指定地点倾倒建筑、工业等废弃物和生活垃圾”，禁止“超标排放大气污染物、水污染物、噪声等有害物质”。[④]但是，在石林景区周边，仍然有部分当地村民违背《昆明市石林风景名胜区保护条例》的规定，在保护区范围内砍伐树木、私自开

① 西藏自治区人民政府：《西藏自治区布达拉宫保护办法》，2009 年 1 月 25 日，https://www.lawxp.com/statute/s653512.html，2021 年 11 月 18 日。

② 中国文物网：《关于在国家一级保护文化和自然遗产的建议》，2007 年 2 月 13 日，http://www.wenwuchina.com/a/23/1541.html，2021 年 11 月 18 日。

③ 胡海燕：《布达拉宫世界文化遗产管理的现状、问题及对策》，《西藏研究》2006 年第 4 期，第 74-81 页。

④ 云南省第十一届人民代表大会常务委员会第二次会议：《昆明市石林风景名胜区保护条例》，《昆明人大》2008 年第 3 期，第 41-44 页。

采石头、放牧和倾倒生活垃圾等。这些违反规定的行为短时间内产生的破坏、影响较小，但是，日积月累，这种行为必然会破坏石林的核心遗产资源，影响到景区的景观和可持续发展。由于旅游资源过度开发引起的相关问题是逐渐暴露的，表现出来的征兆又比较滞后，因此，针对旅游资源过度开发，有关部门需要提前预警，在遏制少数民族地区旅游资源过度开发的行动中超前一步。

第四章

少数民族地区旅游资源适度开发探索

旅游产业是一个综合性产业，兼具资源产业、环境产业、创意产业和朝阳产业等产业特征。在少数民族地区旅游资源的开发过程中，为了防止旅游资源过度开发，需要构建一个衡量、判断旅游资源是否过度开发的评价体系，也即旅游资源适度开发评价体系；进而在科学且现代的理念支配下，依据旅游市场需求和少数民族地区实际，确定其旅游资源适度开发的方针、原则和战略，探讨旅游资源适度开发的路径。

第一节　少数民族地区旅游资源适度开发评价概念辨析与模型构建

一、少数民族地区旅游资源适度开发评价概念辨析

（一）相关概念的界定

1. 少数民族地区

少数民族地区，是指我国少数民族聚居的地区，主要是根据《中华人民共和国民族区域自治法》设置的内蒙古自治区等五个自治区、吉林省延边朝鲜族自治州等三十个自治州、湖北省宜昌市长阳土家族自治县等一百二十个

自治县（旗），以及河南省开封市顺河回族区等五个市辖民族区、浙江省丽水市莲都区老竹畲族镇等一千二百四十八个民族乡镇等。[①]本书所论及的少数民族地区,主要集中在上述自治区和享受民族自治区部分政策待遇的云南、贵州、青海三个省以及其他自治州和自治县（旗）。

历史上，少数民族地区大多地处边远，环境封闭，交通不便，社会经济相对落后。如今，随着改革开放和西部大开发“一带一路”建设的不断深入，伴随旅游业的蓬勃发展，少数民族地区已逐渐显现出自己的资源优势和后发优势。

2. 度、过度、适度

《说文解字》云：“度，法制也。”《孟子》云：“度然后知长短。”《辞海》说：“度是质与量的统一。”在其他历史文献和现代词典中，度，既可指“尺度”“法制”，又可作“标准”，还可表达“程度”“限度”“强度”等意思。

考虑到现在人们的语境和字词的约定俗成，结合本书主题，度，是指事物保持其质的数量限度，是质和量互相依赖、互相制约的界限。同时，度，不是一成不变的，它只就某个时间点或者时间段而言，是一个具有时间性和动态性的概念。

“适度”从字面理解为程度恰当，英文为 moderation。“过度”即为超过适当的限度，英文为 excessiveness。“适度”是在“度”的界限内，而“过度”则超过了“度”的界限。因此，适度与过度之间的分界线，就是引发事物从量变到质变的那个“度”的界限。

任何资源的开发都存在着一个“适度”问题。科学技术的进步与发展，既促进了社会经济的快速发展，也导致资源环境承受着巨大的压力，使生态系统与经济系统之间产生了矛盾，这种矛盾还反映在少数民族地区旅游资源开发与旅游产业发展的过程中。当旅游资源开发不足时，会影响少数民族地区旅游产品的规模数量和人们在当地进行旅游活动的体验质量，但是，当旅游资源过度开发时，又会破坏少数民族地区的生态系统、文化系统和社会系统的正常运行，特别是影响旅游资源的可持续利用。

本书旨在探讨遏制少数民族地区旅游资源过度开发的措施与对策，这就需要首先判断在某个时间节点下某个少数民族地区旅游资源开发的程度，如

---

① 国家民族事务委员会经济发展司：《中国民族统计年鉴（2012）》，中国统计出版社，2013 年。

果开发程度在合理范围，那就是适度；如果超过合理范围，那就是过度。由此可见，这个合理范围就成为衡量、判断少数民族地区旅游资源开发程度的关键。构建科学合理的少数民族地区旅游资源适度开发评价模型，根本目的在于帮助人们衡量、判断少数民族地区旅游资源开发是否过度。

3. 开发与旅游资源开发

开发，意为“以荒地、矿山、森林、水力等自然资源为对象进行劳动，以达到利用的目的”[①]。

旅游资源开发，是把自然旅游资源和人文旅游资源打造成具有旅游功能的吸引物的技术经济过程。旅游资源开发作为一种技术经济活动，它不仅体现在对资源本身的开发上，还体现在旅游资源是否能够得到永续利用，资源的社会效益、经济效益和生态环境效益是否能够协调发挥，资源的开发能否给旅游地及当地居民带来利益等各个方面[②]。

因此，在少数民族地区旅游资源开发过程中，不能只看到经济效益，还要特别重视社会效益和生态环境效益。一旦少数民族地区在旅游资源开发过程中出现大量的环境与社会负面影响，就要警惕旅游资源过度开发的问题。

在少数民族地区旅游资源开发过程中，必须倡导“在保护的前提下进行开发”。旅游资源的保护与开发可以是相辅相成的，少数民族地区的旅游资源只有保护良好才更具开发价值，而适度开发利用又能促进旅游资源的保护。

（二）不同学科对“过度开发”的诠释

1. 哲学对“过度开发”的诠释

在哲学中，度是事物保持质的数量界限、幅度和范围，事物的质以一定的量为存在前提，同时量又受着质的制约，度是质和量互相依赖、互相制约的界限。在该界限内，量的变化不会改变事物的质，但如果量的变化超过该界限，那就会引起质的改变，即“量变引起质变”。

因此，从哲学的角度看，过度开发是指开发力度超过资源的承载力，给开发地带来一系列的负面问题，影响到开发地生态系统和社会系统的正常运

① 倪文杰：《现代汉语辞海（第1卷）》，中央民族大学出版社，2002年，第507页。

② 马耀峰、宋保平、赵振斌：《旅游资源开发》，科学出版社，2005年，第358页。

行，诸如生态环境退化、传统文化蜕变、影响居民日常生活等。

2. 生态学对“过度开发”的诠释

生态学关注资源的可持续利用，认为任何资源都是有极限的，无论是可更新资源还是不可更新资源，如果实际资源开发量超过资源更新率或超过不可更新资源的新探明开发量时，此时资源的现存量会不断减少直至枯竭，即为生态学意义上的过度开发；如果实际开发量未超过资源更新率或未超过不可更新资源的新探明开发量时，那就意味着尚未发生过度开发。

3. 经济学对“过度开发”的诠释

经济学关注成本与价格，在经济平衡仅仅与成本、价格有关的前提下，当单位平均开发成本等于被开发资源的价格，资源开发的产出利润为零时，这是能够维持资源开发的临界值；当单位平均开发成本高于被开发资源的价格，资源开发的产出利润为负时，该资源的开发便不能维持下去；当单位平均开发成本低于被开发资源的价格，资源开发的产出利润为正时，这种情形就会刺激资源开发超过资源更新量或新勘探资源的可开发量，而一旦出现资源短缺、生态环境遭受破坏，那么就是经济学角度的过度开发。

需要注意，经济学过度开发是与资源稀缺性相联系的，为了追求经济利润，开发者必然调整开发成本或资源价格，在资源开发成本下降、资源价格上升的趋势下，利润会逐渐增加，如果不加以控制，就很容易导致资源过度开发。

二、少数民族地区旅游资源适度开发评价模型构建

（一）基本概念辨析

1. 承载力

“承载力”原本是一个物理学概念，指物体在不发生任何破坏时所能承受的最大负荷，包括两方面的内涵：一是所承受的力来自承载体以外，二是承载体本身不遭受破坏[①]。随着经济社会的发展，承载力的概念不断拓展，特别是在生态环境领域得到广泛应用。

---

① 沈渭寿、张慧、邹长新等：《区域生态承载力与生态安全研究》，中国环境科学出版社，2010年，第3页。

在人类社会生产力水平极低的远古时期，人类对大自然不了解，没有改造自然的能力，只能被动地适应自然环境。随着人类社会的发展进步，人类逐渐可以利用自然、改变自然，随之也给自然环境带来了一系列的负面影响；与此同时，人类也逐渐认识到大自然对人类活动的承受能力是有限的。马尔萨斯在研究人口增长理论时就发现，资源是限制人类社会增长的重要影响因子，他认为生物具有无限增长的趋势，而自然因素是有限的，生物的增长必然受到自然因素的制约①②。在马尔萨斯的研究基础上，1838 年比利时生物学家 P. E. 弗胡斯特指出：生物种群在环境中可以利用的食物量存在着最大值，这个最大值限制着动物种群的增长，越接近这个最大值时，种群增长速度越慢，直到停止增长，这个最大值就是"承载力"③。

随着科学技术的发展，人类改造自然的能力越来越强，特别是工业革命之后，人类开始对自然进行掠夺式的开发。与此同时，环境污染、资源短缺等问题越来越严重，由此引发人类社会对自然资源的重新评估，"承载力"的概念也从生态学扩展到其他领域，水资源承载力、土地承载力、旅游资源承载力等概念应运而生，如表 4-1 所示。

表 4-1　承载力概念的演化与发展

名称	产生背景	承载力意义
种群承载力	生态学发展	生态系统对生活于其中的种群的可承载数量
土地承载力	人口膨胀、土地资源紧缺	一定条件下某区域土地资源的生产能力以及可承载的人口数量
水资源承载力	水资源短缺、人口增加、工农业用水猛增	某一区域水资源可支撑的人口数量及可支持的工农业生产活动强度
能源承载力	能源危机的产生	可开发利用能源总供给量对于满足经济正常发展的支撑能力
原材料承载力	铁矿石及主要有色金属的原材料可开采量下降，导致供应不足，进而引发价格猛增	工业原料、建筑材料、金属与非金属矿物及其制成品和半制成品等重要材料对经济活动的支撑能力
环境承载力	环境污染	区域环境对污染物的容纳能力；某一区域环境对人类开发活动的支持强度

资料来源：朱远：《让 GDP 变"大"的同时变"轻"——中国提高资源生产率对策研究》，同济大学出版社，2009 年，第 151 页。

---

① 参阅李秀霞：《基于综合承载力的吉林省适度人口研究》，博士学位论文，吉林大学，2009 年。

② 张林波、李文华、刘孝富等：《承载力理论的起源、发展与展望》，《生态学报》2009 年第 2 期，第 878-888 页。

③ 王克强、赵凯、刘红梅：《资源与环境经济学》，上海财经大学出版社，2007 年，第 81 页。

从 20 世纪 50 年代到 80 年代，关于承载力的研究，主要是考虑自然因素对承载力的制约，而没有考虑文化社会因素对承载力的影响，因此，在实验室条件下、生物种群规律基础上建立起来的承载力理论在应用于人类社会时并不能很有效地指导人类经济社会的实践[①]。

自 20 世纪 80 年代中后期开始，学者们逐渐意识到人类承载力不仅受到自然环境因素的影响，而且还受到人类自身社会文化因素的影响，因此“文化承载力”“社会承载力”的概念开始出现，这是承载力研究过程中理念的重大转变。社会文化因素一方面可以极大地提高人类自身的承载力，如科技进步、社会制度等；另一方面，人类又不是单纯的动物，人类的价值观念、消费方式等因素又会使文化承载力低于特定技术条件下的最大生物物理承载力[②]。

2. 旅游资源承载力

资源承载力来源于生态学，是指地球生物圈或某区域资源对人口增长和经济发展的支持能力，主要包括可供开发利用的自然资源和环境对生产和生活过程所产生的各种废弃物的最大负荷量，是一个反映人口、资源、环境与发展相互关系的概念[③]。

旅游资源是支撑旅游业发展的物质基础，由于旅游资源的质和量均是有限的，所以旅游资源满足旅游业发展过程的能力也是有限的，这种有限的能力可以通过承载力体现出来。

目前，对旅游资源承载力的定义并无统一的界定，主要有“旅游资源开发规模论”和“旅游资源支持可持续发展能力论”两种观点。“旅游资源开发规模论”认为在一定社会经济阶段，在一定旅游资源总量的基础上，通过合理配置和有效利用，所获得的最合理的社会、经济与环境协调发展的开发利用最大规模，即旅游资源开发容量[④]。“旅游资源支持可持续发展能力论”认为旅游资源的最大开发规模比起旅游资源作为一种社会发展的“支撑能力”来，范围要小得多，旅游资源承载力即在保证旅游环境系统的一定生态功能

① 谢高地：《自然资源总论》，高等教育出版社，2009 年，第 68 页。

② 谢高地：《自然资源总论》，高等教育出版社，2009 年，第 70 页。

③ 孙鸿烈：《中国资源科学百科全书》，中国大百科全书出版社，石油大学出版社，2000 年，第 110 页。

④ 黎克双：《生态旅游目的地研究》，中南大学出版社，2009 年，第 174 页。

和民族历史文化不至于消失的前提下，通过科学的配置措施，所能支持的旅游业规模，即接纳游客人口的限度[①]。

“旅游资源开发规模论”和“旅游资源支持可持续发展能力论”两种观点只是出发角度不同，但其实都已经包含了“承载力”的内涵。由于承载力概念包括两个要素——“所承受的力来自承载体以外”和“承载体本身不遭受破坏”，因此，旅游资源承载力的主体是旅游资源，旅游资源最大承载力的必要条件是旅游资源不能受到破坏。

本书认为旅游资源承载力是指在一定的旅游区内，在一定时间段，旅游资源（含自然旅游资源与人文旅游资源）能够支持环境、经济与社会协调发展的能力和限度，是旅游资源空间容量、自然旅游资源承载力与人文旅游资源承载力综合作用的结果。同时，旅游资源承载力具有以下两个特点。

（1）客观性

旅游资源承载力是旅游资源的客观属性，在一定区域范围内，在一定的状态下，旅游资源的供给能力和容量都是一定的。因此，旅游资源在一定时期的承载力是相对固定和客观存在的。旅游资源承载力的客观存在性，是旅游资源系统重要的固有功能之一，一方面为旅游资源在开发过程中受到的干扰破坏提供了抵抗基础，另一方面也为旅游生态系统向更高层次的发育创造了条件。

同时，一定的旅游开发方式对应于一定的旅游资源承载力，随着人类对旅游资源认识水平的提升和科学利用资源水平的进步，旅游资源承载力也将随之提高。因此，旅游资源承载力的客观性也是旅游开发技术的客观反映。如果能够通过科学技术有效提高对旅游资源的开发利用率，那么就可以促使旅游资源系统发展到更高一级的平衡状态，即旅游资源承载力得到提高，这对少数民族地区旅游业的发展具有重要意义。因此，应该积极运用先进的旅游资源开发技术，有效提高旅游资源承载力，缓解少数民族地区资源开发与旅游产业发展之间的矛盾，促进少数民族地区旅游业的可持续发展。

（2）动态性

从理论上讲，旅游资源承载力实际上是一个随着时间和相关内外因素的变化而自动修正的变量，随着时间的推移，旅游资源承载力与各种因素之间进行着各种反馈过程。随着时间的推移，影响旅游资源承载力的各种因素都可能会发生这样或那样的变化，这些影响因素的变化也会使旅游资源承载力

---

① 黎克双：《生态旅游目的地研究》，中南大学出版社，2009 年，第 175 页。

产生相应变化。

在一定状态下，旅游资源的供给能力是一定的，旅游资源承载力处于相对稳定的状态，而不是固定不变的状态。这是因为，旅游资源承载力不仅取决于旅游资源的数量和质量,还取决于人们开发利用旅游资源的方式与方法，开发方式的不同会导致旅游资源利用率的不同以及旅游资源承载力的不同。

在旅游资源开发过程中，要尽量使资源系统处于一种平衡的状态，而平衡是一种相对稳定的状态，即围绕中心自然波动，虽然这种波动有时会偏离到不同的平衡位置，但总体上是围绕中心波动。当旅游开发活动强度超过了旅游资源承载力，系统的平衡被打破，旅游资源将受到破坏，旅游地的发展也将受到限制和影响。

旅游资源承载力是一个动态变化的指标，除了受到自然因素的影响，还受到诸如社会经济状况、国家方针政策、管理水平和社会协调发展机制等社会因素的影响和制约。一方面，同一地区的旅游资源承载力会随季节更替而变化；另一方面，随着旅游开发技术的进步、旅游管理水平的提升，旅游资源承载力也将会随之提高。

了解旅游资源承载力的客观性和动态性，对深刻认识旅游资源承载力，特别是帮助人们通过旅游资源承载力判断少数民族地区旅游资源的开发程度十分重要。

本书探讨旅游资源承载力的目的，主要是要为少数民族地区的旅游发展规划服务。制定旅游发展规划的目的之一，就是要对少数民族地区旅游资源的开发程度做出某种判断与计划，从而预防过度开发给少数民族旅游地区自然环境和社会文化带来破坏性影响。因此，从实践意义上讲，应立足于现阶段或者是可以预见的发展阶段，对旅游资源承载力进行分析和把握，只有不超过既有的旅游资源承载力，才可能实现旅游业的可持续发展；与此同时，还需要通过积极利用新科技、提升旅游管理水平等方式促进旅游资源承载力的提高。

通常情况下，当旅游地的开发度超过旅游资源承载力时，即可认为该地的旅游资源过度开发；当旅游地的开发度仍在旅游资源承载力的范围内，即可认为当地的旅游资源尚属适度开发。因此，旅游资源承载力就成为衡量、判断少数民族地区旅游资源开发是否过度的关键。

关于旅游资源承载力，又可通过旅游资源空间容量、自然旅游资源承载力和人文旅游资源承载力三个概念来把握、认识和综合确定。

（1）旅游资源空间容量

旅游资源空间容量，“是指在保证旅游资源质量的条件下，一定的时间内所有游览空间容纳游客的能力”[1]。换言之，它是旅游地资源空间所能容纳的最大游客数量，受旅游者感知容量的影响。

旅游资源的空间分布范围既决定了旅游地的范围，也决定了旅游者的活动范围。同时，旅游者在旅游地开展旅游活动时，不仅依赖客观存在的旅游资源，而且会从主观角度衡量、评价旅游地，要想为游客提供一个良好的旅游环境，不能忽视旅游者的感知，因此，旅游者感知容量也就成为旅游资源空间容量的重要影响因素。

（2）自然旅游资源承载力

自然旅游资源承载力，是指在一定时间内，在游览空间范围的自然旅游资源不致退化的前提下，旅游场所所能容纳的游客量。自然旅游资源具有自净的能力，同时，为了维护良好的自然环境，人们还会利用各种生态技术对旅游者在旅游地留下的各种污染物进行处理。因此，自然旅游资源承载力可以通过自然旅游资源的自净能力和人工处理旅游者污染物的能力进行衡量。为了提高自然旅游资源承载力，需要积极地将先进的生态科学技术运用到旅游地污染的防治工作中，在保证自然旅游资源自净能力能够充分发挥的前提下，大力提高人工处理污染物的能力。

（3）人文旅游资源承载力

“人类学之父”泰勒认为，“文化或文明是一个复杂的整体，它包括知识、信仰、艺术、道德、法律、风俗以及作为社会成员的人所具有的其它一切能力和习惯”。[2]旅游与文化密不可分，文化作为人类在社会发展过程中所创造的全部物质财富和精神财富的总和，不仅是旅游活动开展的前提和基础，也是旅游体验的重要内容。从本质上说，旅游者是在寻求文化、购买文化、享受文化、消费文化；而旅游经营者则是在包装文化、经营文化、销售文化。

人文旅游资源承载力对少数民族地区旅游资源适度开发具有重要意义。文化的地域性、民族性、真实性等特点，使得少数民族地区的人文旅游资源很难被复制，其固有的文化特质决定了少数民族地区人文旅游资源在旅游目

① 本书编委会编：《旅游开发规划及景点景区管理实务全书》，北京燕山出版社，2000 年，第 283 页。

② 泰勒：《原始文化》，蔡江浓编译，浙江人民出版社，1988 年，第 1 页。

的地竞争中具有相对垄断性。随着旅游业的发展，少数民族地区的社会文化也发生了变化，其中积极变化表现在：基础设施的改善，生活质量的提高，休闲娱乐场所和就业机会的增加，当地文化与外来文化交流的增进，特色文化与历史进程的展示，等等。消极变化表现在：长期过量接待游客导致居民与游客关系紧张，社区生活变得忙碌浮躁，出现伪民俗和文化商品化、庸俗化现象，居民价值观发生变化。[①]少数民族地区的社会文化背景原本就相对独特，对旅游者的吸引力大，这同时也使得少数民族旅游地区比其他旅游地区更容易受到旅游业的影响。在不控制旅游资源开发的情况下，少数民族地区的传统文化将在经济大潮冲击下快速蜕变。

因此，在少数民族地区旅游资源开发过程中，除了要关注自然旅游资源承载力外，还要关注人文旅游资源承载力。

人文旅游资源承载力，是指在旅游资源开发过程中，少数民族地区社会文化在原有基础上传承和创新,同时能够被当地社会所接受的最大变化程度；是影响少数民族地区文化更新发展的重要因素，反映了少数民族地区传统文化在社会发展演进过程中的自我调节能力。

（二）适度开发评价模型构建方案

1. 少数民族地区旅游资源适度开发评价模型构建原则

（1）科学性原则

在少数民族地区旅游资源适度开发评价模型的构建中，需要有一系列的评价指标，指标的意义必须明确，指标的确定必须以科学方法为依据，才能保证其评价模型的真实性与客观性。

（2）系统性与协调性原则

少数民族地区旅游资源承载力体现的是当地旅游资源与自然环境、社会文化协调发展的关系。因此，其旅游资源适度开发评价模型的构建要能反映影响当地旅游资源承载力的各种因素，只有这样才能体现少数民族地区旅游资源承载力的综合内涵。

（3）动态性原则

由于旅游资源承载力具有动态性，因此，少数民族地区旅游资源适度开

---

① 董文燕：《旅游接待地的社会文化承载力研究》，《技术与市场》2007 年第 5 期，第 96-97 页。

发评价模型，不仅要能反映当地旅游资源承载力的客观状况，而且还应反映其旅游资源承载力的动态特征和发展潜力。

（4）定性与定量相结合的原则

少数民族地区旅游资源适度开发评价模型中的指标要求尽可能量化，但对于现实中确实有一些难以量化而意义又重大的指标，可以先采用定性方法描述，再通过科学的定量方法使其量化。

（5）可操作性原则

旅游资源适度开发评价指标体系，最终是要为少数民族地区旅游资源保护与开发服务的，因此，指标的选取、计算以及指标体系的构建必须具有较强的可操作性，从而使该评价方法得到推广应用。

2. 少数民族地区旅游资源适度开发评价模型构建及其评价

根据上述分析，少数民族地区旅游资源开发度可以用旅游资源承载力来进行衡量和判断，而旅游资源承载力又可以从旅游资源空间容量、自然旅游资源承载力和人文旅游资源承载力三个维度来评判。因此，本书构建了如下少数民族地区旅游资源适度开发模型：

$$\begin{cases} C < C_s \\ C < C_n \\ C < C_c \end{cases}$$

C：少数民族地区旅游资源开发度。

C_s：旅游资源空间容量。

C_n：自然旅游资源承载力。

C_c：人文旅游资源承载力。

该模型表述的意义为：少数民族地区旅游资源开发度可以从旅游资源空间容量、自然旅游资源承载力和人文旅游资源承载力三个方面展开评判。在少数民族地区旅游资源开发过程中，要想实现旅游资源适度开发目标，其旅游资源开发强度就既不能超过旅游资源空间容量，也不能超过自然旅游资源承载力和人文旅游资源承载力。只有将其旅游资源开发度全都控制在三个维度的限度之内，才可确认少数民族地区旅游资源属于适度开发。如果其旅游资源开发度超过三个维度中的任何一个限度，那么，即可认为少数民族地区旅游资源已属过度开发。

为了对少数民族地区旅游资源开发度进行“适度”或“过度”的具体评

判，在以上旅游资源适度开发评价模型的基础上，本书的研究必须进一步从旅游资源空间容量、自然旅游资源承载力和人文旅游资源承载力三个方面展开评判探讨。需要指出的是，关于旅游资源空间容量和自然旅游资源承载力的研究，学术界已经有丰硕的成果，本书主要从实际操作的角度，将其运用到少数民族地区旅游资源适度开发评价之中；而对于人文旅游资源承载力及其评价应用则更多地属于新的探索领域。

（1）旅游资源空间容量评价

旅游资源空间容量是从空间角度所反映出的旅游资源承载力，其不仅要求保证旅游资源质量，还要求保证游客对游览空间的满意度。“旅游资源容量又称旅游资源承载力，是指在保持旅游资源质量的前提下，一定时间内旅游资源所能容纳的旅游活动量。”①为保证游客对游览空间的满意度，还需要注意“在满足游人最低的游览要求和达到保护风景区的环境质量要求时，风景区所能容纳的最大游客数量”②。因此，在评价旅游资源空间容量时还要考虑旅游者感知容量。一般来说，旅游者感知容量要比旅游资源空间容量低得多，这是因为旅游者对旅游资源环境效用的期望值比较高，具有环境效用最大化的心理因素③。在确定旅游者感知容量时，不少旅游规划常常把旅游者平均满意度达到最大时的个人空间标准值作为计算旅游者感知容量的基本空间标准值，而要取得基本空间标准的数据，需要对旅游地进行调查，并在经验积累的基础上进行理论研究④。事实上，人们对于不同环境条件下的旅游资源空间容量的要求也不一样（表 4-2～表 4-5）。

表 4-2 游憩用地生态容量标准

用地类型	允许容量和用地指标	
	人/公顷	米^2/人
针叶林地	2～3	5000～3300
阔叶林地	4～8	2500～1250

① 张艳萍、肖怡然、邓思胜：《旅游资源学理论与实务》，北京理工大学出版社，2019 年，第 126 页。

② 梁智、卢政营：《旅游业可持续发展研究：基于动态环境承载力的分析》，旅游教育出版社，2015 年，第 23 页。

③ 参阅万幼清：《旅游业可持续发展的理论与实践》，博士学位论文，华中科技大学，2004 年，第 43 页。

④ 王大悟、毕吕贵：《旅游规划新论》，黄山书社，2002 年，第 171 页。

续表

用地类型	允许容量和用地指标	
	人/公顷	米²/人
森林公园	<15～20	>660～500
疏林草地	20～25	500～400
草地公园	<70	>140
城镇公园	30～200	330～50
专用浴场	<500	>20
浴场水域	1000～2000	20～10
浴场沙滩	1000～2000	10～5

资料来源：《风景名胜区总体规划标准》（GB/T 50298—2018）。

表 4-3　旅游活动空间承载力标准

旅游项目	每公顷接待人数
森林公园	15
郊区自然公园	15～17
高密度野餐地	300～600
低密度野餐地	60～200
体育比赛	100～200
高尔夫球场	10～15
垂钓/帆船	5～30
速度划船	5～10
滑水	5～10
徒步旅行	40
骑马	25～80

资料来源：王昆欣、王长生：《旅游资源与开发》，重庆大学出版社，2003 年，第 79 页。

表 4-4　旅游场所基本空间标准（日本）

场所	基本空间标准	备考
动物园	25 米²/人	上野动物园
植物园	300 米²/人	神代植物园
高尔夫球场	0.2～0.3 公顷/人	9～18 洞，日利用者 228 人（18 洞）
滑雪场	200 米²/人	滑降斜面的最大日高峰为 75%～80%

续表

场所	基本空间标准	备考
溜冰场	5 米^2/人	都市型的室内溜冰场
码头：小型游艇	2.5～3 公顷/只	25 米^2/人艘
汽艇	8 公顷/只	系留水域 100 米^2/艘
海水浴场	20 米^2/人	沙滩
划船池	250 米^2/人	上野公园
野外比赛场	25 米^2/人	
射箭场	230 米^2/人	富士自然修养林
骑自行车场	30 米^2/人	
钓鱼场	80 米^2/人	
狩猎场	3.2 公顷/人	
旅游牧场、果园	100 米^2/人	以葡萄园为例
徒步旅行	400 米^2/团	
郊野乐园	40～50 米^2/人	
游园地	10 米^2/人	
露营场：一般露营	150 米^2/人	容纳 250～500 人
汽车露营	650 米^2/人	容纳 250～500 人

资料来源：谢芳、张艳玲：《旅游生态与环境管理》，清华大学出版社、北京交通大学出版社，2010 年，第 84 页。

表 4-5　欧美旅游设施基本空间标准

旅游活动	场所	基本空间标准
住宿	旅馆	10～35 米^2/人
	海滨假日旅馆	15 米^2/人
	山区旅馆	19 米^2/人
娱乐	海滨胜地	0.1 米^2/人
	山区滑雪旅游地	0.25 米^2/人
	室外电影场	最多 1000 人/场
	夜间俱乐部	最多 1000 人/处
开敞空间（户外娱乐和赏景用）	海滨或乡村旅游地	20～40 米^2/床
	滑雪旅游地	5～15 米^2/床

资料来源：王昆欣、王长生：《旅游资源与开发》，重庆大学出版社，2003 年，第 78 页。

少数民族地区旅游资源的适度开发，一方面，要求在旅游资源空间容量可承受的范围内进行，以保证其旅游资源不受破坏和旅游环境质量不下降；另一方面，要求让游客充分领略和欣赏旅游资源的底蕴以获得心理满足。因此，在评判少数民族地区旅游资源空间容量时，可以在利用旅游资源空间参数（如表 4-2）或旅游设施基本空间标准（如表 4-3～表 4-5）的基础上，采用《旅游规划通则》中的面积法、线路法和卡口法来测算旅游资源空间容量。

①面积法

公式为

$$Cs_1 = \frac{S_A}{S_B} \cdot R$$

其中：Cs_1 为旅游资源空间容量（单位：人/日）；S_A 为旅游地游览规模（单位：米^2）；S_B 为旅游地游览空间标准（单位：米^2/人）；R 为游客周转率（旅游地每日开放时间/平均每个游客在旅游地的滞留时间）。

在运用面积法评判旅游资源空间容量时，要注意旅游地游览空间标准的确定，可以参考表 4-2～表 4-5 等，同时，要注意根据少数民族地区旅游资源的性质选择合理的参考指标。

②线路法

公式为

$$Cs_2 = \frac{2L}{I} \cdot R$$

其中：Cs_2 为旅游资源空间容量（单位：人/日）；L 为旅游地游览线路总长度规模（单位：米）；I 为旅游地游览线路间距标准（单位：米/人）；R 为游客周转率（旅游地每日开放时间/平均每个游客在旅游地的滞留时间）。

在运用线路法计算旅游资源空间容量时，要注意少数民族地区游览线路间距标准的确定，目前，该标准的参考资料较少，通常取 7～8 米/人。

③卡口法

公式为

$$Cs_3 = \frac{H - T_1}{T_2} \cdot Q$$

其中：Cs_3 为旅游资源空间容量（单位：人/日）；H 为旅游景区每天开放时

间（单位：分钟）；Q 为每批游客人数（单位：人）；T_1 为游完旅游景区全程所需时间（单位：分钟）；T_2 为两批游客相距时间（单位：分钟）。

一般情况下，在某个旅游资源区域内，旅游者通常会较多地在其中某些地点活动，各个旅游点的游人密度会有所不同。因此，在计算少数民族地区某个区域的整体旅游资源空间容量时，应该包括若干个基本旅游资源空间单位的容量。

$$Cs = \sum Cs_i$$

旅游资源空间容量是衡量、判断少数民族地区旅游资源开发是否过度的一个重要方面，可以利用面积法、线路法、卡口法来综合衡量、评价。在理论上，当少数民族旅游地接待游客数量超过旅游资源空间容量时，就可以认定当地旅游资源过度开发。这时，在管理上，就应该通过控制进入少数民族旅游地的游客人数，在空间上合理调节游客流量，减少游客对旅游资源的负面影响，增加游客游览的舒适度。

（2）自然旅游资源承载力评价

自然旅游资源承载力是维持少数民族地区生态环境质量的重要因素，它能承受旅游活动对自然旅游资源和生态环境的直接消极影响，如游人对植被的踩踏。即便自然旅游资源具有一定的自我调节功能，能够在一定程度上吸收与净化旅游者产生的污染物，如污水、固体废弃物、废气等，但是旅游者在少数民族地区旅游活动时所产生的部分污染物必须借助人工方法才能处理。因此，在评价少数民族地区自然旅游资源承载力时，应运用生态环境容量计算方法，根据自然环境净化与吸收各种污染物的数量、人工处理污染物数量来确定自然旅游资源承载力。公式为

$$C_n = \frac{\sum_{i=1}^{n} N_i S + \sum_{i=1}^{n} Q_i}{\sum_{i=1}^{n} P_i}$$

其中：C_n 为自然旅游资源承载力（人/天）；N_i 为旅游地每天单位面积土地对 i 种污染物的自净能力；S 为旅游地总面积；Q_i 为旅游地每天人工处理 i 种污染物的能力；P_i 为每个旅游者每天产生污染物的数量。

旅游者每天产生的污染物量可参考表 4-6，但需要注意的是，自然环境净化和吸收污染物的数量与旅游者每天产生污染物数量这两个参数会因自然

旅游资源的性质、旅游活动的性质的不同而有较大的差别。相对于自然净化和吸收的速度，人工处理污染物的速度要快得多。因此，在旅游需求日益增长的当下，特别是旅游旺季，为了保护自然旅游资源和生态环境，少数民族旅游地区应配备完善的旅游污染物人工处理系统，提倡用纸盒、纸袋等环保用品代替塑料制品，从而减少难降解固体污染物的数量。

表 4-6　旅游者产生的主要污染物量（中国）

污染物	数量（克/人·日）
粪便	400
BOD（生化需氧量或生化耗氧量）	40
氨氮	7
悬浮固体	60
不居住旅游者垃圾	200（公园） 500（远足）

资料来源：颜文洪、张朝枝：《旅游环境学》，科学出版社，2005 年。

自然旅游资源承载力是判断少数民族地区旅游资源开发是否过度的重要依据。在理论上，当少数民族旅游地接待游客数量超过自然旅游资源承载力时，即意味着当地旅游资源的开发强度已超过旅游资源承载力，就可认定该民族地区旅游资源过度开发。这时，相关单位就应减少对自然旅游资源的开发，通过管理技术的提高，降低旅游者对自然旅游资源和生态环境的利用度。同时，严格控制游客人数，并在时间和空间上合理调节游客流量。这样，既能减少游客对旅游资源与环境质量的破坏，也能保证为游客提供比较满意的游览环境。

（3）人文旅游资源承载力评价

由于暂无现成的人文旅游资源承载力计算方法可以借鉴，因此在考虑人文旅游资源构成和特点的基础上，本书尝试运用层次分析法来构建人文旅游资源承载力评价体系。在构建人文旅游资源承载力评价体系时，首先，需要选择、确定评价因子，因为评价因子会直接影响评价体系的科学性和合理性；其次，需要确定评价因子的权重，因为权重的精确与否会影响评价结果是否具有科学性。

1）人文旅游资源承载力评价因子的确定

一般来说，文化由物质文化、行为文化、制度文化和精神文化构成。物质文化是人类在满足自我生存和改造自然、适应自然过程中创造的文化形态，包括生产工具、生活用具等诸多要素；行为文化是人们在日常生活中通过各种行为方式所表达的文化形态；制度文化是通过规范的习惯或文字文本形式固定下来的作为人们生产、生活典范的文化成果。在选择、确定人文旅游资源承载力评价因子时，需要将以上方面进行综合考虑。经过分析筛选，本书将人文旅游资源承载力的评价因子确定为生产方式、婚丧嫁娶、礼仪往来、节日庆典、游戏娱乐、语言文字、音乐舞蹈、工艺美术、建筑风貌、服饰冠礼、饮食烹饪和宗教信仰等 12 个，即可从以上 12 个方面对比、评价少数民族地区人文旅游资源开发前后的变化程度。

2）人文旅游资源承载力评价因子权重的确定

本书采用专家咨询法（Delphi 法）和层次分析法确定人文旅游资源承载力评价体系中各评价因子的权重。首先，对相关专家学者进行访谈及问卷调查，请他们根据层次分析法两两比较分析，对少数民族地区人文旅游资源中的生产方式、婚丧嫁娶、礼仪往来、节日庆典、游戏娱乐、语言文字、音乐舞蹈、工艺美术、建筑风貌、服饰冠礼、饮食烹饪、宗教信仰等 12 个评价因子进行两两比较，分析各评价因子的相对重要性，进而确定各评价因子的权重（附录表 1《人文旅游资源承载力评价指标专家问卷调查表》）。被访谈的专家学者来自云南大学、云南师范大学、云南财经大学、云南民族大学、西南林业大学、浙江农林大学等院校的旅游学、民族学、文化学、生态学、经济学等领域；调查问卷共发放 30 份，实际回收 28 份，问卷回收率为 93.3%。其次，根据专家们的比较结果进行量化，建构成各个层次的判断矩阵。在专家对评价因子的重要性打分后需要进行一致性检验，以发挥“群决策”的优势。接着是计算判断矩阵，得到矩阵的特征值并将特征值转化为标准权重值，最后得出 12 个评价因子的权重系数，如表 4-7 所示。

表 4-7 人文旅游资源承载力评价因子权重表

总目标层	评价因子	权重
人文旅游资源承载力	生产方式	0.03
	婚丧嫁娶	0.11
	礼仪往来	0.09
	节日庆典	0.06
	游戏娱乐	0.10

续表

总目标层	评价因子	权重
人文旅游资源承载力	语言文字	0.15
	音乐舞蹈	0.07
	工艺美术	0.05
	建筑风貌	0.12
	服饰冠礼	0.13
	饮食烹饪	0.08
	宗教信仰	0.01

需要指出的是，评价因子的权重越大，说明该评价因子越能反映其人文旅游资源开发前后少数民族地区社会文化的变化程度。

3）人文旅游资源承载力评价体系的构建

在人文旅游资源承载力评价因子及其权重确定的基础上，根据权重计算公式，可构建如下人文旅游资源承载力评价体系。

$$C_c = \sum_{i=1}^{n} Q_i P_i$$

式中，C_c 为人文旅游资源承载力，反映少数民族地区社会文化在当地人文旅游资源开发前后的变化程度；Q_i 为第 i 个评价因子的权重；P_i 为第 i 个评价因子的评价值；n 为评价因子数目。

P_i 的取值可通过对专家和少数民族旅游地居民进行问卷调查，让专家和居民根据当地旅游资源开发过程中的社会文化变化程度感受对各个评价因子打分。在运用利克特量表对专家和当地居民进行调查时，可将少数民族地区社会文化变化程度分为 5 级，依次为：1=“变化程度很小”，2=“变化程度较小”，3=“变化程度一般”，4=“变化程度较大”，5=“变化程度很大”。得分越高表示该评价因子的变化程度越大。

本书对人文旅游资源承载力的评价，是根据少数民族地区旅游资源开发前后的社会文化变化程度来衡量的。需要注意的是，根据人文旅游资源承载力评价表（表 4-8）得出的是少数民族地区社会文化的变化程度。当变化程度超过一定界限时，说明该少数民族地区的旅游资源开发强度超过了人文旅游资源承载力，即可认定该少数民族地区旅游资源开发已经过度。

表 4-8 人文旅游资源承载力评价表

总目标层	评价因子	权重	民族地区变化程度				
			很大	较大	一般	较小	很小
			5	4	3	2	1
人文旅游资源承载力	生产方式	0.03					
	婚丧嫁娶	0.11					
	礼仪往来	0.09					
	节日庆典	0.06					
	游戏娱乐	0.10					
	语言文字	0.15					
	音乐舞蹈	0.07					
	工艺美术	0.05					
	建筑风貌	0.12					
	服饰冠礼	0.13					
	饮食烹饪	0.08					
	宗教信仰	0.01					

在运用人文旅游资源承载力评价体系时，C_c 的最大值为 5，最小值为 1，当 $C_c \geqslant 3$ 时，就应当引起政府、开发者和当地社区的高度重视，说明此时的旅游资源开发强度已经达到（$C_c = 3$）或超过（$C_c > 3$）人文旅游资源承载力，必须立即纠正旅游资源开发规模和强度，采取多种有效措施保护少数民族地区的人文旅游资源。

综上所述，衡量和判断少数民族地区旅游资源开发度，需要从旅游资源空间容量、自然旅游资源承载力和人文旅游资源承载力三方面同时入手。少数民族地区旅游资源适度开发是指当地旅游资源承载力既不能超过旅游资源空间容量，也不能超过自然旅游资源承载力，还不能超过人文旅游资源承载力；旅游资源空间容量、自然旅游资源承载力、人文旅游资源承载力三个维度中的任何一个被超过，都将被认定为少数民族地区旅游资源过度开发。

总之，少数民族地区旅游资源适度开发评价模型在实践中的应用价值在于：一方面，它可以作为当地旅游资源保护与开发管理的有效工具，为其旅游资源开发的强度作出预报，特别是为其可能出现的过度开发预警，从而避免少数民族地区生态环境、旅游资源、社会文化遭受破坏；另一方面，它作为少数民族地区旅游资源开发的管理工具，能够帮助当地营造良好的旅游环境和氛围，从而在客观上保证旅游者在少数民族地区的旅游体验质量。

第二节 少数民族地区旅游资源适度开发主要思路

为了实现少数民族地区旅游资源的适度开发，不仅需要用理念武装头脑，探索其指导思想，确定基本原则，而且需要谋划总体战略，构建规程模型，以作为各相关地区、部门、企业、社区、个人进行旅游资源适度开发时的宏观行动指南。

一、旅游资源适度开发重要理念、指导思想、基本原则

（一）重要理念的解读

所谓理念，一般来说，是指观念、思想。在这里，指的是上升到理性高度的观念，或者说是一种理想化的概念、观念，是一种对事物价值的理性判断和认同，并且可能成为一种支配行为的思维方式。

关于少数民族地区旅游资源适度开发的理念，尽管不同的开发者在全国不同的开发地会有着不尽相同的观点，但是因旅游资源的适度开发有一定的规律可循，再加上少数民族地区有其共同性，所以不同的开发者在少数民族地区的适度开发问题上会有相同的认识。为了实现少数民族地区旅游资源适度开发的目标，在对其旅游资源开发的评价、规划与践行的过程中，应该始终用适度开发理念武装头脑、支配行为。这些理念包括：度、可持续发展、以人为本、民族平等、社区参与、共赢、生态旅游、旅游发展的根本目的、民族文化的价值、民族问题中的三个敏感因素等。

1. 度

度，从字义上讲，有“尺度、法度、限度、程度、强度”的含义，还有“制度、法则、法制、标准、限额、考虑、常规、计划”的意思；在哲学上，是指一定事物保持自己质的数量界限。在少数民族地区旅游资源适度开发问题上，“度”应当被理解为当地旅游资源保持自己质量的数量界限和限度，维持这个界限和在这个限度内就意味着“适度”，突破这个界限和限度，其质量必然会发生改变，而且是往坏的方向改变，就是“过度”。

2. 可持续发展

1987 年，联合国世界环境与发展委员会发表了《我们共同的未来》，指出可持续发展是既满足当代人的需求，又不对后代人满足其需求的能力构成危害的发展。今天，可持续发展的核心思想被认为是：人类应协调人口、资源、环境和发展之间的相互关系，在不损害他人和后代利益的前提下追求发展；要求保证世界上所有的国家、地区、个人拥有平等的发展机会，保证我们的子孙后代同样拥有发展的条件和机会；主张人与自然和谐相处，人类认识到对自然、社会和子孙后代应负的责任，并有与之相应的道德水准①。

3. 以人为本

以人为本，是一种对人在社会历史发展中的主体作用和地位的强调和肯定。它是一种价值取向，强调尊重人、解放人、依靠人和为了人，它是一种思维方式，就是在分析和解决一切问题时，坚持“人”是最根本、最重要和最值得珍惜和关注的，坚持以人为中心②。

4. 民族平等

民族平等，是指民族无论大小，都有自己的特点、特长和悠久的历史，都对人类文化宝库做出了贡献。因此，任何民族都不能享有特权，任何一个民族都应在世界民族之林中享有平等的地位。

5. 社区参与

社区参与，是指社区成员（包括居民个体、社区内的各类组织）参与社区公共事务和社区公共活动，影响社区权力运作，分享社区建设成果的行为过程。居民社区参与对社区发展具有决定作用。广泛性是居民参与的基本要求，即要求参与主体广泛和参与内容广泛③。

6. 共赢

共赢，是对双赢思维的扩展，它要求在处理双边和多边关系，以及处理系统与外部环境之间的关系时，通过“一加一大于二”的机制，共同“把蛋

① 孟德臣：《积极发展循环经济 努力加快我国内河航运建设》，《交通建设与管理》2008 年第 7 期，第 49-51 页。

② 杨远东：《以人为本 兼容开放 整合育人 和谐发展》，《时代教育》2007 年第 15 期，第 54-56 页。

③ 邓永进：《民族旅游研究》，南开大学出版社，2009 年。

糕做大”，在不损害第三方利益、不以牺牲环境为代价的前提下，各方均取得较好的结果[①]。

7. 生态旅游

生态旅游以生态学和可持续发展理论为指导，以具有一定生态环境意义的自然区域或某些特定的文化区域为对象，以观察、欣赏、研究自然及相关文化为目的，以保护自然和人文生态资源、环境为宗旨，促进目的地社会、经济和文化发展，提高资源与环境的管理水平，从而寻求旅游业发展与自然、文化和人类生存环境的和谐统一。[②]

8. 旅游发展的根本目的

《马尼拉世界旅游宣言》（“The Manila Declaration on World Tourism”）指出：发展旅游的根本目的是提高生活质量，并为所有的人创造更好的生活条件。

9. 民族文化的价值

民族文化对一个民族的发展、延续、存亡有着特别重要的意义，民族文化及其所蕴含的民族精神，其精华不仅凝结成一个民族的过去，滋养着一个民族的现在，而且还孕育着一个民族的未来。从民族文化本身来看，越是民族的才越是世界的，保护好一个民族文化的特色，才能使这个民族的文化具有世界意义。[③]

10. 民族问题中的三个敏感因素

每个民族都有自己的语言，各民族对自己的语言都有深厚的感情。每个民族都会强调自己有别于其他民族的风俗习惯。一个民族的风俗习惯，在一定意义上也可以称为生活方式，它包括一个民族在衣着、居住、饮食、娱乐、节庆、礼仪、婚恋、生丧以及生产等方面所特有的喜好、风尚、传统和禁忌[④]。每个民族都有自己的宗教信仰，民族地区的宗教问题具有民族性、群众性、国际性、复杂性、长期性等特点。通常情况下，各民族把人们对其民族语言、风俗习惯和宗教信仰的尊重看成是对其民族本身的尊重；把人们对其民族语

① 邓永进：《民族旅游研究》，南开大学出版社，2009年。

② 同①。

③ 同①。

④ 熊锡元：《民族理论基础》，民族出版社，1989年。

言、风俗习惯和宗教信仰的蔑视看作是对其民族本身的蔑视。因此，民族语言、风俗习惯和宗教信仰是民族问题中的三个敏感因素。

（二）指导思想的探索

以习近平新时代中国特色社会主义理论为指导，全面推进国家依法治国基本方略，深入贯彻落实科学旅游观，按照国家“加快发展旅游产业，把旅游业培育成国民经济的战略性支柱产业和人民群众更加满意的现代服务业”的要求以及国务院《关于促进旅游业改革发展的若干意见》，依托少数民族地区丰富的旅游资源及优良的生态环境，围绕实现旅游资源适度开发利用的目标，以健全法规、依法治旅为切入点，以环境保护、文化促进和生态建设为前提，以旅游市场为导向，以提高资源利用率和效益为中心，深入实地调查评价，科学制定战略规划，实事求是、合理开发，不断探索适度开发利用的新路径和新模式，全面提升旅游资源及产品的市场竞争力，尽力促进当地传统文化和社区的发展，通过政府引导、市场推动和社会参与，以及系统规划、充分预留、滚动开发、有限利用，防止少数民族地区旅游资源过度开发，最终实现少数民族地区旅游资源的可持续利用和旅游业的可持续发展。

（三）基本原则的确定

1. 坚持可持续发展原则

可持续发展原则是当今一切资源开发利用的首要原则，也是少数民族地区旅游资源适度开发的主导原则，其核心和本质是追求经济、社会与生态三大效益的协调一致，所实现的是长远、全局和持久的发展，而不是潜伏着未来危机的、影响子孙后代和其他地区发展的眼前经济的高速增长和快速扩张。

少数民族地区旅游资源的适度开发，必须按照“严格保护、合理开发、永续利用”和“以保护为前提，以保护促进开发，以开发促进保护”的要求进行，注重对生态环境和自然旅游资源、人文旅游资源的保护，特别是濒危旅游资源的保护，不以牺牲生态环境和旅游资源为代价而实现开发目标，积极探索旅游资源可持续利用与旅游业可持续发展的新路径。

2. 坚持有法可依、严格执法、奖惩分明原则

关于少数民族地区旅游资源的适度开发，首先，必须建立健全旅游资源保护与开发的相关法律法规，提高违法成本，做到“有法可依”，既引导开发者科学利用旅游资源，又让开发者无法钻法律的空子；其次，有关部门必须严格执法，做到“违法必究”，既鼓励开发者合理开发旅游资源，又使过度开发者深刻领悟到“法网恢恢，疏而不漏”；最后，必须建立旅游资源保护与开发的奖惩机制，做到“奖惩分明”，既激励开发者更加珍惜旅游资源，又遏制少数民族地区旅游资源过度开发利用。

3. 坚持市场导向原则

旅游资源是旅游产业发展的基础和条件。任何产业的发展，都离不开市场需求的拉动；没有市场需求，任何产业都会失去存在的条件。少数民族地区旅游资源的适度开发，必须以旅游市场为导向。按照旅游市场的供求情况与发展方向，合理确定和控制旅游资源的规模，合理确定旅游资源的开发重点，优先开发客源市场需求较大和具有较大客源市场需求潜力的旅游资源，限制开发或者不开发产品市场已经趋于饱和或者过剩的旅游资源，避免造成少数民族地区旅游资源重复开发、巨大浪费和过度开发，提高旅游资源的利用率和综合效益。

4. 坚持突出地域特色和创立独有品牌的原则

少数民族地区是我国旅游资源的富集地区，也是我国重点培育发展旅游支柱产业的地区。其旅游资源的开发，要通过比较研究和创意策划，突显“人无我有、人有我优、人优我特”的旅游与文化地域特色，着重开发具有区域垄断性、独特性、地方性的旅游资源，创立与众不同的旅游系列品牌，不仅在人文旅游氛围打造、景区（点）建设、接待服务设施提升等方面充分展示自身特质、特征和特点，而且在整体旅游资源风貌和整体旅游产品上形成自身的个性，树立当地旅游独有的品牌和独立的形象，避免因产品同质化与其他地区形成不良竞争的局面，从而实现全国范围内的旅游资源适度开发。

二、旅游资源适度开发的重点战略、基本规程与初步模型

（一）旅游资源适度开发的总体战略与战略选择

1. 总体战略的制定

牢固树立“旅游资源可持续利用”理念，紧紧围绕“旅游资源适度开发”

目标，积极加入、缔结、主导国际旅游资源保护条约，建立、修改、完善与旅游资源保护相关的法律法规，健全全国旅游资源开发监测系统，把握“一带一路”建设的契机，以生态环境和旅游资源保护为前提，以旅游客源市场需求为导向，重视、优化区域旅游规划的编制，通过对少数民族地区旅游资源的全面调查、深入分析以及开发评价，根据各地实际情况，确定旅游资源开发的范围界线和数量限度，预留旅游资源，突出旅游资源地域特色，整合各类旅游资源，提高旅游资源单体利用率，发挥旅游资源的集约效益，控制旅游基础设施与接待服务设施的建设，推动旅游资源开发利用方式的转变、管理体制的改革和开发模式的创新，促进当地传统文化和农村社区的发展，加快生态建设、资源保护和开发调整，利用现代科技手段，加大旅游资源保护的执法力度，强化旅游资源开发奖惩机制与措施，实施环境保护、市场引领、资源整合等战略，从而实现少数民族地区旅游资源的永续利用，促进少数民族地区旅游业的可持续发展。

2. 重要战略的选择

（1）生态环境保护战略

生态环境是少数民族地区旅游资源存在的基础和依托的空间，如果生态环境遭到破坏，其旅游资源的价值便会大幅下降，甚至丧失殆尽；良好的生态环境既能提升旅游资源的价值，其本身也是旅游资源。因此，少数民族地区旅游资源的适度开发，应当将生态环境保护战略作为重要的战略选择，坚决秉承“生态保护、生态修复、生态建设”理念，充分运用国内外环境保护的经验、技术和设备，合理实施生态环境保护区划、目标及措施，在资源开发和利用上凸显“绿色”“低碳”“清洁”，强调“减量化，再利用，再循环”，实现旅游资源的适度开发和可持续利用。

（2）旅游市场引领战略

少数民族地区旅游资源被过度开发的原因之一，就是在旅游产业化形势下确实有一定的市场消费需求的存在，使盲目的开发商或者“云集”某旅游目的地进行开发，或者前往各旅游目的地进行开发，结果造成旅游资源开发的绝对过度或相对过度。然而，如果对旅游市场能够进行认真的调查和理性的分析，寻找出“饱和”“过剩”“过时”的旅游产品，挖掘出有市场潜力、前景和需求的旅游资源，那么，在一定程度上，旅游市场就能引领少数民族地区旅游资源开发避免“重复”、“浪费”和“过度”而趋于“适度”。

（3）旅游资源整合战略

以往少数民族地区旅游资源的开发不少为孤立的开发、分散的开发和小范围的开发，不能形成旅游资源的聚集效益，且容易出现旅游资源浪费和旅游产品的同质化。要使旅游资源实现高效利用、适度开发，少数民族地区需要实施旅游资源整合战略，不仅将小区域内的自然旅游资源和人文旅游资源进行整合开发，而且将跨区域的同类、互补旅游资源进行整合开发，从而使少数民族地区各类、各地的旅游资源开发走集约化和适度的道路。

（二）旅游资源适度开发的基本规程与初步模型构建

1. 基本规程的设定

本书探讨的规程，特指少数民族地区旅游资源适度开发的相关规则和流程。换言之，是指为了实现少数民族地区旅游资源的适度开发而需要采取的一系列前后相继的行动组合，以及贯穿于行动中的系列要求、标准和规定等。

通过调查研究，本书认为，为了实现少数民族地区旅游资源适度开发的目标，需要采取如下规程（图 4-1）。

第一，由国家和地方相关部门组织法律专家、环保专家、旅游专家、文化专家、社区代表、人大代表等人员，通过调查研究，起草、制订、修改、补充、完善、颁布关于我国旅游资源保护与开发的法律、条例、标准、导则等，其中要提高违法成本；同时，除了积极加入、缔结国际旅游资源保护相关条约外，还应主动参与、主导其起草、签订。在法律层面，保障少数民族地区旅游资源的适度开发。

第二，在法律框架下，一方面，由国家有关部门、地方政府组织专家、开发商、游客、居民等代表，对少数民族地区的旅游资源进行实地踏勘、全面调查和科学分析、客观评价，特别是进行开发评价；另一方面，在国家层面建立全国旅游资源开发监测系统，再根据各地实际，从宏观上判断其开发是否“过度”，控制其开发“限度”。

第三，在对当地旅游资源进行整体评估的基础上，少数民族地方政府需要做好三个方面的工作。一是由政府主导、专家论证、居民参与制定好区域旅游发展战略；二是由旅游规划专业团队吸收社区居民等参与编制好当地旅游业发展规划及旅游区总体规划；三是由相关部门落实好旅游资源保护与开发工作，从中观上防止开发过度。

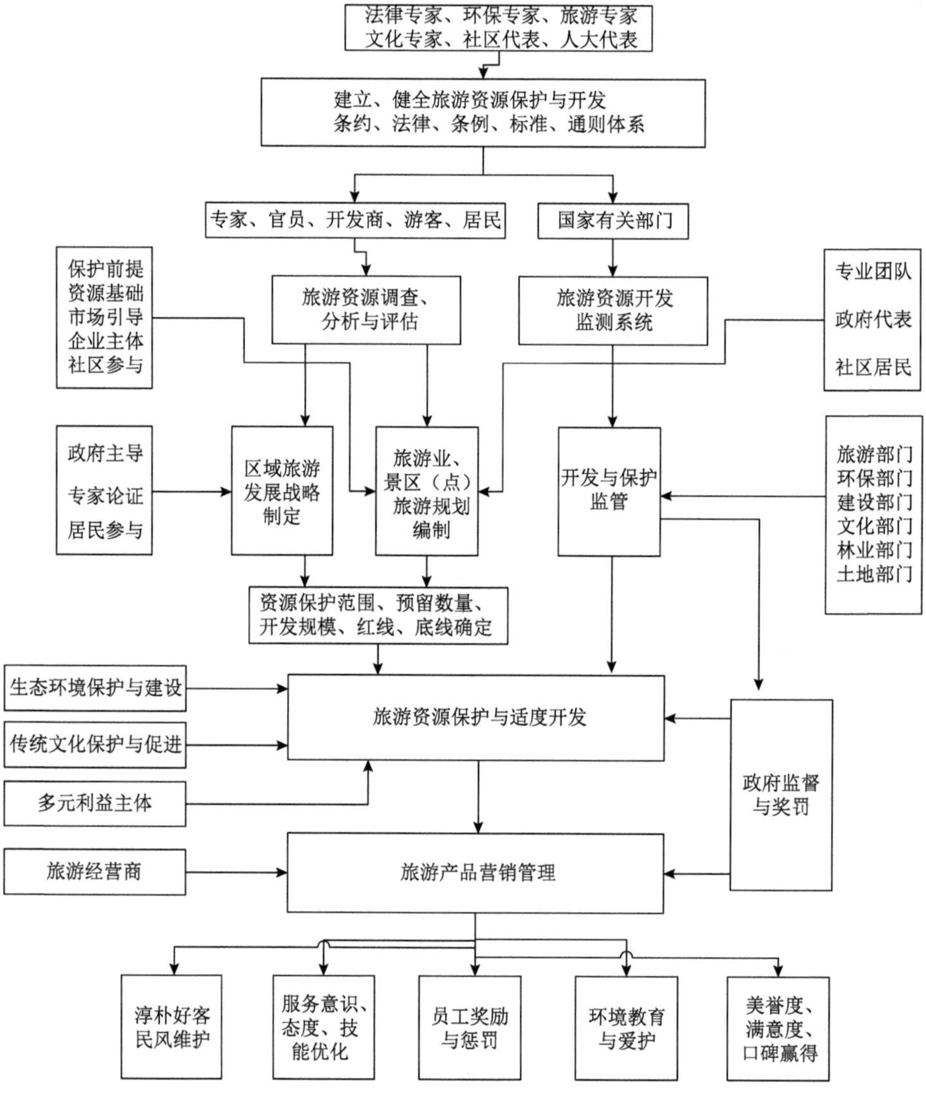

图 4-1 少数民族地区旅游资源适度开发主要规程图

第四，我国幅员辽阔，各民族地方具体情况又不尽相同，国家层面出台的标准、通则等，只能针对少数民族地区旅游资源开发的共同问题作出原则规定，不可能也不应该太细致、太具体，甚至“一刀切”。各少数民族地区在制订战略和规划时，需要根据当地及其旅游资源的具体实际，确定各自旅游资源保护的范围、预留的数量、开发的规模以及“红线”与“底线”等，它们的确定可以从微观上遏制旅游资源的过度开发。

第五，仅有以上层层控制还不够，考虑到少数民族地区旅游资源开发主体可能出现的“越线”行为，考虑到旅游经营者以往曾发生过的过度情况，有关部门必须加强对当地旅游资源开发的监督和执法，对违法者毫不姑息、严厉惩罚，从实践上杜绝过度开发行为。

第六，对于在少数民族地区旅游资源开发中，自觉保护资源、积极捍卫环境、带动社区发展，从而促进当地旅游资源可持续利用和旅游业可持续发展的单位和个人，政府应该给予精神上和物质上的奖励，从风尚上鼓励、倡导少数民族地区旅游资源的适度开发。

2. 初步模型的构建

通过调查研究，在构建了少数民族地区旅游资源适度开发评价模型的基础上，这里，本书进一步尝试构建少数民族地区旅游资源适度开发初步模型，如图 4-2 所示。

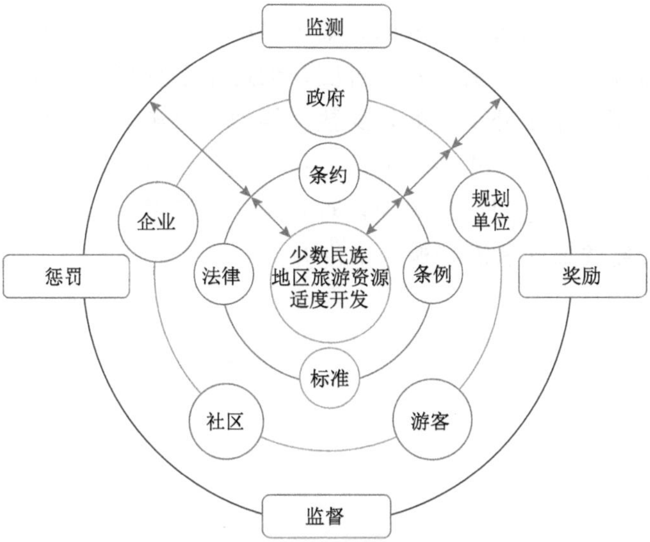

图 4-2　少数民族地区旅游资源适度开发初步模型

关于模型的说明如下。

第一，模型的核心是少数民族地区旅游资源适度开发，即本书的主要研究目的和愿景。

第二，模型从里到外的第一圈层分别由条约（如《世界遗产公约》《生态文明与旅游可持续发展贵阳宣言》）、法律（如《中华人民共和国环境保护法》《中华人民共和国旅游法》《中华人民共和国文物保护法》）、条例（如《风景名胜区条例》《旅游资源保护暂行办法》）、标准（如《旅游规划通则》《旅游资源分类、调查与评价》）等四个相互联系的部分组成，其作用于少数民族地区旅游资源保护与开发之间，表述的是国际、国家、地方颁布的法律法规，是遏制少数民族地区旅游资源过度开发，以及引导少数民族地区旅游资源适度利用的重要保障。

第三，模型从里到外第二圈层分别由政府（少数民族地区地方政府）、规划（旅游资源开发与保护规划单位）、企业（旅游开发与经营实体）、游客（旅游者代表）、社区（少数民族社区组织）五个相互关联的部分构成，表述的是在国际、国家、地方法律法规的约束下，进行少数民族地方旅游资源管理、保护、开发、营销、消费的利益相关者之间的关系，及其与旅游资源、法律法规、监督奖惩之间的相辅相成的结构形态。

第四，模型从里到外第三圈层，主要由监测、监督、奖励和惩罚组成，相关部门可依据法律法规对少数民族地区旅游资源开发主体进行监督执法、惩罚奖励，旨在防止旅游资源开发过度，促进生态环境保护和社区发展。

第五，模型从里至外反映的是少数民族地区旅游资源过度开发的逻辑关系，也是哲学意义上的“作用”关系，从外至里反映的是外层对里层的“反作用”关系，而圈层之间反映的则是对立统一的关系，目标均是为了模型的中心——少数民族地区旅游资源的适度开发。

第五章

防止少数民族地区旅游资源过度开发对策措施

第一节　建立健全少数民族地区旅游资源适度开发法律法规体系

一、建立健全相关法律机制

建立健全法律法规体系是防止少数民族地区旅游资源过度开发的关键。我国少数民族地区地域辽阔，旅游资源丰富。少数民族地区的旅游开发是一把双刃剑：一方面，旅游开发适度、有序，能促进旅游目的地的社会、经济、文化、环境的发展；另一方面，旅游开发过度、无序，则不仅会对自然资源环境造成破坏，还会引发地方人文特色的变异和消失。面对我国少数民族地区复杂的地理和人文环境，要遏制其旅游资源过度开发的趋势，实现其旅游资源的可持续利用，需要对旅游开发、经营等进行控制和规范。纵观现代社会，通过法律手段来控制人的行为是维持社会正常秩序的有效方式之一。全球旅游业的发展史也表明，旅游资源的可持续利用无法仅仅通过经济手段来实现。因此，需要通过建立、健全相关法律、法规体系，方能在旅游资源开发中充分尊重资源的特征和价值，实现对政府、规划者、企业、旅游者、居民以及其他社会团体等的约束，实现对少数民族地区旅游资源过度开发的有效遏制。

（一）相关法律法规现状

1. 国际层面的法律法规

国际条约是两个或者两个以上国家就政治、经济、贸易、军事、法律、文化等方面的问题确定其相互权利义务关系的协议。国际条约的名称包括条约、公约、协定、和约、盟约、换文、宣言、声明、公报等等。国际条约虽然不属于国内法范畴，但具有与国内法一样的约束力①。在相关旅游资源的开发、利用、保护方面，国际组织、国际会议已经颁布了多个国际条约，明确要求各缔约国在旅游资源合理开发与保护工作中承担国际义务。

联合国世界旅游组织的前身——国际官方旅行组织联盟（IUOTO）第一个提出旅游资源保护问题②。世界旅游组织成立后，被联合国确定为在旅游领域起决定和中心作用的组织。世界旅游环境研究中心（WTTERC）在旅游资源开发与保护方面也发挥了重要作用。除 UNWTO、WTTERC 等国际旅游组织的全球行动外，各国之间也通过双边条约、多边条约或国际公约等，对旅游资源环境方面的某些问题作出了规定。对旅游资源实行国际保护，并不意味着否定各国国内法的效力，而是通过各参与国自愿承担国际义务的方式来协调各国法律，以引导、促进各参与国在制定国内法时，从全球旅游事业、生态环境和文化环境的大局出发来考虑问题。国际条约对各参与国都有约束力，各参与国在制定旅游相关法律时应尽可能使国内法的条款与国际公约的精神保持一致，从而最终确保各国旅游资源都得到较为合理的开发、利用与保护③。

据不完全统计，全球有关旅游资源开发和保护的各类公约、宣言及协定等国际条约大致有近百个，涉及促进旅游业可持续发展的各个领域，为合理开发和保护旅游资源提供了大量的国际法依据。主要相关国际条约见表 5-1。

表 5-1　旅游资源开发与保护主要相关国际条约一览表

国际条约名称	颁布时间	颁布会议或机构
联合国宪章	1945 年	联合国国际组织会议
关于保护景观和遗址的风貌与特性的建议	1962 年	联合国教科文组织第十二届会议

① 参阅李江玲：《民族地区旅游资源法律保障研究》，博士学位论文，中央民族大学，2005 年。

② 王健：《旅游法原理与实务》，南开大学出版社，2004 年，第 269 页。

③ 同①。

续表

国际条约名称	颁布时间	颁布会议或机构
国际古迹保护与修复宪章（威尼斯宪章）	1964 年	第二届历史古迹建筑师及技师国际会议
关于禁止和防止非法进出口文化财产和非法转让其所有权的方法的公约	1970 年	联合国教科文组织第十六届会议
人类环境宣言	1972 年	联合国人类环境会议
保护世界文化和自然遗产公约	1972 年	联合国教科文组织第十七届会议
关于历史地区的保护及其当代作用的建议（内罗毕建议）	1976 年	联合国教科文组织第十九届会议
世界自然资源保护大纲	1980 年	国际资源和自然保护联合会 联合国环境规划署 世界野生生物基金会
马尼拉世界旅游宣言	1980 年	世界旅游组织马尼拉会议
巴厘宣言	1982 年	第三届世界国家公园大会
世界自然宪章	1982 年	联合国
旅游权利法案和旅游者守则	1985 年	世界旅游组织索菲亚会议
海牙旅游宣言	1989 年	各国议会旅游大会
旅游持续发展行动战略	1990 年	全球持续发展大会旅游委员会会议
里约宣言 生物多样性公约	1992 年	联合国环境与发展大会
关于旅游业的 21 世纪议程	1992 年	联合国环境与发展大会
丝绸之路旅游——撒马尔罕宣言	1994 年	世界旅游组织、联合国教科文组织
关于文化遗址真实性的奈良宣言	1994 年	联合国教科文组织世界遗产委员会第十八届会议
服务贸易总协定	1993 年制定，1995 年生效	关税及贸易点协定
可持续旅游发展宪章 可持续旅游发展行动计划	1995 年	可持续旅游发展世界会议
巴厘旅游宣言	1996 年	世界旅游组织
关于可持续发展的马累宣言	1997 年	世界旅游组织亚太旅游部长旅游与环境会议
关于旅游业社会影响的马尼拉宣言	1997 年	世界旅游组织“关于旅游业社会影响的世界旅游领导人会议”
柏林宣言：生物多样性与可持续旅游	1997 年	“关于生物多样性与可持续旅游”的部长级会议

续表

国际公约名称	颁布时间	颁布会议或机构
发展中小岛国与其他岛屿可持续旅游国际会议总结报告	1998 年	西班牙兰萨罗特会议
桂林宣言	1998 年	亚太议员环发会议第六届年会
保护和发展历史城市国际合作苏州宣言	1998 年	中国-欧洲历史城市市长国际会议
关于旅游和文化遗产保护的希瓦宣言	1999 年	世界旅游组织、联合国教科文组织“旅游与文化”论坛
全球旅游伦理规范	1999 年	世界旅游组织第十三届大会
国际文化旅游宪章	1999 年	国际古迹遗址理事会第十二届大会
海南宣言	2000 年	世界旅游组织“亚太地区岛屿可持续旅游”国际会议
APEC 旅游宪章：汉城宣言	2000 年	亚太经合组织第二届旅游部长级会议
大阪世纪宣言	2001 年	第十四届世界旅游组织大会旅游领导人千年盛会
世界文化多样性宣言	2001 年	联合国教科文组织第三十一届会议
保护水下文化遗产公约	2001 年	联合国教科文组织第三十一届会议
魁北克生态旅游宣言	2002 年	世界旅游组织世界生态旅游峰会
保护世界遗产乐山宣言	2002 年	世界遗产保护论坛国际会议
西安宣言	2005 年	国际古迹遗址理事会第十五届大会
关于保护城市历史景观的宣言	2005 年	联合国教科文组织
保护和促进文化表现形式多样性公约	2005 年	联合国教科文组织第三十三届会议
保护非物质文化遗产公约	2003 年通过，2006 年生效	联合国教科文组织
联合国原住民族权利宣言	2007 年	联合国大会
海南旅游宣言	2010 年	2010 博鳌国际旅游论坛
杭州宣言：文化与可持续发展	2013 年	联合国教科文组织
世界文化景观——庐山宣言	2013 年	联合国教科文组织
黄山宣言	2014 年	联合国教科文组织
中国世界遗产澄江宣言	2015 年	联合国教科文组织

资料来源：参阅杨莹：《旅游资源开发与保护的法律思考——以云南少数民族地区为例》，硕士学位论文，云南大学，2010 年；李依霖：《少数民族非物质文化遗产的法律保护研究》，博士学位论文，中央民族大学，2013 年；李江玲：《民族地区旅游资源法律保障研究》，博士学位论文，中央民族大学，2005 年。

20 世纪 80 年代，改革开放带动了我国旅游业的蓬勃发展，在国际旅游市场中，我国的影响力和竞争力日益提高。我国政府也积极投身于支持和参加世界旅游资源环境开发与保护的国际活动中。1985 年 11 月 22 日，经第六届全国人民代表大会常务委员会第十三次会议通过，我国正式加入了《保护世界文化和自然遗产公约》[①]。以此为契机，我国陆续加入了其他相关国际条约，承担起了相应的国际义务，对合理利用旅游资源、保护旅游环境、促进全球旅游事业的发展做出了自己的贡献。

目前，国际法虽然对参与国具有与国内法一样的约束力，但是，在强制力方面，国际上尚没有超越于国家之上的、有组织的强制执行机关。国际上虽说也有某种形式的国际制裁和国际法庭，如联合国甚至还可以派出维持和平部队等，但无论从性质上还是执行程序上，它们基本上都没有国家机关的那种强制力，尤其在旅游资源的开发和保护上，基本上只能依靠参与国本身的行动[②]。作为国际组织，对于未能遵守国际条约的旅游景区（点），仅能从资格方面对其进行管控。例如，为了保护世界遗产，联合国教科文组织将存在严重问题的遗产列入《濒危世界遗产名录》，敦促遗产所在国家采取措施修复和保护遗产。某项遗产列入《濒危世界遗产名录》后，如果经过努力解除了相应的威胁与危险，经世界遗产委员会评估，可从《濒危世界遗产名录》中除去；但如果该国政府不能保证在一定的期限内通过采取必要的措施有效保护该遗产的价值，并使遗产地最终失去了作为世界遗产的价值，该遗产也将会被除名。

2. 国家层面的法律法规

由于我国现代旅游业起步较晚，发展时间较短，所以，对于旅游资源开发与保护的法制建设还在不断的完善过程中。

《中华人民共和国宪法》是我国的根本大法，其中制定了对我国旅游资源开发、利用与保护具有最高效力的条款，为其他一切法律的制定提供了标准和依据。

近年来，我国政府十分重视各类旅游资源的开发与保护，全国人民代表大会及其常委会先后出台了相应的一系列法律（表 5-2），包括《中华人民

① 肖扬：《中华人民共和国法库·国际法卷——我国缔结或加入的国际条约及常用国际惯例》，人民法院出版社，2002 年，第 10390 页。

② 江国青：《国际法与国际条约的几个问题》，2000 年 4 月 29 日，http://www.npc.gov.cn/zgrdw/npc/xinwen/2000-04/29/content_1459914.htm，2021 年 11 月 18 日。

共和国环境保护法》《中华人民共和国文物保护法》《中华人民共和国森林法》《中华人民共和国水法》《中华人民共和国野生动物保护法》《中华人民共和国民族区域自治法》等[①]。

表 5-2 我国旅游资源主要相关法律法规一览表

法律、法规名称	首次发布时间
中华人民共和国宪法	1982 年
征收排污费暂行办法	1982 年
中华人民共和国民族区域自治法	1984 年
森林和野生动物类型自然保护区管理办法	1985 年
风景名胜区管理暂行条例 风景名胜区条例	1985 年发布（2006 年废止） 2006 年
中华人民共和国城市绿化管理条例	1992 年
中华人民共和国自然保护区条例	1994 年
森林公园管理办法	1994 年
地质遗迹保护管理规定	1995 年
中华人民共和国森林法	1994 年
中华人民共和国环境噪声污染防治法	1996 年
传统工艺美术保护条例	1997 年
中华人民共和国海洋环境保护法	1982 年
旅游区（点）质量等级评定办法	1999 年发布，2005 年废止
中华人民共和国大气污染防治法	1987 年
饮用水水源保护区污染防治管理规定	1989 年
旅游发展规划管理办法 文化和旅游规划管理办法	2000 年发布，2019 年废止 2019 年发布
风景名胜区规划规范 风景名胜区总体规划标准	2000 年发布，2018 年废止 2018 年发布
旅游规划通则	2003 年
旅游资源分类、调查与评价	2003 年
中华人民共和国野生动物保护法	1988 年

① 参阅杨莹：《旅游资源开发与保护的法律思考——以云南少数民族地区为例》，硕士学位论文，云南大学，2010 年。

续表

法律、法规名称	首次发布时间
旅游规划设计单位资质等级认定管理办法	2005 年
国家城市湿地公园管理办法（试行）	2005 年
世界文化遗产保护管理办法	2006 年
中华人民共和国文物保护法	1982 年
中华人民共和国城乡规划法	2007 年
旅游资源保护暂行办法	2007 年
中华人民共和国水污染防治法	2008 年
中华人民共和国土壤污染防治法	2018 年
历史文化名城名镇名村保护条例	2008 年
旅游标准化工作管理暂行办法	2000 年
中华人民共和国非物质文化遗产法	2011 年
国家生态旅游示范区建设与运营规范	2011 年
中华人民共和国旅游法	2013 年
中华人民共和国草原法	1985 年
出版管理条例	2001 年
旅游行政处罚办法	2013 年
中华人民共和国环境保护法	1989 年
旅游发展规划实施评估导则	2015 年

“从目前已有的国内立法来看，对于旅游资源各个具体组成部分保护工作的行政法规主要体现在以下几个方面：旅游环境管理法规，文物资源管理法规，历史文化名城管理法规，爱国主义教育基地和革命烈士纪念建筑物管理法规，宗教活动场所管理法规，风景名胜区管理法规，森林和草原管理法规，自然保护区管理法规，动植物资源管理法规，旅游度假区、游乐园（场）和娱乐场所管理法规，旅游资源普查法规，中国优秀旅游城市管理法规，旅游区（点）质量等级管理法规，世界遗产管理法规等。”[①]《风景名胜区管理暂行条例》是我国制定较早的一部关于旅游资源开发利用与保护的行政

① 李江玲、宋才发：《西部地区旅游资源开发法律保障研究》，中央民族大学出版社，2006 年，第 161 页。

法规。

同时，国务院行政主管部门根据法律和国务院行政法规制定了各种部门规章，这也是我国各级行政管理部门进行执法活动的重要依据。为加强对旅游资源的开发利用与保护管理，全国旅游行政主管部门不断建立健全了相关规章和规范性文件，先后颁布了《旅游区（点）质量等级评定办法》（1999年）、《旅游发展规划管理办法》（2000年）、《旅游标准化工作管理暂行办法》（2000年）、《旅游规划通则》（2003年）及《旅游资源分类、调查与评价》（2003年）等规范性文件，这些文件对加强旅游规划管理、促进旅游业可持续发展起到了重要的作用。

2013年4月25日，《中华人民共和国旅游法》经十二届全国人民代表大会常委会第二次会议通过，中华人民共和国主席令第3号公布，并于2013年10月1日开始实施，2016年和2018年进行了两次修订。《中华人民共和国旅游法》的颁布与实施，是我国旅游业发展史上的一个里程碑，是我国旅游法制建设的重大进步，使我国旅游业在国家层面上结束了无法可依的状况，标志着我国旅游业进入了全面依法兴旅、依法治旅的新阶段。

目前，尽管我国颁布的法律法规中有众多关于旅游资源开发利用和保护的条款，也有诸如《旅游资源保护暂行办法》这样专门的部门规章，但其仅明确了各级旅游部门对旅游资源保护的权力和责任，并没有针对不同类型的旅游资源的具体保护措施，缺乏对过度利用旅游资源法律责任的界定，法规内容可操作性较差。行业基本法《中华人民共和国旅游法》中也仅有5条内容涉及旅游资源的合理利用与保护。2014年12月发布的《全国人民代表大会常务委员会执法检查组关于检查〈中华人民共和国旅游法〉实施情况的报告》显示，自《中华人民共和国旅游法》于2013年10月1日起施行以来，我国旅游市场秩序有所好转，旅游服务水平有所提升，旅游市场规模有所扩大。但是，执法检查报告还透露，《中华人民共和国旅游法》在实施过程中也存在一些问题，主要包括：一些地方配套法规制度建设还没有及时跟上，旅游综合协调体制机制运行还不到位，旅游公共服务的能力和水平还有待提高，《中华人民共和国旅游法》的宣传普及和贯彻实施力度还有待进一步提升[①]。

① 张先明：《全国人大常委会执法检查组建议加大旅游法贯彻实施力度》，《人民法院报》2014年12月24日，第1版。

3. 地方层面的法规

地方性相关法规主要是由省、自治区、直辖市人民代表大会及其常务委员会制定和颁布的有关本辖区范围内促进旅游产业发展和旅游资源保护的法规。地方相关法规主要表现为条例的形式，1995年6月，海南省人大常委会通过的《海南省旅游管理条例》开了我国地方旅游立法的先河。之后，各地方政府纷纷颁布自己的旅游管理条例或旅游条例[①]。迄今，我国共有30个省级行政区人大出台了地方综合性旅游法规。相比国家旅游法规体系，我国地方相关法规更显丰富。地方旅游立法的作用可从图5-1中略见一斑。

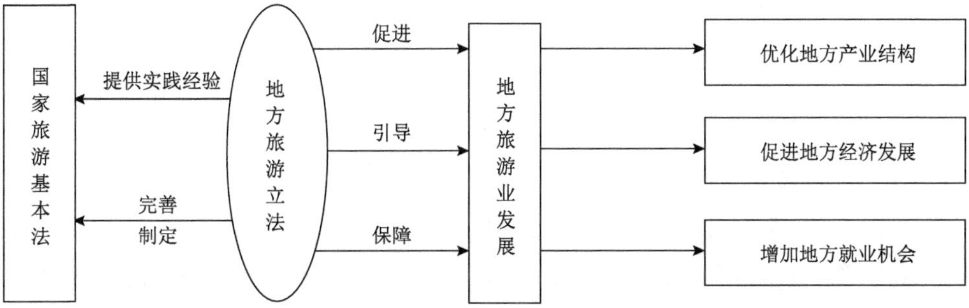

图5-1　地方旅游立法的作用[②]

相对于地方综合性旅游法规而言，其他配套的旅游法规、政策、办法等对地方综合性旅游法规条例进行了很好的补充和完善。这些旅游专项法规囊括了旅游业发展的方方面面。目前，我国地方政府都较为注重地方旅游立法的区域特色性。但是，从旅游业可持续发展的角度来看，大部分地方旅游专项法规并未能对当地旅游资源的合理开发与保护起到实质性作用，这严重影响到地区旅游业的发展[③]。

（二）建立相关法律法规体系

1. 立法原则设想

从许多国家和地区的旅游业发展经验来看，不少特色旅游资源由于地处

① 参阅王昆欣、蒋炯坪：《小议地方旅游法规的繁荣与国家旅游法规体系的滞后》，《旅游学刊》2008年第11期，第10-11页。

② 参阅郑海霞：《比较视角下我国地方旅游业立法特色研究》，硕士学位论文，贵州财经大学，2013年。

③ 同②。

偏远，没有被人为利用而得到了保护。我国少数民族主要聚居在边疆尤其是偏远的西南、西北地区，这些地区独特的自然景观、古老的民族村落、别样的活态文化也是因为交通不便、当地开发能力不足而被保护了下来。另一方面，自然条件比较严酷、经济发展相对滞后，导致当地的自然环境和人文资源都十分脆弱。部分少数民族地区风沙大、气候多变、水源短缺；部分少数民族地区地处我国生态体系的敏感薄弱地带，破坏容易，保护困难，若开发不当或造成人为破坏，其后果就不堪设想。少数民族地区的人文旅游资源也存在同样的问题，处于相对封闭状态下的原生态少数民族文化极具特色，但又非常脆弱，随着交通条件的改善、旅游资源的开发、外来文化的涌入，民俗风情会受到强烈冲击，而人文环境一旦遭到破坏就很难恢复。

因此，针对少数民族地区旅游资源的特点，在制定完善法律法规以遏制少数民族地区旅游资源过度开发时，必须确立以下几项基本原则。

（1）可持续发展原则

“可持续发展”概念被提出后，很快成为指导全球发展的理念。可持续发展要求既实现代际公平的发展，又实现区际公平的发展。少数民族地区旅游资源是其旅游发展的基础，合理、永续地开发、利用当地的旅游资源，应当是少数民族地区旅游业可持续发展的一个重要途径。因此，各级相关部门在对少数民族地区旅游资源进行立法保护时，要坚持可持续发展原则，从而实现我国少数民族地区旅游资源的可持续利用。

（2）与国际接轨原则

关于旅游资源开发利用与保护方面的立法，如前所述，许多国际条约都已做出了较为科学的规定，形成了旅游资源保护与合理开发利用的国际法律制度框架。要遏制我国少数民族地区旅游资源的过度开发，实现合理利用，以促进我国旅游业可持续发展，就要在相关法律原则、制度设计上与国际法律体系接轨，并根据国际条约，参照我国国情，特别是少数民族地区的特点，制定、完善符合实际的旅游资源保护与开发利用法律法规体系。

（3）统一与自治相结合原则

少数民族自治地方具有民族区域自治权利，在旅游资源开发与保护的立法工作中，要在维护国家整体利益的前提下，按照法律规定的权限范围积极行使变通权。自治是为了发展，发展有利于更好地坚持和完善自治，因此，对于优良的、有利于旅游资源持续利用的民族传统就应该通过立法使其规范，从而达到依法促进民族发展的目的，而对于一切不利于民族发展、不利于旅游资源合理利用和保护的陋习，就要勇于舍弃[①]。统一与自治相结合的原则是少数民族地区立法的重要原则。

（4）预防为主原则

针对少数民族地区旅游资源及其环境较脆弱、易破坏、难恢复的特点，在法律法规制定完善的过程中，要遵从预防为主原则。预防为主就是要根据旅游资源开发与保护问题产生的特点及原因，预先采取防范措施，防止资源破坏问题的发生。预防为主要求。它改变以往事后救济的模式，是遏制少数民族地区旅游资源过度开发、实现当地旅游业可持续发展的一个重要且有效的原则[②]。

（5）整体保护原则

自然旅游资源与人文旅游资源往往处于同一个区域内，彼此依存、互为补充，这就要求我们对自然旅游资源和人文旅游资源予以整体保护。整体保护原则也是各国旅游资源保护立法普遍确立的一项基本原则。我国少数民族地区旅游资源丰富，独特的民风民情与美丽的自然风光相得益彰，在一定程度上已经形成了一种共生、共荣的关系。所以，我国的旅游立法要对自然与人文旅游资源进行整体保护，不能将其割裂、各自为政[③]。

（6）承载力原则

旅游资源承载力是指在一定的旅游区内，在一定时间内，旅游地资源（自然旅游资源与人文旅游资源）能够支持环境与经济协调发展的能力和限度，它是自然承载力与文化承载力综合作用的结果。所有的旅游景区（点）的承载力都是一定的，如果超过承载力发展旅游业，就会导致旅游资源的过度开发和利用。因此，旅游资源开发必须以旅游资源承载力为基础，将各种旅游开发活动控制在合理的范围内，才能使得旅游业发展在质和量方面朝着预定目标发展。本书构建了旅游资源适度开发评价模型，对旅游资源空间容量、自然旅游资源承载力和人文旅游资源承载力均构建了评价指标体系，这对旅游资源适度开发法律法规的制定有一定的借鉴意义。我国在制定、完善少数民族地区旅游资源保护法律法规时，有必要确立承载力原则，并将承载力评

① 陈洪波、王光萍：《当前我国民族立法工作中存在的主要问题、成因及对策研究》，《民族研究》2001 年第 2 期，第 1-11 页。

② 参阅边远：《张掖市旅游资源法律保障问题研究》，硕士学位论文，兰州大学，2013 年。

③ 梁文婷：《可持续发展理念下旅游资源立法问题研究》，《中国人口·资源与环境》2010 年第 5 期，第 158-163 页。

价体系引入到具体的法规中，规定相应措施，以使我国少数民族地区旅游资源开发的“度”有法可依。

（7）公众参与原则

旅游资源的开发利用与保护关系到政府部门、社会公众、旅游地居民、旅游从业者等各方面的利益，而在我国少数民族地区，具有民族特色的人文旅游资源更是植根于民间。因此，在开发少数民族地区旅游资源时，要充分照顾各方面的利益关系，并充分尊重公众的意见和建议。这样，有利于形成科学合理的决策，并减少各利益群体之间的矛盾。因此，少数民族地区旅游资源保护法律法规的制定与完善必须确立公众参与原则，以促进旅游资源的可持续利用。

（8）预警原则

预警原则是德国在20世纪70年代提出的，并被列为德国环境法的基本原则。1992年，预警原则被联合国环境与发展大会写入了《里约宣言》，规定各国要根据本国的能力广泛应用预警原则，当存在严重或不可逆危害的威胁时，不得以缺乏充分的科学证据为理由，延迟采取符合成本效益、防止环境退化的措施。预警原则已成为国际环境政策的一个中心原则。①在旅游资源的开发利用与保护立法中运用预警原则，能够使旅游资源开发利用的各个环节处于监控之中，如果开发行为没有进行科学论证，就应该禁止开发；如果准备开发的旅游资源具有不可再生性，以及开发后的变化具有不确定性，就应该假定开发可能会对资源环境造成破坏。在立法时坚持预警原则，就是要政府、旅游企业及当地居民等旅游资源开发主体对其旅游开发工作承担相应的资源环境保护责任，以避免其开发行为不当给少数民族地区带来危害。

2. 完善法律法规思路

（1）加强与国际旅游组织的联系与合作

近年来，国际旅游组织的地位不断提升，影响力逐步扩大。随着我国旅游业的蓬勃发展，我国政府与一些主要的国际旅游组织都建立了合作关系。现在与我国联系和合作比较密切的国际旅游组织主要有：世界旅游组织、世界旅行与旅游理事会（WTTC）、太平洋亚洲旅行协会（PATA）、世界一流酒店组织（LHW）、国际饭店与餐馆协会（IH&RA）、国际民用航空组织（ICAO）、国际航空运输协会（IATA）、国际铁路联盟（IUR）等。目前，

① 吴姗姗：《预警原则在我国开发区环境影响评价中的应用》，《环境保护》2008年第6期，第52-55页。

虽然我国陆续加入了不少国际旅游组织，并成为其正式会员，但是与国际旅游组织之间的交流和合作还处于初级和被动阶段[①]。我国要发展成为旅游强国还需要实力和时间，我们的政府和旅游主管部门应该深刻地认识到这一点，要加强与有关国际旅游组织的合作和交流，学习其先进的理念和经验，未来才能在国际旅游组织交流与合作中赢得主动地位，在国际条约的缔结中不仅参与、加盟，还要主导、起草。

（2）制定世界遗产保护法

世界遗产是指那些已经被联合国教科文组织和世界遗产委员会确认的人类罕见的、目前无法替代的文物古迹和自然景观。总的来说，世界遗产包括世界文化遗产、世界自然遗产、世界文化与自然双重遗产和文化景观四类[②]。截至 2014 年 6 月，我国已有 48 项世界遗产，其中，世界文化遗产 34 项（含跨国文化遗产 1 项）、世界自然遗产 10 项、世界文化与自然双重遗产 4 项。加之，我国还有人类口述和非物质遗产/无形遗产 38 项、记忆遗产 9 项，在数量上位居世界第二[③]。世界遗产是全球公认的具有极高历史价值、景观价值、美学价值、科研价值等的自然和文化景观，是高品质旅游资源的代表。多年来，联合国教科文组织一直致力于世界遗产的保护工作，众多国际组织已颁布的关于世界遗产保护的国际条约不胜枚举。

目前，我国关于世界遗产开发与保护的国家级法律法规仅有 2006 年由文化部颁布实施的《世界文化遗产保护管理办法》，其他类型的遗产开发与保护尚无专门的国家级规范，虽然部分世界遗产地根据自身实际制定了保护条例，但我国世界遗产的开发与保护工作仍处于不规范的状态，世界遗产被破坏的情况时有发生。1994 年以来，为保护世界遗产，联合国教科文组织加强了遗产的监测工作，将存在严重问题的遗产列入《濒危世界遗产名录》，旨在敦促遗产所在国家采取措施修复和保护遗产。我国虽没有遗产地被列入《濒危世界遗产名录》，但近年来，也曾出现部分遗产地被联合国教科文组织予以“黄牌”警告，要求限期整改的情况。

① 王向宁：《试论我国与国际旅游组织关系中存在的几点不足》，《北京第二外国语学院学报（旅游版）》2006 年第 7 期，第 80-83 页。

② 李浈、刘成、雷冬霞：《乡土建筑保护中的“真实性”与“低技术”探讨》，《中国名城》2015 年第 10 期，第 90-96 页。

③《世界遗产名录（1978—2015）》，《世界遗产》2015 年第 9 期，第 3-28 页。截至目前，我国世界遗产总数增至 56 项，其中，文化遗产 38 项，自然遗产 14 项，双重遗产 4 项。

我国的世界遗产有一部分位于少数民族地区，作为品质最高的旅游资源，此部分“遗产”能否得到合理的开发利用，是否得到很好的保护，都是衡量我国旅游资源开发保护工作好坏的标杆，还能够为其他旅游目的地的开发保护起到示范作用。因此，规范世界遗产开发与保护，需要制定一部适合我国国情的国家层面的世界遗产保护法。

（3）制定旅游资源开发与保护专门法律

我国旅游资源开发与保护的相关立法，自 20 世纪 80 年代起步，到 2013 年《中华人民共和国旅游法》出台，历经了 30 余年，且颁布了一系列法律法规。但是，相关法律法规仅仅是部分条款涉及旅游资源保护，《中华人民共和国旅游法》也因为其为行业基本法的性质，注定了其指导性强、可操作性弱的特点，涉及旅游资源合理利用与保护的条款仅有 5 条。需要指出的是，虽然 2007 年国家旅游局制定了《旅游资源保护暂行办法》，但过于笼统，可操作性较差，同时，由于是部门规定和暂行办法的身份，所以，其法律约束力不够高，保护效果不够好。旅游资源的开发和保护都具有整体性和综合性，为了实现旅游资源的可持续利用和遏制旅游资源的过度开发，就需要国家制定一部专门的、综合的、高层次的旅游资源开发与保护专门法律。

通过专门的旅游资源开发与保护法律的制定和实施，可以推动其他相关旅游资源开发与保护法规的制定和修订，从而形成旅游资源开发与保护的法律法规体系。通过统一立法，还可以对各相关法规起到指导和协调作用，以减轻目前由各部门制定的相关旅游资源保护法规中明显存在的各自为政和本位主义现象，并消除各相关旅游资源保护法规中存在的相互矛盾、重叠和缺漏之处，以统领旅游资源合理开发与保护的全局工作。例如，可以通过旅游资源开发与保护专门法律的制定来协调《风景名胜区条例》、《中华人民共和国环境保护法》、《中华人民共和国自然保护区条例》、《中华人民共和国文物保护法》和《历史文化名城名镇名村保护条例》等法律法规的相关修订工作，还可以通过旅游资源开发与保护专门法律来协调、完善风景名胜区、旅游景区、国家森林公园、自然保护区、文物保护单位、世界遗产地等的开发、保护与管理工作[①]。

① 田玲、齐子鹏：《论当前对旅游资源保护认识的几个问题》，《旅游学刊》1998 年第 3 期，第 45-48 页。

在我国旅游资源开发与保护专门法律的制定中，建议增加以下几个维度[①]。

第一，在立法上，可以借鉴在这方面有成功经验的其他国家的法律，如美国、日本、法国、加拿大等国家均已形成一整套系统、完善的旅游资源开发与保护的法律体系。

第二，在可持续发展理念的指导下，该法的制定要以代际公平、区际公平和环境生态效益优先为先导。不仅需要完善旅游开发规划立法，需要加强旅游项目建设立法，而且需要规范旅游资源开发环节，需要对旅游开发的范围和强度加以控制，需要对旅游开发者和旅游者的行为进行规范，还需要对旅游资源进行更为合理的分类，等等。

第三，明晰旅游资源产权关系。合理的产权分配能提高资源配置效率，明确各方责、权、利关系，使政府、开发商、居民等的行为均受到约束，并提高旅游开发各方的积极性，有利于旅游资源的合理开发和保护。

第四，确立旅游资源开发限制标准。对旅游项目开发经营的全过程进行监测、审查，要求其开发与文化产业规划、城乡建设、环境保护等相对接，全面将开发登记制度、许可证制度、ISO9001 和 ISO14000 认证、质量保证金制度引入旅游开发经营中，从而通过全方位的开发限制，提高开发商的进入门槛，以降低旅游资源被过度开发、被破坏的风险。

第五，树立资源价格观念[②]。无论是自然旅游资源还是人文旅游资源，都是有价值的，在旅游开发中都应当是有偿的而不是免费的。在旅游资源开发与保护专门法律中，需要完善旅游资源价格形成机制，充分利用市场机制使旅游产品和服务的价格越来越能够反映资源投入、生产、使用、回收以及根据国家特定条件而设置的环境保护费用，让旅游资源的价值得到全面真实的体现，彻底改变旅游资源低价开发使用甚至是无偿开发使用的现状。

第六，制定奖罚细则。赏罚分明才能提高法律法规的执行力，保障制度的顺利实施，才能激发旅游开发、经营各利益相关者的积极性，并促进其自觉遵守相关规定。目前，我国普遍存在着法律惩罚力度不够的问题，惩罚力度太轻，违法代价较低，法律约束作用不足，就会让不法分子铤而走险。所以，需要制定详细的惩罚细则，加大惩罚力度，增加违法成本。同时，对于

---

① 参阅秦麒瑞：《旅游资源可持续发展法律保护研究》，硕士学位论文，西南交通大学，2011 年。

② J. G. 阿巴克尔、G. W. 弗利克、T. F. P. 萨利文等：《美国环境法手册》，文伯屏、宋迎跃译. 中国环境科学出版社，1988 年。

旅游资源开发得当、积极促进旅游资源保护的开发经营者，应给予奖励，政府还可减免一定的税费、给予土地使用权优惠等等。

第七，设立环境税。对于旅游资源保护经费的来源，除了各级政府普遍采用的财政拨款途径外，还可以征收环境税，征税对象为一切开发和利用旅游资源环境的单位、集体及个人，可按照开发和利用旅游资源的规模和程度确定征税额度。环境税要专款专用于旅游资源和环境的保护。

（4）注重规范地方立法

我国各地方根据当地情况已经制定了大量的地方旅游法规，在数量上超过了国家层面的旅游法律法规，这种立法现象在其他国家或地区是比较少见的，这说明我国旅游业蓬勃发展、行业前景看好，也说明旅游资源开发的多样性和复杂性。一方面，这些地方性法规在一定程度上弥补了国家层面旅游法律法规的不足，对规范各地旅游业，促进当地旅游资源合理利用和保护起到了一定的作用；另一方面，各地方立法水平参差不齐、内容差异很大，而且地方立法是根据当地具体情况制定的，缺乏统一的考虑和权衡，甚至存在地方保护主义，这并不完全利于全国旅游资源的整体保护，也不利于促进和规范跨区域旅游的发展。所以，各少数民族地区在制定地方性旅游资源开发与保护法规时，必须注重规范地方立法，遵从国家相关法律，遵从一致的立法理念、指导思想与立法原则，避免与上位法律法规的冲突。在此基础上，再根据当地旅游资源的特点和开发保护的实际，制定其旅游资源开发与保护的制度、措施，明确法律责任，突出可操作性，强调可执行性，以提高地方立法的质量。

（5）增强法律法规的可操作性

我国现阶段旅游法律法规中有些规定比较抽象、笼统，导致在贯彻落实的时候自由裁量的空间过大，在一定程度上降低了法律的执行效力。如《中华人民共和国旅游法》第一百零五条规定："景区不符合本法规定的开放条件而接待旅游者的，由景区主管部门责令停业整顿直至符合开放条件，并处二万元以上二十万元以下罚款。"[①]这个罚款的上下限如何把握，就是一个需要细化的问题。当然，由于《中华人民共和国旅游法》是我国旅游业的基本法，其条款更多的是一些纲领性的要求，仍需细化。下一步，相关部门需

①《中华人民共和国旅游法》，《中华人民共和国全国人民代表大会常务委员会公报》2013 年第 3 期，第 444-454 页。

要以实施细则的方式对《中华人民共和国旅游法》做出补充，使其具有更强的操作指导性。地方法律法规条款的制定在遵从上位法的基础上，更要尽可能地细化，注重其可操作性，从而确保法律法规能够贯彻实施，以避免成为一纸空文。

（6）加强对少数民族地区旅游资源的调研，使立法符合当地的实际①

我国有 55 个少数民族，主要分布于西南、西北、东北等边疆地区，由于受到不同地理环境和历史变迁的影响，每个民族的自然地貌、文物古迹、遗址名胜、民风民俗都独具特色、风情各异。

同时，各少数民族地区的旅游业发展程度也不尽相同，有的旅游地开发较早、旅游业已比较成熟，如云南西双版纳、四川阿坝、湖南凤凰、内蒙古呼伦贝尔等知名少数民族旅游胜地，旅游资源过度开发的情况已经出现，当务之急是要治理；而有的少数民族地区因地理位置、交通因素、开发条件的限制，还未开发或者开发程度不深，保护重点则是要防患于未然。所以，在旅游资源开发各异、旅游业发展程度不同的前提下，各少数民族地区在进行立法工作前必须加强旅游资源的调研工作，从而根据当地的特点和实际制定相应的法律条款，才能对症下药，更好地保护少数民族地区旅游资源，实现当地旅游业的可持续发展。

另外，一些少数民族地方在制定旅游法律法规时，存在着生搬硬套的问题，部分地方以已出台的国家及其他地方的相关旅游法律法规为模板，未能切合当地实际，内容重复、千篇一律，这样的法规不利于执法工作，难以对少数民族地区旅游资源实行有效的保护。针对这种情况，少数民族地方更需要对本地旅游资源进行深入调查分析，才能制定出、修订好有效保护当地旅游资源的法规。

（7）充分尊重少数民族习惯法，合理运用当地村规民约

少数民族习惯法是我国习惯法的重要组成部分，是独立于国家制定法之外的，依据少数民族地区社会组织的权威而约定俗成的（自然形成），主要用于调整该少数民族内部社会关系，是具有强制性和习惯性的行为规则的总和②。少数民族习惯法多以村规民约的形式体现，也有宗教习俗、生产生活习俗形式，

① 参阅孙超：《少数民族传统文化旅游资源法律保障研究：以大理白族自治州为例》，硕士学位论文，中央民族大学，2012 年。

② 熊文钊：《民族法制体系的建构》，中央民族大学出版社，2012 年，第 455 页。

对少数民族社会秩序的维护、人际关系的调和、生存环境的保护具有很强的约束力，在少数民族地区实际起到了制定法的作用。习惯法虽然不如制定法那样严谨和规范，有的还是一些不成文的规定，但是，习惯法是一定区域内的少数民族同胞共同参与约定的，或者是在长期的生产生活实践中积累经验而俗成的，或者跟宗教信仰有关，其最大的特点就是在少数民族地区具有广泛的群众基础。在少数民族地区旅游资源开发与保护的过程中，了解民族的伦理道德和传统文化，尊重其习惯法，并很好地运用习惯法，能够让旅游资源的合理开发与保护工作事半功倍。

因此，各少数民族地区在制定旅游资源开发与保护的法规时，需要充分尊重民族习惯法，并将其融入相关法规中，充分发挥民族习惯法的效力，从而更好地推动少数民族地区旅游资源的合理开发与保护，遏制少数民族地区旅游资源的过度开发①。

（8）强化相关教育，培养少数民族立法队伍

立法活动是国家重要的政治活动，旅游立法工作关系到我国旅游业发展大局，立法活动的直接操作者应当具备相当的素质。因此，各级相关部门要加强立法队伍的建设，增加人员编制，健全立法机构，提高立法人员的法律素质。少数民族地区立法工作者既要有较高的理论修养和较强的洞察力，又要掌握少数民族地区的环境、经济和社会各方面情况②。其立法队伍最好从当地少数民族中产生，才能更好地立足少数民族地区实际做好立法工作，而这就要求政府加大教育投资力度，从根本上改变少数民族地区教育落后的状况，加强现有民族立法工作人员的培训工作，全面培养高素质民族立法人才，提高民族立法队伍的整体素质。

（9）完善现有法规，加大处罚力度

旅游资源具有不可再生性，旅游资源的过度开发会造成资源品质下降甚至完全被破坏的局面，无论是自然旅游资源还是人文旅游资源，一经破坏，即使进行人工修复，也会失去原貌。少数民族地区的旅游资源在这个问题上更为突出。近年来，在我国少数民族地区的旅游资源开发中，大量存在片面追求经济收益、过度开发旅游资源、部分自然和人文景观迅速退化甚至消失

---

① 参阅余欢：《贵州省旅游资源保护法制研究》，博士学位论文，中央民族大学，2010 年。

② 参阅杨莹：《旅游资源开发与保护的法律思考：以云南少数民族地区为例》，硕士学位论文，云南大学，2010 年。

等问题，本书在第三章中已描述、评析了其典型案例。究其原因，现有法规对这些违法行为设定的处罚过轻是重要原因之一。如《风景名胜区条例》第四十六条规定：“违反本条例的规定，施工单位在施工过程中，对周围景物、水体、林草植被、野生动物资源和地形地貌造成破坏的，由风景名胜区管理机构责令停止违法行为、限期恢复原状或者采取其他补救措施，并处2万元以上10万元以下的罚款；逾期未恢复原状或者采取有效措施的，由风景名胜区管理机构责令停止施工。”[①]又如《旅游资源保护暂行办法》第二十二条规定：“对于破坏旅游资源的行为，由资源所在地旅游行政管理部门对行为主体予以教育、批评、责令其停止违法行为，并根据法律、法规，协同有关部门做出相应处罚。”[②]金额较低的罚款、批评教育、不明确的处罚，对于破坏旅游资源及环境的行为人来说，明显代价太低，这就使得很多旅游资源开发者铤而走险、过度开发旅游资源。因此，为了有效保护少数民族地区的旅游资源，有必要针对违法行为的新特点，完善现有法规中关于法律责任的条款，解决违法成本过低的问题，加大惩处力度，增加处罚种类，从而对开发者产生威慑作用，让其有不敢违法、不能违法的意识。

二、完善旅游规划标准，规范旅游规划程序

旅游规划是“对旅游未来状态的设想，或是发展旅游事业的长远的、全面的计划”[③]。旅游规划的理论和实践最早起源于20世纪30年代中期的英、法等国。1959年美国的“夏威夷州规划”（State Plan of Hawail）被业界认为是最早的现代旅游规划案例。国外旅游规划早期主要是对当地旅游资源进行规划和策划，他们运用合理的方法和手段，利用当地旅游资源的特色，对其进行设计和包装，通过方案设计提出在今后一段时间内的安排和计划。20世纪60～70年代，世界旅游业进入大众旅游时代，旅游规划也在世界范围内得以迅速发展[④]。

同西方旅游发达国家相比，我国旅游规划的理论和实践历史较短，旅游

---

①《风景名胜区条例》，《中华人民共和国国务院公报》2006年第32期，第9-13页。

② 国家旅游局：《旅游资源保护暂行办法》，2007年9月4日起施行。

③ 王庆生：《区域旅游开发与规划新论——基于案例的分析》，中国铁道出版社，2015年，第293页。

④ 陆林：《旅游规划原理》，高等教育出版社，2005年。

规划始于20世纪80年代，兴盛于20世纪90年代中期以后，于21世纪快速发展。2003年我国《旅游规划通则》颁布并实施，从此，我国旅游规划有了较为系统的法规依据，旅游规划逐步走向规范化。该通则将我国的旅游规划分为两大类：旅游发展规划和旅游区规划。旅游发展规划是根据区域旅游业的历史、现状和市场要素的变化所制定的目标体系，以及为实现目标体系在特定的发展条件下对旅游发展的要素所做的安排。旅游区规划是指为了保护、开发和经营、管理旅游区，使其发挥多种功能和作用而进行的各项旅游要素的统筹部署和具体安排[①]。

（一）旅游规划对保护旅游资源的作用[②]

根据《旅游规划通则》，一个地区、城市或景区（点）在开发其旅游资源之前，首先要编制旅游规划。高质量的旅游规划可以通过科学的理念、先进的技术、合理的方法提高其旅游资源的吸引力；可以创新旅游开发模式，改变旅游发展现状，提升旅游目的地品牌形象；可以促进旅游资源开发各方协调共存、合作共赢；可以实现区域旅游业的可持续发展。

从旅游资源保护的角度来看，旅游规划的作用主要体现在以下几个方面。

1. 确定旅游业发展的合理目标

旅游规划编制要坚持以旅游市场为导向，以旅游资源为基础，以旅游产品为主体，以经济、社会和环境可持续发展为指导方针，从而确定规划区域旅游业发展的合理目标[③]。在合理的规划目标中，一个重要指标就是要加强对旅游资源的保护，减少对旅游资源的浪费。

2. 促进旅游系统要素的相互整合

旅游系统要素的整合首先是资源与市场的整合。旅游规划能够科学合理地确定资源与市场的平衡点，并协调旅游系统中各要素的关系，从而实现旅游系统整体效益的最大化，其中，也包括旅游资源在可持续利用基础上达到

---

① 中华人民共和国国家质量监督检验检疫总局、中国国家标准化管理委员会：《旅游规划通则》（GB/T18971—2003），中国标准出版社，2003年。

② 参阅刘涛：《旅游规划编制创新与实施协调机制案例研究——兼议旅游规划生产力问题》，硕士学位论文，天津商业大学，2012年。

③ 同①。

合理开发的效益最大化。

3. 协调旅游资源开发与保护的关系

《旅游规划通则》规定：旅游发展规划要按照可持续发展原则，注重保护开发利用的关系，提出合理的措施；旅游区总体规划要研究并确定旅游区资源的保护范围和保护措施，并规划旅游区的环境卫生系统布局，提出防止和治理污染的措施。①所以，旅游规划能够从规划层面预先对旅游资源的保护与开发提出系统性的建议，尽可能地减少破坏性的开发行为。

（二）旅游规划相关标准与法规评介

我国现行的旅游规划法规、标准主要有《旅游发展规划管理办法》《旅游规划通则》《旅游资源分类、调查与评价》《旅游规划设计单位资质等级认定管理办法》《旅游发展规划实施评估导则》等五部。

2000年，《旅游发展规划管理办法》由国家旅游局发布实施，是我国最早的关于旅游规划的规范，该办法对我国旅游发展规划的原则、范围以及旅游发展规划的编制、审批与实施做了比较概括、原则的规定，它的出台标志着我国旅游规划管理工作进入了规范化的阶段。

2003年，《旅游规划通则》（GB/T 18971—2003）颁布实施，至今已有近20年之久，其间未做过修订。在我国旅游规划市场发育初期，《旅游规划通则》对规范旅游规划编制工作，提高旅游规划工作总体水平，保证旅游规划的科学性、前瞻性和可操作性，促进旅游业可持续发展起到了积极的促进作用②。但是，随着旅游产业的不断发展、旅游市场的逐渐变化、旅游新业态的持续涌现，《旅游规划通则》的局限性已经开始显现。从旅游资源保护与开发的角度来看，《旅游规划通则》主要从旅游发展规划和旅游区规划的层面上对规划的编制制定了规范，对功能性专项规划的编制只是一笔带过，而旅游资源保护规划就是功能性专项规划的一种。同时，《旅游规划通则》作为国家层面的标准，在旅游发展规划和旅游区规划的编制规范中，仅在内容上要求规划中要有旅游资源保护范围、措施这一项，至于具体要从哪些方

---

① 中华人民共和国国家质量监督检验检疫总局、中国国家标准化管理委员会：《旅游规划通则》（GB/T18971—2003），中国标准出版社，2003年。

② 同①。

面保护，并未做出规定及出台相应的细则。

2003年，《旅游资源分类、调查与评价》（GB/T 18972—2003）颁布，该标准在1992年发布的《中国旅游资源普查规范（试行稿）》基础上，明确界定了旅游资源的类型体系、调查规范和评价方法，是一部应用性质的技术标准。旅游资源分类、调查与评价是开展旅游资源普查、制定旅游规划和确定旅游开发重点的主要依据，自该标准发布以来，各地的旅游资源开发与保护、旅游规划编制及旅游项目建设等，都以此为依据展开工作。但是，由于我国地大物博，旅游资源类型丰富，该标准在旅游资源分类和评价方法上仍存在不足，对个别旅游资源类型的释义也不够准确。

2005年，《旅游规划设计单位资质等级认定管理办法》发布，它是规范我国旅游规划市场的重要文件，它的颁布与实施加强了对旅游规划设计单位的监督，对旅游规划设计群体的专业水平提出了要求。但是，该办法中仅要求规划设计人员具备旅游经济、市场营销、文化历史、资源与环境、城市规划、建筑设计等方面的专业技能，并没有要求对旅游规划设计人员进行职业资格认证，这就导致了目前旅游规划行业入职门槛低、从业人员素质参差不齐的现状。

2015年，《旅游发展规划实施评估导则》发布实施。此前，关于旅游规划的行业标准都仅对如何编制规划做出了要求，而一直没有关于对规划实施情况进行监管的规章、标准。该导则对旅游发展规划实施情况的评估主体、方式、程序、内容与标准、监督落实都提出了详细的要求，为保证旅游发展规划全面有效的实施、增强旅游发展规划的权威性、加强旅游发展规划的评估工作等提供了依据和标准。由于该导则从2015年11月1日开始实施，各省、自治区、直辖市旅游主管部门还没开始根据本导则因地制宜地制定相应的办法等，实施评估工作还未展开，评估效果有待观察。

（三）少数民族地区旅游规划工作中存在的问题

1. 规划编制未能充分立足于少数民族地区实际

旅游规划是一项涉及多领域、多学科的系统工作，既要平衡旅游业的各组成部分，又要协调旅游业发展与其他相关行业、部门之间的关系。近年来，随着旅游业的快速发展，各地方政府对旅游业的重视度越来越高，旅游规划编制工作也随之加快了步伐。在旅游业蓬勃发展的大背景下，旅游规划立足当地实际，做到个性化、特色化就尤为重要。但在少数民族地区旅游规划编制的过程中，编制内容套路化、资源和市场调查不深入、规划不具针对性等问题较为普遍。很多少数民族地方政府有“外来的和尚好念经”的想法，在编制当地旅游规划时，偏向于聘请国内发达城市甚至是国外的规划编制机构。事实上，虽然发达地区的规划从业人员有较新的规划理念和思路，但在通常情况下，规划编制前期调研时间十分有限，规划人员走马观花，对当地旅游资源不能进行详尽的调查了解，特别是对少数民族历史文化缺乏全面、深入的认识，极易导致出现发展目标定位不准确、规划思路和方法流于套路等问题。

2. 规划内容缺乏硬性的保护要求

《旅游规划通则》中虽明确规定，规划中要注重开发与保护的关系，提出合理的措施，但缺乏诸如必须防止旅游资源过度开发、必须进行旅游资源预留等硬性保护的要求[①]。因此，不少旅游规划成果中关于旅游资源开发和保护的内容都只是泛泛而谈，对旅游资源保护新理念、新方法的运用也少之又少。

本书从云南省旅游专家于 1994～2014 年参与评审的云南地区旅游策划、旅游规划[包括旅游发展规划、旅游区总体规划、旅游区（点）控制性详细规划、旅游区（点）修建性详细规划、专项旅游规划等]及旅游项目可行性研究成果（均为评审稿）中随机抽取了 406 个样本，并对其进行了阅读、分析和统计，重点关注这些成果中是否有“旅游资源预留”“旅游适度开发”“旅游过度开发”等方面的内容。结果，提到“预留旅游资源”“后备旅游资源”“旅游适度开发”“限制旅游开发”“旅游过度开发”等内容的成果只有 45 份，仅占总数的 11.08%，且大部分规划在“旅游资源持续利用”“旅游资源适度开发”“旅游资源过度开发”“旅游资源预留”等问题上，仅仅是简单的陈述，没有深入地探讨和“对症下药”，不能为少数民族地区旅游资源开发与保护提供有力的指导。

3. 规划实施监管不力

由于旅游规划不是法律强制要求编制的规划，不承担相应的风险与法律责任，在 2015 年 11 月《旅游发展规划实施评估导则》发布实施之前，规划编制只要实现“领导喜欢，专家满意，评审通过”就算达到目的了[②]。在规

① 中华人民共和国国家质量监督检验检疫总局、中国国家标准化管理委员会：《旅游规划通则》（GB/T 18971—2003），中国标准出版社，2003 年。

② 参阅刘涛：《旅游规划编制创新与实施协调机制案例研究——兼议旅游规划生产力问题》，硕士学位论文，天津商业大学，2012 年。

划的管理上，第一，在旅游规划编制前，虽然招标等已成为筛选规划设计单位的主要形式，但也并未做强制要求，在招标的过程中还存在不能完全按照公开、公平、公正的原则进行，操作有漏洞，程序不规范，评标标准不科学等问题，这就难以保证最终规划的质量。第二，旅游规划编制完成后，在实施执行上没有监督机构和反馈机制，规划的执行率不高，在执行过程中遇到的各种问题也难以得到及时的更改和修正。更有甚者，有的部门用旅游规划来争取政策、资金支持，目的达到后，规划却被束之高阁，成为摆设。目前，《旅游发展规划实施评估导则》已发布，但工作还未落到实处，规划实施监管不力的现状还尚未得到根本改观。

（四）完善旅游规划工作

1. 修改、完善相关法规和行业标准

第一，法规、标准中增加预留旅游资源的概念，根据当地实际确定预留资源的比重。近年来，可持续发展理念已经深入各行各业，旅游可持续发展是指在保护和增加未来机会的同时满足现时旅游者和东道主的需要[①]，而在旅游规划的过程中如何能够达到这个标准，现行的旅游规划相关法规标准中并没有具体条文。由于各种局限性的存在，任何旅游规划都不可能对规划区域的旅游业做出完美的规划。同时，当代的科技水平以及人文环境并不能保证旅游资源在旅游开发的过程中不被破坏。现行的旅游规划随着社会的发展都要进行修编，或者直接重新编制。所以，预留一定的旅游资源给后人开发，是遏制旅游资源过度开发、达到旅游业可持续发展目标的一个有效途径。

第二，对旅游规划编制程序进行更科学的设计。《旅游规划通则》中虽对旅游规划的编制程序进行了规定，但比较宏观，造成了一些旅游规划的编制能简则简，这严重影响了旅游规划最终成果的质量。此外，法规、标准对旅游规划编制程序的表述应体现一定的强制性，以实现对旅游规划编制过程的监管，现行法规的强制性明显不够[②]。比如，《旅游规划通则》中关于规划评审人员组成的规定是：旅游发展规划的评审人员由规划委托方与上一级

---

①《关于旅游业的 21 世纪议程》，联合国大会第九次特别会议，1997 年。

② 周文静：《基于 TQM 的旅游规划法规体系优化》，《合作经济与科技》2011 年第 24 期，第 126-127 页。

旅游行政主管部门商定；旅游区规划的评审人员由规划委托方与当地旅游行政主管部门确定。旅游规划评审人员应由经济分析专家、市场开发专家、旅游资源专家、环境保护专家、城市规划专家、工程建筑专家、旅游规划管理官员、相关部门管理官员等组成[①]。这种模糊的条款直接导致了我国旅游规划评审人员水平参差不齐、旅游规划评审不严格的现象普遍存在。

第三，进一步明确旅游规划的内容体系，不同类型、不同级别的旅游规划应执行不同的内容标准。目前，《旅游资源分类、调查与评价》具体阐明了旅游资源调查、分析的技术方法，但其他旅游规划相关法规、标准中关于规划技术方法的条款比较原则化，执行起来没有具体的参照。旅游规划实践表明，旅游资源利用、旅游市场调查、旅游产业规模预测等工作急需规范。因此，建议制定更多详解规划技术方法的条款[②]。

2. 将可持续理念贯彻于旅游规划的全过程

可持续旅游发展是迄今为止最为科学的旅游发展理念之一，将该理念运用到旅游规划的全过程中，通过最优的规划思路实现旅游地生态环境、社会经济和民族文化的可持续发展，对遏制旅游资源的过度开发是十分有效的。科学而合理的旅游规划目标包括当地社区居民生活质量的改善、旅游经济的持续增长、生态环境的改善，以及旅游业的社会公平性和合理性；合理的旅游规划以社会发展和环境改善作为规划方案的评估标准；科学的旅游规划引入自然、人文环境价值评价体系对旅游资源进行评估；理想的旅游规划在项目建设中重视资源消耗水平，将环境损失计入项目成本；科学而合理的旅游规划会评估旅游业对区域自然与人文生态环境的长期影响[③④]。

3. 增强旅游规划的权威性，落实旅游规划的实施评估

为了保证旅游规划的有效执行，相关机构应增强旅游规划的权威性，并出台旅游规划实施办法。目前，旅游规划文本、图件及附件完成后，由规划委托方提出申请，旅游行政主管部门负责组织评审；规划评审通过后，

① 中华人民共和国国家质量监督检验检疫总局、中国国家标准化管理委员会：《旅游规划通则》（GB/T 18971—2003），中国标准出版社，2003 年。

② 周文静：《基于 TQM 的旅游规划法规体系优化》，《合作经济与科技》2011 年第 24 期，第 126-127 页。

③ 牛亚菲、王文彤：《可持续旅游概念与理论研究》，《国外城市规划》2000 年第 3 期。

④ 参阅周军：《可持续旅游规划的理论研究》，硕士学位论文，华中师范大学，2007 年。

一般由政府发布实施，也有部分规划由人大审议后发布实施。[①②]未来，为了增强旅游规划的权威性，建议将更多重要而科学的旅游规划报送人大审议通过后发布实施；同时，为了推进旅游资源的适度开发工作，建议政府将旅游资源保护与开发专项规划纳入法律强制要求编制的规划范畴。2015年，国家旅游局发布了《旅游发展规划实施评估导则》，该导则主要是针对旅游发展规划的实施评估制定了相应的标准，旅游专项规划仅可参照此导则开展评估，未来，建议制定专门针对旅游资源保护与开发规划的实施标准。

此外，规划委托单位和规划编制单位可达成长期合作协议。旅游规划编制完成后，一方面，有关部门要在规划实施过程中进行监管，并根据情况变化对原有规划做出及时、合理的修订；另一方面，规划的实施还需要专业机构跟踪指导，所以，规划委托单位应与编制单位协商，继续聘请规划编制单位承担起规划实施阶段跟踪、检查、指导的责任，开展后续服务[③]。

4. 建立旅游规划师职业资格认证制度

近年来，旅游规划市场的繁荣发展对专业旅游规划人才的需求越来越突出，旅游规划师也逐渐成为一种职业，国家旅游局早在2005年就颁布了《旅游规划设计单位资质等级认定管理办法》，制定了行业准入制度，这其实也承认并肯定了旅游规划职业的合理存在。但是，该管理办法对技术人员的要求集中在城市规划、营销管理、建筑设计等方面，并没有相应地提出对旅游规划方面专门人才的要求（表5-3）。

表5-3 《旅游规划设计单位资质等级认定管理办法》中对技术人员的要求

资质等级	对技术人员的要求
甲级	具备旅游经济、市场营销、文化历史、资源与环境、城市规划、建筑设计等方面的专职规划设计人员，其中至少有五名从业经历不低于三年
乙级	具备旅游经济、市场营销、文化历史、资源与环境、城市规划、建筑设计等方面的专职规划设计人员，其中至少有三名从业经历不低于三年
丙级	具备旅游经济、市场营销、文化历史、资源与环境、城市规划、建筑设计等方面的专职规划设计人员，其中至少有一名从业经历不少于三年

资料来源：中华人民共和国国家旅游局：《旅游规划设计单位资质等级认定管理办法》，2005年。

① 中华人民共和国国家质量监督检验检疫总局、中国国家标准化管理委员会：《旅游规划通则》（GB/T 18971—2003），中国标准出版社，2003年。

② 中华人民共和国国家旅游局：《旅游发展规划实施评估导则》（LB/T 041—2015），2015年。

③ 参阅刘涛：《旅游规划编制创新与实施协调机制案例研究——兼议旅游规划生产力问题》，硕士学位论文，天津商业大学，2012年。

旅游规划是一项知识密集型的工作，长期以来，从业人员的学历和规划经历是进入这个行业的考察标准和默许行规，但这样的标准却难以考察出从业人员的真实专业水准。这也就直接造成了我国旅游规划技术人员鱼龙混杂、旅游规划行业门槛过低的局面，长此以往，这种局面势必会干扰旅游规划市场的正常秩序，影响旅游规划行业的健康发展。

鉴于此，建议建立旅游规划师职业资格认证制度。职业资格的认证可以分为多个层次，最高层次可借鉴其他行业的职业资格认证经验，由人力资源和社会保障部与文化和旅游部联合推出，从旅游规划人员中考核选拔。另外，应要求取得旅游规划师资格的人员与专家在旅游规划成果上署名。这也就能够进一步明确旅游规划的法律责任归属，从而提高旅游规划的质量。

三、优化旅游资源产权制度

旅游资源的产权主要包括所有权、经营权和监督管理权，近年来，在旅游开发与保护过程中，关于旅游资源产权制度的优化与创新一直是大家探索的问题，而合理的产权分配制度能够明确旅游开发与保护中各利益主体的权、责、利关系，能够提高旅游资源的利用效率，并能对各方参与旅游资源开发与保护起到激励作用，能够约束旅游资源过度开发行为，对旅游资源的开发与保护大有裨益。

（一）旅游资源经营权转让模式概述

所谓旅游资源经营权转让，就是在坚持资源国家所有、严格保护、永续利用的前提下，在旅游景区内，经政府统一规划（或政府审批规划）后，把旅游资源的开发经营权剥离出来，通过政府与投资者签订保护开发、建设经营、管理协议，授权投资者依法有偿取得一定期限内（一般是 30 年至 50 年）的开发建设权、经营权及收益权，其核心是“国家所有、政府监管、企业经营”[①]。

我国旅游资源经营权转让始于 20 世纪 90 年代，1997 年，武陵源风景名胜区黄龙洞经营权转让拉开了我国旅游资源经营权转让的序幕，紧随其后，武陵源风景名胜区宝峰湖、四川碧峰峡、安徽黄山等知名景区（点）接连出

① 参阅阎友兵：《旅游景区经营权转让研究》，博士学位论文，天津大学，2005 年。

让旅游资源经营权，并形成了“两权分离”和“三权分离”的经营权转让模式。其中，以“三权分离”模式最为典型。目前，我国旅游资源开发处于由“政企不分”向“三权分离”过渡的阶段。

旅游资源经营权转让模式实现了国有资源与企业资本的优化组合，促进了资源的优化配置和有效利用，为利用充足的资本和现代企业管理手段打造旅游品牌创造了条件，从而找到了地方发展、企业创收、百姓致富的结合点，使旅游资源的经济效益、社会效益和生态效益达到统一①②。

（二）少数民族地区旅游资源产权现状

1. 产权运营“政企不分”仍是普遍现象

虽然早在20世纪90年代我国的旅游资源经营权转让工作已经开始，但是，由于少数民族地区大多地处偏远，相对封闭，经济、交通、市场等开发条件相对较差，旅游资源经营权的转让工作也就落后于我国东中部经济发达地区。除部分少数民族地区旅游资源实现了经营权转让外，大部分少数民族地区旅游资源的经营模式为：早期由地方政府直接参与旅游资源的开发、经营，后来出于规范性管理的需要，以国有公司的形式实现经营，但公司由政府自身组建，或者以旅游局一班人马、两块牌子的方式直接实现对景区的经营，或者另外组建公司进行开发，但公司的重大决定权依然由政府掌握。在这种情况下，政府同时对景区进行开发和管理，“既当运动员，又当裁判员”。这种开发模式使得开发中的社区利益分享、环境破坏等问题难以得到真正的重视与约束，开发行为也得不到有效的监督和控制。实现了旅游资源经营权转让的部分旅游资源的使用情况也不容乐观，其旅游资源的价值在经营权转让时并没有得到合理的评估，开发商常常以远低于旅游资源真正价值的价格拿到经营权，甚至有些地方还提出了景区经营权的“零成本转让”方式，这极易造成开发商对旅游资源过度使用、造成浪费等问题的出现③。

---

①《碧峰峡旅游开发模式初探》，中国生态学会生态·旅游·发展——第二届中国西部生态旅游发展论坛论文，北京，2004年，第8页。

② 参阅阎友兵：《旅游景区经营权转让研究》，博士学位论文，天津大学，2005年。

③ 参阅刘孝蓉：《文化资本视角下的民族旅游村寨可持续发展研究》，博士学位论文，中国地质大学，2013年。

2. 人文旅游资源产权具有特殊性

首先，我国少数民族地区旅游资源的所有权原则上归国家所有，部分归集体所有。《中华人民共和国宪法》第九条规定："矿藏、水流、森林、山岭、草原、荒地、滩涂等自然资源，都属于国家所有，即全民所有；由法律规定属于集体所有的森林和山岭、草原、荒地、滩涂除外。"①这就确定了自然旅游资源归国家或集体所有的性质。但人文旅游资源的所有权就相对复杂，少数民族地区人文资源是其民族旅游的主要吸引物，且人文旅游资源由所有民族成员承载与创造，其文化与生境密不可分，由居住于当地的居民世代传承。比如，非物质文化遗产是联合国认定的人文旅游资源之一，它最大的特点是依托于人本身而存在，以声音、形象和技艺为表现手段，并以身口相传作为文化链而得以延续，所以，非物质文化遗产的所有权归传承人所有。在以往的旅游资源开发中，针对此类私有产权的人文旅游资源，国家可以选择一些变通方式，如通过折价入股、利益分享等方式进行相应的补偿，但这也是少数民族地区旅游资源开发中较难把握和争议较大的地方，价值难以衡量、利益难以分配等，都困扰着少数民族地区旅游业的持续发展。

3. 管理机制混乱

从旅游资源的管理上来看，由于不同类型的旅游资源分属于不同的政府部门管理，A 级旅游景区由旅游部门管理，风景名胜区由建设部门管理，地质公园由国土部门管理，文物保护单位由文化部门管理，自然保护区由环保部门管理，寺庙由宗教部门管理，森林公园由林业部门管理，等等。很多少数民族地区的旅游资源同时有多个头衔，这就造成了旅游资源开发与保护过程中多头管理、各自为政、互相扯皮的局面，造成了旅游资源监督管理工作的失职与混乱，严重影响了旅游资源的可持续利用。

（三）少数民族地区旅游资源产权制度优化措施

1. 全面推进旅游资源产权由"政企不分"向"三权分离"过渡

随着我国旅游业的蓬勃发展，"政企不分"的旅游资源产权制度的弊端日益凸显：各地方政府代表国家无偿使用旅游资源，承担具体的经营决策的责任，但不承担盈亏后果，没有利益驱动，也没有相应的责任感和压力，这

---

①《中华人民共和国宪法》，1982 年第五届全国人民代表大会第五次会议通过，2018 年第十三届全国人民代表大会第一次会议修正。

必然导致旅游资源得不到合理的开发利用和保护，景区效益不好、亏损、管理落后等现象普遍存在，这严重影响了我国旅游业的可持续发展。旅游资源经营权转让自1997年出现以来，经过20多年的发展，已有较为成熟的理论指导和经验借鉴，湖南、四川两省已在旅游资源经营权转让工作中先行一步，取得了一些经验和成绩，从实际情况看，“三权分离”模式能较好地解决“政企不分”的各种弊端（图5-2）。

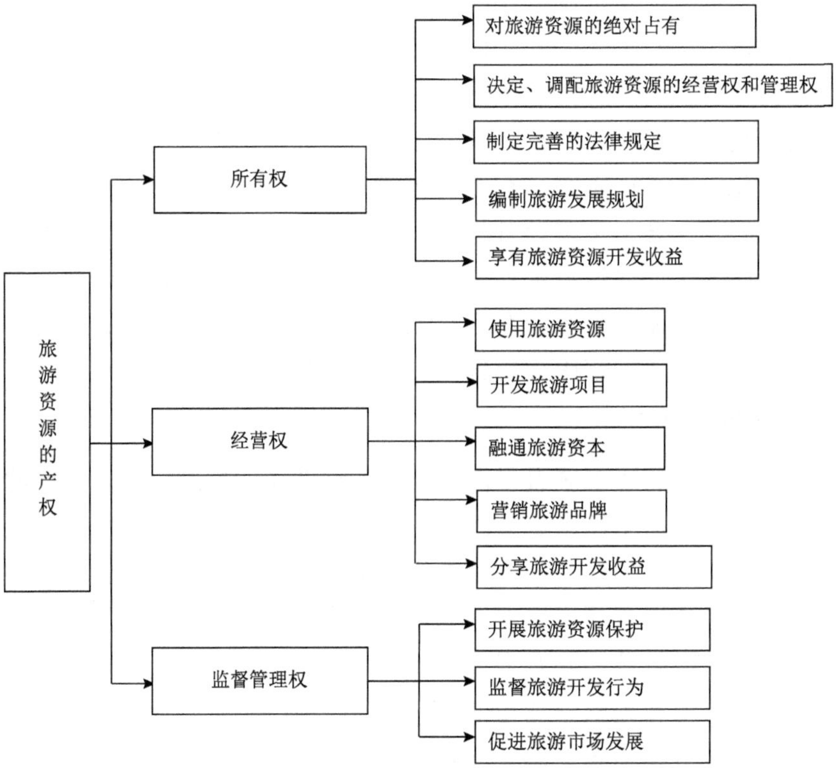

图5-2 旅游资源“三权分离”图解①

“三权分离”模式将旅游资源的所有权、经营权和监督管理权进行了明确的划分和规定。在三权分离的前提下，将经营权剥离出来进行招商，政府、企业的责、权、利明晰，各司其职，利益共享，基于较好的开发与利用政策，旅游资源得到合理的开发和利用。因此，在少数民族旅游资源的开发过程中，

① 刘滨谊、张琳：《旅游资源资本化的机制和方法》，《长江流域资源与环境》2009年第18卷第9期，第826-829页。

要进一步全面推进旅游资源“三权分离”模式，使其旅游资源的开发完全脱离“政企不分”的状况。

2. 科学评估旅游资源价值

旅游资源种类丰富、数量巨大，无论是自然旅游资源，还是人文旅游资源，对其进行科学的价值评估，都是旅游资源经营权转让、市场化经营的依据和前提。在以往的旅游资源经营权转让过程中，没有对旅游资源的价值进行全面评估，导致企业以低价拿到经营权，国有资产严重流失的情况时有发生。如四川碧峰峡转让的国有林有7000亩，期限为50年，转让价仅350万元，也就是每年、每亩国有林价值10元[①]。所以，少数民族地区当务之急是尽快建立旅游资源价值评估机制，确定旅游资源经营权的价格。

旅游资源的价值不同于一般资源，其价值首先决定于它的效用性，其大小则决定于它的稀缺性和开发利用条件，从旅游资源的价值构成来看，其总价值应包括使用价值和非使用价值，如图5-3所示。

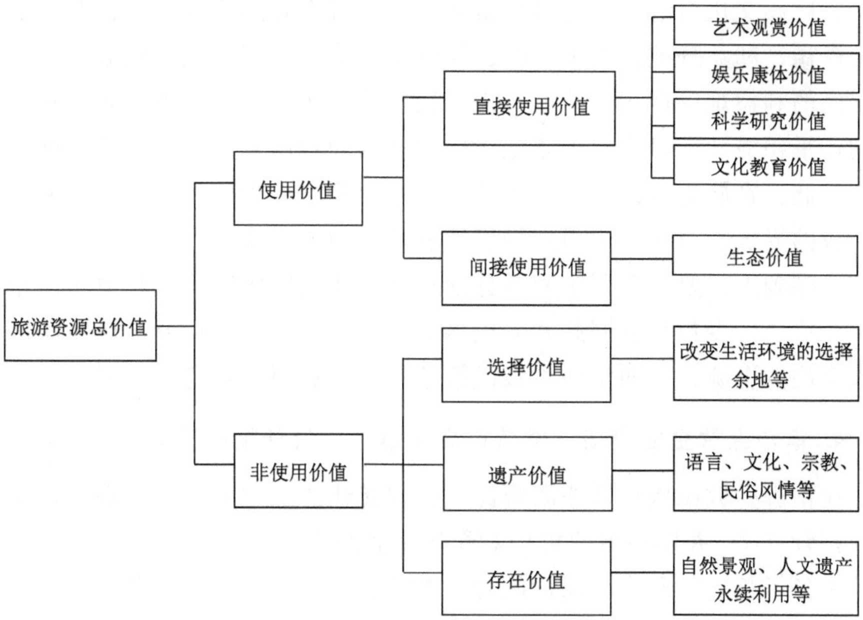

图5-3　旅游资源价值构成图[②]

① 参阅杨瑞芹：《公共旅游资源“三权分离”管理模式的构建》，硕士学位论文，青岛大学，2004年。
② 李向明：《旅游资源资产评估及其指标体系的构建》，《资源科学》2006年第3期，第143-150页。

在少数民族地区旅游资源价值的评估中，需要综合旅游资源本体条件、旅游地理环境条件、旅游市场供求条件、区域社会经济条件等多方面的因素进行定价，需要充分考虑旅游资源的非使用价值，聘请专业的评估机构，按照科学的评估体系进行综合评估，在此基础上才能确定合理的旅游资源经营权转让价格，从而规范市场，防止国有资产流失。

3. 重视人文旅游资源产权的界定

人文旅游资源中诸如哲学、信仰、文艺、礼节、婚恋、教育、娱乐、历法、生丧、禁忌等都难以对其价值进行评估。在少数民族地区旅游资源开发的过程中，尤其是在原生态少数民族聚居区进行开发时，这些人文旅游资源的产权难以界定，因为人文旅游资源是围绕着人展开的，其所有权不是属于国家所有，而是属于传承这些资源的当地居民所有。但是，在政府或企业对这些少数民族聚居地的旅游资源进行开发时，却没有对民族文化旅游资源产权进行界定，也没有对其价值进行科学的评估。在少数民族地区旅游业的发展中，民族文化旅游资源是吸引游客前来的最重要的旅游资源，但由于产权界定模糊，利益分配机制不完善，民族文化旅游资源被无偿或廉价利用，当地居民的利益难以保证，这就打击了民族文化旅游资源传承主体——当地居民的传承积极性，给少数民族地区旅游资源的利用带来了很大的困扰。

因此，在旅游资源产权优化的过程中，要重视少数民族地区人文旅游资源产权的界定，对于属于当地居民私有产权的人文旅游资源，在科学评估其价值的基础上，要合理制定利益分配机制，让当地居民从旅游中获得相应的收益，这样，少数民族同胞才会更多地意识到其文化的价值，自愿保护和传承人文旅游资源，从而实现少数民族地区旅游资源的可持续利用。

4. 审核经营企业资格，坚持市场化运作、公开招标选择

在推进少数民族地区旅游资源经营权转让的工作中，要严格审查受让企业的经营资格，并聘请专业机构对受让企业的资信实力、管理水平进行审核，当其具备了相应的开发、保护旅游资源的能力时，才能进行有条件转让。

在受让企业的选择上，要坚持市场化运作，面向市场公开招标，坚持公开、公平、公正的原则，确定统一规范的出让程序，才能优中选优，选择到实力最强的企业进行旅游资源开发、经营、保护。公开招标的形式可以充分体现当地旅游资源的价值，并在市场机制中得到较为合理的转让价格，可以很好地防止利用权力寻租、暗箱操作的现象发生。

5. 推行以股份制为基础的利益分配机制

股份制合作采取政府、公司、居民合作的方式，把土地、旅游资源、设施、资本、技术等量化作为股本入股参与旅游开发，利益则采取按股分红和按劳分红相结合的原则[①]。

股份制合作机制能够拓宽融资渠道，促进资本结构多元化，有利于少数民族地区旅游资源开发走市场化经营道路。以股份制为基础的利益分配机制，能够较好地解决少数民族地区旅游利益分配不公的问题，尤其是当地居民利益的分配问题。当地居民的人文旅游资源经评估定价后，都可折合为股份，有条件的居民也可以通过出资获得股份。建立股份合作制被普遍认为是促进少数民族地区社区参与旅游资源开发与保护、确保合理收益分配的有效措施之一。

6. 改革管理体制

旅游资源的管理权一般由旅游资源所在的地方政府各相关机构所掌握，但旅游资源的多重属性使其可能同时归属于多个部门管理，这样的管理格局，并不利于旅游资源的开发与保护，不仅会造成部门间因职责不明而互相推诿、管理混乱的局面，还可能会造成旅游资源的浪费。

因此，旅游资源管理体制的改革势在必行。少数民族地区旅游资源在数量和种类上都比较众多，不可能将所有少数民族旅游资源都划归国家统一管理。在少数民族地区层面上，可以设置有统一权限的行政管理机构，负责监督各景区的旅游资源开发行为，开展旅游资源的保护工作，促进旅游市场的发展。此前，国内有的地方采用综合管理委员会的形式来对景区进行管理，值得少数民族地区借鉴。此类管委会下设国土、环保、建设、旅游、财政、工商、税务、金融、公安、质量技术监督、水利、农业、商业等机构，统一行使行政管理权，形成统一决策、统一管理、统一保护，具有权威的综合行政管理职能。总之，建立综合行政管理机构，并保证其管理经费来源，是管委会能有效发挥其职能的根本[②]。

---

① 罗永常：《文化经济背景下的民族村寨旅游开发》，《思想战线》2006 年第 4 期，第 96-101 页。

② 参阅谯丹：《普者黑旅游产品转型升级研究》，硕士学位论文，云南大学，2010 年。

第二节 加大少数民族地区旅游资源适度开发执法力度

执法是实施法律法规的活动。《中华人民共和国宪法》规定：国家行政机关是国家权力机关的执行机关[①]。法律法规制定出来，必须要在社会生活中得到遵守和执行，否则就是一纸空文，没有任何效力和权威。如果执法不严，甚至滥用行政执法权力，不仅有损政府形象和公信力，更重要的是破坏了公共秩序。因此，法律法规颁布出台后，能否贯彻落实、严格执法，尤其重要。同样，对于遏制少数民族地区旅游资源过度开发、推进旅游资源合理利用和保护工作而言，执法也是关键。

一、更新旅游资源保护执法的理念

执法理念是执法部门建设及执法思想的最高指导，随着依法治国方略的确定，树立适合时代发展的、先进的执法理念，是旅游资源保护执法工作顺利开展的有效保障。

（一）依法行政理念

依法行政是依法治国基本方略的重要内容，是指行政机关必须根据法律法规的规定设立，并依法取得和行使其行政权力，对其行政行为的后果承担相应责任的原则[②]。在执法过程中，执法人员的权力，必须在法律允许的范围内使用，绝对不能够越权或者违法施政。同时，执法人员必须认识到，法律的功能不仅仅是管理和制裁，更重要的是确立行为准则，从而起到指引、教育和规范作用。在少数民族地区旅游资源保护执法工作中，政府执法人员扮演的是裁判员角色，必须增强法律意识，避免出现违法行政行为，只有切实做到依法行政，才能杜绝旅游资源过度开发情况的发生。

---

① 《中华人民共和国宪法》，1982 年第五届全国人民代表大会第五次会议通过，2018 年第十三届全国人民代表大会第一次会议修正。

② 徐继敏：《行政法学》（第 2 版），四川大学出版社，2013 年，第 26 页。

（二）防患于未然理念

执法人员要充分发挥主观能动性，深入少数民族地区旅游资源开发、经营的基层以掌握真实情况，把行政执法工作与各项旅游业务对接起来，采用事前介入、提前告知、宣传政策、后果预警的办法，尽量把旅游经营者过度开发的倾向扼杀在萌芽期，起到事前预防的作用。同时，把严肃执法和法制教育有机结合起来，在深入基层的过程中，加强对旅游经营者的普法教育工作，帮助旅游经营者树立旅游资源保护观念和法治观念，从而变被动服从为主动保护。

（三）效率优先理念

旅游资源具有脆弱性和不可再生性，在旅游资源的开发利用中，若利用不当或利用过度的话，资源质量会迅速下降，甚至会被完全破坏，而无论是自然景观，还是历史文化，一经破坏都很难恢复，即使采取补救措施，也难以复原。同时，由于旅游资源的管理涉及多个政府部门，权力分散导致的低效率会错过旅游资源保护的最佳时机，容易将“事前预防”拖延为“事后处理”，这样的执法形式不利于遏制少数民族地区旅游资源的过度开发。因此，需要赋予少数民族地区旅游资源管理部门决策权、监督权、协调权和执行权，使其能够担负起统一管理的责任，提高执法的效率，避免诸如“公地悲剧”情况的发生，保障其旅游资源的保护。

二、推进旅游资源保护综合执法

我国以往旅游行政执法的主体主要有三种：一是根据机构改革“三定”方案（规定主要职责、内设机构、人员编制）取得行政执法权的各级旅游行政管理部门（旅游局或旅游发展委员会）；二是为受理旅游服务质量的投诉成立的国家、省（自治区、直辖市）、州（市）三级旅游质量监督管理所；三是为了不断提高旅游服务质量，部分省（自治区、直辖市）成立的旅游综合执法大队、执法大队或旅游监察大队，从旅游、公安、工商、物价、交通、卫生等部门抽调人员，采取委托授权、集中办公、统一行动的方式执法[①]。

① 参阅马丽：《贵阳市旅游行政执法问题与对策研究》，硕士学位论文，贵州大学，2009年。

国家旅游局对质量监督管理的工作十分重视，成立了旅游质量监督管理所，并于1995年发布了《全国旅游质量监督管理所机构组织与管理暂行办法》，对各级质量监督管理所的机构设置、人员配备、职责范围和基本工作制度做出规定[①]。至1997年，全国各省、自治区、直辖市及旅游发达地区的州、市、县均设立了旅游质量监督部门，为保证旅游业的健康发展创造了条件。

在遏制少数民族地区旅游资源过度开发和推进旅游资源保护的工作上，执法可采用旅游行政管理部门执法和旅游资源保护综合执法相结合，并进一步推进旅游资源保护综合执法工作的方式。少数民族地区旅游资源的开发与保护涉及国土、环保、水利、建设、文化、林业等多个部门，整合相关部门的力量，形成旅游资源保护综合执法的格局，不仅可以切实提高执法效率，而且能够有效杜绝执法过程中多部门间相互推诿的情况发生。在少数民族地区旅游景区层面，可依托近年来兴起的旅游景区综合管理委员会的行政管理权，做好基层景区综合执法工作。当然，旅游资源保护综合执法机构也有其局限性，还需要各职能部门的支持与配合，原有职能部门应坚持自身的工作侧重点，做好事务性、非特定性的管理服务，并着眼于整个管理领域，加强对旅游资源保护综合执法的业务指导[②]。

三、实行旅游资源保护行政执法责任制

在对旅游资源保护综合行政执法职能进一步整合的前提下，行政责任明细化则是推进旅游资源保护工作的又一动力。如果政府各职能部门的职责划分不明确，就会导致分工不明、急功近利、保护不力等情况的发生，从而不利于旅游资源的可持续利用。因此，需要实行旅游资源保护行政执法责任制。在国家层面上，要全面贯彻落实《中华人民共和国行政处罚法》《中华人民共和国行政许可法》《国务院办公厅关于推行行政执法责任制的若干意见》等法律法规。在地方层面上，要根据各地方实际，完善并落实地方行政执法相关法规、条例，同时可以建立由监察机关牵头，审计等部门参与的行政执法过错责任追究机制，坚持实事求是、违法必究、处罚与教育相结合、责任与处罚相适应的原则，严肃追究旅游资源保护行政执法

① 参阅马丽：《贵阳市旅游行政执法问题与对策研究》，硕士学位论文，贵州大学，2009年。
② 参阅吴丹：《旅游市场综合行政执法研究》，硕士学位论文，辽宁大学，2013年。

过错责任，界定过错责任追究范围，规范过错责任追究程序，及时纠正错案，以规范旅游资源保护行政执法行为[①]。

四、提高相关执法人员素质

执法最终是由执法人员来进行的，执法人员的素质直接决定着执法的公正与否、廉洁与否、高效与否。2013 年发布实施的《旅游行政处罚办法》第十条规定："县级以上旅游主管部门应当加强行政执法队伍建设，强化对执法人员的教育和培训，全面提高执法人员素质。"[②]从既往的情况来看，由旅游执法人员素质不高导致的有法不依、执法不严现象时有发生，因此，提高旅游执法人员素质势在必行。在少数民族地区，第一，在执法人员的录用选拔阶段，需要选择具有旅游法律专业背景的人员，并严把考试录用关，优选人才。第二，在工作过程中，要坚持对执法人员进行定期或不定期的旅游业务知识培训，尤其要加强法制宣传教育，促使旅游执法人员的知识结构不断更新，在法律知识的掌握与运用、法律意识的强化和法治观念的形成方面与时俱进。第三，除了要具备专业法律知识以外，执法人员还要有良好的职业道德，这样才能在执法过程中坚持原则、抵制诱惑、公正执法。总之，少数民族地区各级旅游行政部门要切实抓好旅游资源开发与保护执法队伍的建设工作，通过短期引进人才、长期培育人才等方法，达到执法人员积极学法、准确用法、精于执法的目标。

五、运用先进科技手段建立执法监控系统

在遏制少数民族地区旅游资源过度开发、促进旅游资源保护的工作中，需要通过建立执法监控系统来提高执法水平。第一，运用信息管理系统技术，将旅游景区、旅游企业及其开发经营的相关信息纳入数据库，且建立旅游资源保护的执法档案，通过信息技术对输入的信息进行系统整理和归类，明确各旅游资源单体开发与保护的具体情况，便于执法部门更有针对性地开展执法工作。第二，在互联网技术十分发达的今天，信息管理系统可实现全国联

① 参阅余欢：《贵州省旅游资源保护法制研究》，博士学位论文，中央民族大学，2010 年。

② 国家旅游局：《旅游行政处罚办法》，2013 年 5 月 12 日开始执行。

网，旅游开发与经营的信息一经录入，全国各地的行政执法部门均可在信息管理系统内查询，这样，就可以实现执法部门对旅游开发经营者的行为进行跨地域的关注和监督，从而避免不必要的重复工作，提高执法效率，减轻工作负担。

第三节　健全少数民族地区旅游资源适度开发监督惩戒机制

在旅游资源开发与保护的法律法规趋于完善、管理体制不断优化、执法力度不断加强的情况下，做好监督工作十分重要，旅游资源开发与保护的监督管理是旅游业可持续发展的重要环节之一。近年来，我国旅游业都实行以政府为主导的，行政监督与公众监督相结合的监督制度，主要呈现出以下特征：首先是政府的主导性；其次是涉及多个部门；再次，随着社会主义民主建设的发展和信息流通的加速，越来越多的群众参与到监督中来。[①]少数民族地区由于地处偏远，社会经济发展水平与东中部地区有一定的差距，在旅游资源开发与保护的监督工作上也相对落后一些，这就造成了少数民族地区部分旅游资源直至被过度开发、严重破坏后才引起关注和重视。所以，遏制少数民族地区旅游资源过度开发的措施要从多方面着手，多管齐下，加快健全旅游监督机制的意义重大。

一、积极接受国际组织的监督

世界级的旅游资源是我国品质最高的旅游资源，其价值之高世界公认，很多资源一旦被破坏就很难恢复，对于整个人类社会都是很大的损失，因此，世界级旅游资源合理利用和保护工作的重要性不言而喻。对于被评定为世界遗产的我国少数民族地区的旅游资源，要严格遵守《保护世界文化和自然遗产公约》，接受世界遗产委员会及其他相关组织的监督。近年来，联合国对

---

① 董芳：《民族地区生态旅游监督的缺陷与改进》，《中国高新技术企业（中旬刊）》2010 年第 11 期，第 40-41 页。

我国世界遗产的开发与保护工作也给予了很大的支持，已多次在我国境内举办了旅游大会、论坛、研讨会，已对我国多处世界遗产的保护工作进行了监测和考察，并为我国世界遗产的保护提供了技术和资金上的支持。我国作为联合国安理会常任理事国之一，在自觉接受联合国监督的同时，要对境内世界遗产的保护作出严格要求，要在世界遗产的合理利用和积极保护上做出表率，要在“保护为先”的前提下将最本真、最美好的自然景观、人文景观展现在全世界人民面前。

二、坚持政府主导的监督机制

在我国旅游资源开发与保护的过程中，政府一直处于主导地位，在监督工作上，国家旅游局设有监督管理司、旅游质量监督管理所等，各级旅游局（旅游发展委员会）也均设有旅游监督相关部门，而其监督工作主要集中在对A级旅游景区的监督上。2013年，国家旅游局发布实施了《旅游行政处罚办法》。2015年1月，在江西南昌召开的全国旅游工作会议上，国家旅游局领导表示，国家旅游局将推出督办制度，要对重大旅游市场秩序事件加强督办，强化地方政府对旅游市场治理规范的主体责任，要建立旅游目的地警示制度，对整治不力、管理不善的地方，发出整改通知，根据整改效果，分级发布红、橙、黄、蓝旅游警示，并要摘掉一批市场秩序混乱的A级旅游景区牌子，处罚一批有违法违规行为的企业。[①]可以看出，国家旅游主管部门对旅游行业的监督工作越来越重视。未来，各级政府部门可以从以下几方面入手，优化旅游资源合理开发与保护的监督机制。

（一）完善旅游景区监督行业标准

从国际经验来看，分级标准化的方法被证明是有效的资源保护和管理手段，并且得到了大多数国家的采用。在我国，关于旅游景区的国家分级标准只有2003年发布实施的《旅游区（点）质量等级的划分与评定》国家标准，该标准对五个等级的旅游景区的划分条件分别进行了规定。但是，随着旅游

---

① 王珂：《国家旅游局表示：A级景区秩序混乱就摘牌》，2015年1月16日，http://travel.cnr.cn/list/20150116/t20150116_517442746.shtml。

景区十余年的发展，现行的国家标准已不能完全适应景区的发展趋势。其中，关于旅游资源和环境的保护部分也只有原则性的规定，过于笼统、不够细化。因此，需要进一步完善《旅游区（点）质量等级的划分与评定》国家标准，增加新时期对旅游资源与环境保护的要求，从而推进旅游等相关行政部门监督与管理工作的顺利实施。下一步，各级政府部门还可出台专门的旅游景区资源与环境保护的行业标准，从而为少数民族地区旅游景区的管理、监督提供专门化、细致化的法律依据。

（二）加强旅游景区开发与保护的监督工作

鉴于我国旅游资源多重属性所造成的多头管理的现状，在前面章节中已提出要改革管理机制，以建立综合管理委员会的形式来对旅游景区进行管理。综合管理委员会的设置能够整合多个行政管理部门的管理权限，对旅游景区实行统一管理，从而避免多头管理所造成的权责不明、管理不清的状况。在少数民族地区旅游资源开发与保护的监督工作中，从综合管理委员会入手，可在管理委员会设置监督管理部门，与管理委员会内的其他职能部门沟通配合工作，对当地旅游资源的开发与保护行为进行直接监督、及时处理。

三、加强旅游行业协会（组织）的监督

行业社会组织有助于减少政府部门的工作负担、工作成本，是政府职能部门的重要补充和拓展，能够充分调动行业的积极性、寻求有效的集体行动、发挥行业集体理性，从而实现旅游资源的有效保护和行业的规范管理。我国第一个旅游行业组织是于 1986 年 1 月经国务院批准成立的中国旅游协会，于 1993 年 3 月经民政部核准重新登记，该协会接受国家旅游局（现文旅部）的领导，接受民政部的业务指导和监督管理。随后，在政府力量的推动下，全国各地均成立了地方旅游协会。除了旅游协会以外，还有联合会、研究会、基金会、促进会等类型的行业社会组织。目前，以旅游协会为代表的旅游行业组织在行业自律、行业监督上取得了一定的成果，但其效能还未得到充分的发挥，这与我国旅游协会的行政依附性较强有很大的关系。未来，要加强旅游协会的监督作用，可从以下几方面入手。

第一，我国将行业协会视为一般社会团体组织进行管理，其成立运行的

法规依据是《社会团体登记管理条例》[①]，而旅游协会在旅游监督管理中发挥着重要作用，是承担旅游行业部分监管职能的组织，一定程度上具有与旅游行政管理部门同等重要的地位。所以，有必要进一步明确旅游协会的法律地位，使其监督管理行为权威化，进一步推动其监督管理职能的有效实施。

第二，我国旅游协会是由旅游行业及相关行业的社团组织、旅游经营主体在自愿平等、义务缴纳会费的基础上组建的，其首要职能是自律。所以，旅游协会要在其内部组织架构设置和职能分配方面与旅游行政管理部门区分开来。旅游行政管理部门可根据旅游行业协会的实际需要出台相应的法规，以此规范组织管理、明晰职能分配、规范行业秩序、推动行业可持续发展。旅游行政管理部门也要放手让行业协会充分发挥其规范行业秩序的职能，并提供相应的政策支持和交流平台[②]。

第三，我国旅游协会的监管工作主要集中在旅游服务质量的监管和旅游纠纷的处理上。中国旅游景区协会是与旅游资源开发保护最相关的专业协会，但其主要职能是积极开展调查研究、沟通协调、业务交流、岗位职务培训和市场开拓等活动，积极推进行业自律，努力提高景区行业服务水平和核心竞争力，在政府和会员之间发挥桥梁纽带作用[③]。由此可以看出，对旅游景区资源合理开发与保护的监管并未纳入中国旅游景区协会的主要职能中。未来，少数民族地区各级旅游协会需把对旅游资源开发与保护的监管纳入其主要职能中，旅游资源是旅游业发展的根本，旅游行业协会可从旅游资源等级评定、可持续利用等方面入手，对旅游资源的可持续利用进行有效的监督和管理。

四、强化基层监督机制

（一）社区居民监督

社区居民是与少数民族旅游目的地联系最为紧密的公众群体，旅游业的发展给社区居民带来了就业和增收的机会，这也离不开社区居民的支持和配合。在一些少数民族地区，社区居民甚至是旅游资源的一部分，是民族活态

① 刘湘科：《行业协会政府管制探析——以方便面协会合谋涨价为例》，《经济论坛》2008 年第 23 期，第 72-74 页。

② 参阅王敏：《旅游监管法律制度研究》，硕士学位论文，北京交通大学，2007 年。

③ 中国旅游景区协会官方网站，http://www.chinataa.org，2015 年 6 月 3 日。

文化的传承者、创造者与展示者。相对于旅游经营者与游客，旅游业的发展更关系到当地社区居民生活的各方面，旅游资源是否得到合理的利用与保护关系到社区居民的生存与发展。社区居民更关注当地旅游业的可持续发展，更注重旅游资源的保护。因此，让社区居民成为旅游资源保护的监督主体，参与到当地旅游业的管理和决策中，是促进少数民族地区旅游资源合理开发与保护的有效途径。具体说来，政府与旅游经营者要公开旅游资源开发与保护的相关信息，对重大旅游开发项目进行公示，从而让社区居民了解并监督当地旅游资源的利用状况。

（二）专家监督

高等院校、科研机构的旅游专家对旅游业进行了长期而深入的研究，对全行业现状和发展趋势的把握较好，对旅游资源的合理利用和保护也有更深层次、更专业的理解和认识。所以，专家加入到旅游资源合理开发与保护、遏制旅游资源过度开发的监督工作中来，能够提出更理性、更科学的意见和建议。这对少数民族地区景区的建设、对其旅游资源的合理利用具有重要意义。同时，专家的监督工作重点可放在旅游资源开发的前期论证阶段，这样能够防患于未然，防止少数民族地区未来旅游资源过度开发的现象发生。

（三）旅游者监督

在旅游过程中，游客对旅游目的地的体验最为深刻，对旅游生态环境与人文氛围的感受也是最直接的。因此，游客的游览体验在一定程度上能够反映旅游资源的开发利用状况是否合理，少数民族地区脏乱差的旅游环境、被破坏的自然景观、过度商业化的民族文化等都会降低游客的体验满意度。所以，可以通过问卷调查、设置游客信箱等方式来收集游客的意见和建议，以此对少数民族旅游目的地的旅游资源开发状况进行监督。

（四）组建旅游监督员队伍

近年来，我国部分省（自治区、直辖市）的旅游行政部门通过招募旅游监督员来对当地的旅游行业进行监督，监督员来自各行各业，包括旅游专家、教师、企事业单位职工、公务员、律师、记者、作家、摄影师等多个群体，监督员多为义务工作性质，部分地方旅游行政部门对监督员监督过程中产生的门票、住宿等费用给予一定的补贴，监督员及时将监督中发现的问题反馈给旅游相关部门。这种方式可以将社会中热爱公益事业和旅游事业的公众力量组织起来，并提供反馈渠道，有利于旅游行政部门更多、更快地收集公众意见，从而完善对旅游行业的监督工作，是一种值得在少数民族旅游资源开发与保护监督中推广的方式。

五、建立行政管理内部监督机制

行政管理部门的内部监督是制约行政权的重要手段，其功能是防止行政机关的专断和腐败，及时发现并纠正行政管理活动中的违法或不当行为。在少数民族地区旅游资源的开发与保护过程中，旅游行政管理部门的行为必须接受有效的内部监督。为了防止旅游行政机关集“裁判员”和“运动员”于一身，避免其集行政决定权、许可权、复议权、处分权、处罚权、裁决权于一体情况的发生，应将行政管理权和行政监督权完全分开，也就是说，要在设置上就把行政管理部门和行政监督部门完全分开，组成相对独立的行政监督处罚部门，脱离地方政府的行政体制，隶属于中央政府职能部门，实行垂直管理，这样才能对旅游行政行为进行有效的、直接的监督。

六、运用多种监督手段

（一）加强信息化技术在旅游资源开发与保护监管中的运用

传统的监督方式有巡视、暗访、信访、听证会等，随着互联网的普及，网络逐渐成为更为自由、快捷、方便的表达和收集意见的平台。过去，国家旅游局已建立了“旅游质监与投诉管理系统”“中国旅游诚信网”等管理信息系统和网站，部分省（自治区、直辖市）也搭建了自己的网络平台用于旅游行业的监督工作。未来，少数民族地区旅游行政管理部门不仅要运用好部门内部的各种管理信息系统，还可在网站建设中搭建民意测试网站平台，面向公众收集旅游资源开发与保护的意见和建议，同时，可运用微博、微信等社交网络平台发布重要信息、收集反馈意见。

（二）充分发挥媒体的监督作用

在传媒业高度发达的现代社会，尤其是在电视、网络媒体普及的背景下，很多事件都是通过媒体的曝光第一时间进入大众视野、引起广泛关注的。少数民族地区可以利用媒体传播速度快、范围广、效率高、受众多的优势，发挥其不容小觑的舆论监督力量。在其旅游资源开发的过程中，一方面，对旅游资源过度开发的行为进行曝光，对开发经营者形成舆论压力；另一方面，则是要做好旅游资源合理开发与保护的宣传工作，做出正确的引导，树立旅游经营者的适度开发理念，提高公众的保护意识。

（三）鼓励公众进行监督

如前所述，各省（自治区、直辖市）在组建旅游监督员队伍的工作中，应对义务监督员在监督过程中产生的门票、住宿等费用给予一定的补贴一样，在少数民族地区，对于普通公民在旅游资源合理利用与保护工作中做出重要贡献的监督行为，特别是对于检举破坏旅游资源以及过度开发旅游资源者，相关部门也应给予适当的奖励，这样，能够提高公众主动参与旅游资源开发与保护监督工作的积极性。

第四节　构建少数民族地区旅游资源适度开发激励机制

少数民族地区旅游资源的开发与保护主要牵涉到政府、企业和当地居民的利益，各利益相关者均在旅游资源的开发与保护中充当一定的角色，他们因各自追求的目标不同，认识问题的角度不同，相互之间的诉求点也就不同。在防止少数民族地区旅游资源过度开发的进程中，完善法律法规、理顺管理体制、加大执法力度、健全监督机制等都是约束性质的措施，而怎样去激发利益相关者主动保护旅游资源的动机，促成各利益主体的自觉保护行为也非常重要。因此，构建合理的激励机制，引导政府、企业及当地居民合理地利用和积极地保护旅游资源，将更加有利于推动少数民族地区旅游资源的适度开发和旅游业的可持续发展。

一、针对政府部门的激励机制

由于我国政府现行的政绩考核制度以及任期问责制度的存在，任期有限的地方政府领导大多十分看重 GDP 等考核指标，如此，部分地方政府领导片面追求在任政绩而过度开发旅游资源的情况就在所难免。少数民族地方政府作为旅游资源开发与保护的重要监管者，把获取政绩作为旅游资源开发的主要导向，当地旅游资源的保护就存在一定问题。因此，要扭转这样的局面，最根本的就是改革政绩考核机制。

（一）把旅游资源合理利用作为政绩考核指标

目前，我国主要通过政绩来对政府工作人员的工作进行考核，为了激励少数民族地区官员积极保护旅游资源，需要把绿色 GDP 以及旅游资源合理利用等纳入其政绩考核中，并将其作为政绩考核的重要指标。绿色 GDP 是指一个国家或地区在考虑了自然资源（主要包括土地、森林、矿产、水和海洋）与环境因素（包括生态环境、自然环境、人文环境等）影响之后的经济活动的最终成果，即从 GDP 中扣除自然资源耗减价值与环境污染损失价值后剩余的 GDP，也被称为可持续 GDP[①]。绿色 GDP 不仅能够反映区域经济增长水平，还能反映经济增长与自然、人文环境和谐统一的程度。因此，将绿色 GDP 纳入对少数民族地区政府领导的政绩考核中，有利于真实衡量和评价当地经济增长活动的现实效果，能够克服片面追求经济增长速度的倾向和促进经济增长方式的转变，绿色 GDP 占 GDP 比重越高，表明国民经济增长对环境的负面效应越低，经济增长与自然、人文环境的和谐度越高。这样可从根本上改变 GDP 至上的政绩观，增强少数民族地区政府领导的生态环境保护意识，激励他们主动地合理利用和保护旅游资源，从而遏制当地旅游资源的过度开发。

（二）完善地方政府领导任期考核制度

按照现行制度，省、县、乡人民政府每届任期为 5 年。一般来说，地方政府领导要想有所作为，就一定要熟悉当地的基本情况，这样才能根据实际

---

① 王琼、史广峰、赖启福：《云南旅游品牌发展与对策分析》，《经济与管理》2005 年第 7 期，第 77-80 页。

情况制定战略方针和正确地做出判断和抉择，而这需要一定的时间。政策出台和战略实施后，要取得成效更需要时间和耐心。然而，部分工作人员在其任上还干不到5年就升迁、调离了，能连续工作两届以上的主要领导往往为数不多。于是，如何在短时间内取得显著的成绩，就成为不少部分地方政府领导的目标，这也就造成了他们对社会效益、环境效益的忽略。同时，一个地区一旦更换政府相关部门领导，接任者又会有新的思路，甚至会推翻前任的抉择，从头做起。因此，要改变这样的局面，需要相对稳定当选官员的任期，避免任期短暂的弊端。同时，需要改革地方政府领导的考核制度，不能只对其任期内的作为进行考核，需要对其任新职前后的一贯表现进行考评，通过连续性考核形成对地方政府领导的全面评价。如此，才有利于少数民族地区实现旅游资源的合理利用和保护的目标。

（三）创建民族旅游品牌，增强政府的保护信心与责任

旅游品牌是指能给旅游者带来独特精神享受的一种利益承诺，它建立在旅游资源或旅游地域的独特性之上，同某个具体旅游产品或旅游产品群相关联，并且表明了此项承诺的来源与标准①。旅游业品牌化对一个地区的旅游业意味着能带来更高的经济利润，也意味着对当地的旅游自然与人文环境提出了高要求②。所以说，少数民族地区旅游品牌的构建会给当地政府以无形的压力，激励其在旅游开发中兼顾环境效益和社会效益。在少数民族地区，可鼓励当地政府通过创建中国优秀旅游城市、申报国家级甚至世界级遗产、创建A级旅游景区等形成旅游品牌，提高其旅游资源的知名度，从而带来经济效益，增强当地政府保护旅游资源的信心与责任。

二、针对旅游企业的激励机制

在我国旅游资源经营权转让不断推进的形势下，旅游企业逐渐成为旅游资源开发经营的重要主体，同样承担着旅游资源开发与保护的重大责任。企业以盈利为目的，因此，对于旅游企业的激励，要做到在追求利润最大化的同时兼顾旅游资源的保护。

---

① 姚作为：《我国旅游业品牌化进程初探》，《经济经纬》2001年第5期，第94-96页。

② 王琼、史广峰、赖启福：《云南旅游品牌发展与对策分析》，《经济与管理》2005年第7期。

（一）明晰旅游资源产权，明确旅游企业责权利

在旅游资源产权明晰的条件下，旅游企业的利益可得到相应的保证，其积极性会得到充分调动，可以全身心投入到旅游开发经营活动中，且自觉加强旅游资源的保护工作，从而实现旅游资源的可持续开发。此外，在近年来旅游资源产权关系不断优化、旅游景区股份制公司越来越多、旅游景区上市公司不断增加的背景下，旅游企业的资本结构趋于多元化，国有股份与私企股份均成为旅游景区的资本来源。因此，在少数民族地区，针对旅游经营者可以设置股权激励制度，对于企业高层管理人员，在其决策着眼于当地旅游资源的合理利用与保护、追求旅游业可持续发展、抵制片面追求短期效益的前提下，基于其能够做好景区战略规划和正确把握企业发展方向，应给予其一定数量的公司股票，因有这样的激励制度，高层管理人员可以股东身份参与企业决策、分享利润、承担风险，便能全心全意、尽心尽力地为公司的长期发展服务，从而推动当地旅游资源的可持续利用。

（二）政府给予一定的保护资金

针对旅游资源的保护、保养、维护和修缮，少数民族地区政府可设立专项资金，对这方面做得好的企业，可从中拨付一定资金支持，以示肯定和鼓励。当然，对于如何评价企业在旅游资源保护工作上的好与坏，少数民族地方政府需运用旅游资源适度开发评价模式，结合当地实际进行评判，在此基础上对专项资金的分配进行分层列级，哪个企业旅游资源保护工作做得越好，配套奖励资金就越多。此外，我国少数民族地区经济相对欠发达，旅游资源所处区域普遍较为偏远，基础设施差、开发难度大，因此，当地政府还可设立旅游扶贫资金，用于激励企业对少数民族地区的旅游资源进行合理开发与保护。

（三）运用税费补偿、贷款贴息激励保护

税收政策是国家调节经济发展的有力杠杆，会直接影响经济的健康运行发展，而税费补偿是政府在招商引资、吸引企业入驻、激励企业发展时使用的重要手段。贷款贴息是国家为了支持某行业或企业，对其实行利息补贴政策。在遏制少数民族地区旅游资源过度开发、推动旅游资源可持续利用的进

程中，税费补偿、贷款贴息同样适用，这些手段可以降低企业的运营成本、减少企业的经营风险。在旅游资源经营权转让之初，政府就可以与企业在合同中约定：如果企业在旅游资源合理利用与保护上所做的工作达到预期目标，企业即可得到一定的税费补偿或贷款贴息。这样，不仅可以增强旅游企业保护旅游资源的积极性，而且可以将更多的资金投入到资源保护中去。

三、针对当地居民的激励机制

当地居民是少数民族旅游目的地风貌、景观、风情的创造者和维护者，从民族旅游的角度来看，当地居民甚至是旅游目的地人文旅游资源的重要组成部分。因此，当地居民在旅游资源的合理利用与保护中有着不可替代的作用，激励当地居民自觉保护旅游资源与传承民族文化至关重要。

（一）优化经济利益分配机制

我国少数民族地区大部分地处偏远，经济发展相对滞后，对于当地居民来说，旅游业发展给他们最深切的感受就是可以为其带来更多的经济利益，可以带来更多就业、致富的机会。因此，在激励当地居民自觉保护旅游资源、防止旅游资源过度开发的工作中，重要的是从经济利益分享上着手，启动利益驱动机制。

第一，在一定意义上说，级别高、保护好的旅游资源一般都处于偏僻之地。因此，在进行旅游基础设施建设的工作中，需要充分照顾当地居民用水用电、道路交通、通信设备、医疗卫生、教育设施等方面的诉求，将旅游资源开发与提高当地居民的生活水平相结合，让当地居民切实从旅游开发中受益，这样才能增强当地居民对政府和旅游企业的信任度，从而自觉保护旅游资源。

第二，需要尽量和不断增加当地居民的就业机会和经商机会。当地政府在选择、扶植旅游经营企业的时候，就要对企业提出解决当地就业的要求。在雇用员工时，旅游经营企业应优先考虑、选择旅游地当地居民，尽可能地为当地居民提供更多的工作岗位。同时，政府和企业要有计划、分步骤地支持、引导当地居民参与旅游经商，如经营农家乐、民俗体验项目，加工出售民间工艺品和土特产，开发与经营观光农业等。政府、企业还应提供技术指导、资金支持等。如此，能够激发当地居民保护旅游资源的积极性。

第三，需要促进旅游目的地当地居民参与、组建旅游股份合作组织，支持农户参与旅游开发商的生产联合、规模经营、集约经营，实现劳动产业化、分工专业化，努力提高当地居民的旅游收益，使其深刻认识到保护旅游资源就是保护生存发展①。

第四，在旅游资源产权明晰的基础上，针对少数民族活态文化这种以当地居民自身为载体的旅游资源，需要通过折价入股的方式给予补偿，支持居民持股，保障居民的利益，激发当地居民对自身民族文化的认同感和自豪感，从而自觉传承、保护传统文化资源。

（二）完善征地与拆迁补偿制度

在旅游资源开发的过程中，征地、拆迁不可避免，而在政府主导的少数民族地区旅游业发展的过程中，当地居民在拆迁和征地中通常只能服从政府的安排，如何补偿、何时补偿都由政府说了算，各地的补偿标准也各不相同。虽然政府已制定了一些法规条款用于规范征地、拆迁工作，但还不够完善，部分少数民族地区的征地、拆迁补偿工作尚存在混乱无序、无合理标准的状况。征地、拆迁补偿的标准直接影响着当地居民在旅游资源开发与保护工作中的积极性，如果补偿工作做不好，甚至还会激起当地居民的抵触情绪，影响旅游资源的合理开发利用和保护。因此，完善征地与拆迁补偿制度，配合优先就业、引导参与等措施，是减少旅游资源开发负面影响、激励当地居民推进旅游资源可持续利用的重要措施之一。

（三）建立当地居民意见反馈机制

在少数民族地区旅游资源的开发利用和保护过程中，听取当地居民的意见和建议能够激发当地居民的主人翁意识。毫无疑义，当地居民是旅游目的地真正的主人，他们在这里世代繁衍生息，旅游资源的开发在一定程度上改变了他们的生存环境甚至生活方式，他们的意见有不少都有利于旅游资源的合理利用和保护。因此，只有充分尊重当地居民的意见，才能赢得他们对旅游资源开发的支持与理解。同时，政府和旅游经营者需要做好重大项目、重

① 参阅王浪：《民族社区参与旅游发展的动力机制研究》，硕士学位论文，湘潭大学，2008 年。

要规划的公告工作，少数民族旅游目的地多地处偏远，当地基础设施相对落后，因此，可采用电视播放、村口公示、村委会通知、召开村民大会等方式向当地居民传达旅游资源开发的相关信息。在做好信息公告的基础上，采用面对面交流、座谈、访谈、问卷等方式广泛收集当地居民的意见，充分采纳有效意见，从而促成政府、企业、村民共同推动旅游资源的可持续开发和利用。

（四）重视面向当地社区的宣传、教育与培训

面向当地社区居民开展旅游知识、环保知识、资源保护的宣传、教育和培训活动，能够提高当地居民的文化自信和环保观念。少数民族地区社区居民大都文化水平不高，在外来文化的不断冲击下，往往对本民族的文化自信心不足，在宣传、教育与培训活动中，需要协助其树立民族认同感和自豪感，从而促使其自觉传承民族文化、保护民族遗产。同时，针对民族生活习惯中有诸如砍伐森林作为能源、过度放牧导致水土流失、开挖山石建盖房屋等行为，一方面，需要重点进行教育，帮助其树立环保观念；另一方面，需要通过政府与企业补贴其安装太阳能、建造沼气池、建造传统房屋等，从而杜绝对资源环境的破坏。此外，当地政府和企业还需要对社区居民开展旅游接待和农业技术等方面的培训活动，增强当地居民在旅游发展中的参与能力，鼓励当地居民经营民族特色农家乐、民俗风情体验及农业观光休闲等旅游项目，引导其旅游服务走向规范化和标准化。总之，只有当地居民在旅游资源开发中受益和获利，少数民族地区的旅游资源适度开发和保护才可能有坚实的基础。

参 考 文 献

陈洪波，王光萍. 2001. 当前我国民族立法工作中存在的主要问题、成因及对策研究[J]. 民族研究，（2）：1-11，106.

陈鸣. 1996. 论我国少数民族地区旅游资源的特色[J]. 广东民族学院学报（社会科学版），（3）：27-28，38.

陈鸣. 1997. 我国少数民族地区旅游资源的开发和利用[J]. 地域研究与开发，（1）：84-87.

邓光奇. 2006. 民族地区旅游业与生态环境协调发展研究[M]. 北京：中央民族大学出版社.

邓永进. 2009. 民族旅游研究[M]. 天津：南开大学出版社.

邓永进，薛群慧，赵伯乐. 2007. 民俗风情旅游[M]. 昆明：云南大学出版社.

董芳. 2010. 民族地区生态旅游监督的缺陷与改进[J]. 中国高新技术企业，（32）：40-41.

窦建丽. 2006. 喀什民俗文化旅游发展研究[D]. 新疆大学硕士学位论文.

葛忠兴. 2006. 中国少数民族地区发展报告[M]. 北京：民族出版社.

顾亚潞. 2005. 法理学教程[M]. 2 版. 上海：华东理工大学出版社.

国家旅游局. 2015. A 级旅游景区秩序混乱就摘牌[EB/OL]. http://travel.cnr.cn/list/20150116/t20150116_517442746.shtml[2022-05-11].

国家统计局国务院第七次全国人口普查领导小组办公室. 2021. 第七次全国人口普查公报（第二号）[EB/OL]. http://www.stats.gov.cn/tjsj/tjgb/rkpcgb/qgrkpcgb/202106/t20210628_1818821.html[2022-11-27].

胡锐. 2003. 道教宫观文化研究[D]. 四川大学博士学位论文.

黄静华，李荣荣，罗梅. 2003. 西部开发中少数民族民间文化资源的保护与开发——云南民族工艺村建设模式及思路研究[J]. 思想战线，（3）：48-53.

黄细嘉，魏莉，等. 2006. 旅游资源开发与可持续发展战略研究[M]. 南昌：江西人民出版社.

江国青. 2000. 国际法与国际条约的几个问题[J]. 外交学院学报，（3）：8-17.

李柏文. 2009. 中国少数民族地区旅游业发展 30 年：业绩、经验及趋势[J]. 广西大学学报（哲学社会科学版），31（6）：10-16.

李江玲. 2005. 民族地区旅游资源法律保障研究[D]. 中央民族大学博士学位论文.

李锦. 2005. 在发展中维护民族文化生态——对泸沽湖摩梭社区的研究[J]. 中南民族大学学报（人文社会科学版），（3）：37-41.

李向明. 2006. 旅游资源资产评估及其指标体系的构建[J]. 资源科学，（3）：143-150.

李依霖. 2013. 少数民族非物质文化遗产的法律保护研究[D]. 中央民族大学博士学位论文.

李钟铉. 2011. 中国少数民族饮食文化特点[D]. 中央民族大学博士学位论文.

梁智勋. 2011. 中国少数民族工艺美术的实用性及其特点[D]. 中央民族大学博士学位论文.
林越英. 1998. 旅游垃圾问题及解决对策[J]. 桂林旅游高等专科学校学报，（1）：24-26，30.
刘滨谊，张琳. 2009. 旅游资源资本化的机制和方法[J]. 长江流域资源与环境，（9）：825-830.
刘荣昆. 2009. 从生态文明的视野看云南少数民族原始宗教[J]. 红河学院学报，7（1）：13-16.
刘荣昆. 2010. 生态文明视域中的高黎贡山少数民族原始宗教[J]. 云南农业大学学报（社会科学版），4（2）：15-18.
刘涛. 2012. 旅游规划编制创新与实施协调机制案例研究——兼议旅游规划生产力问题[D]. 天津商业大学硕士学位论文.
刘孝蓉. 2013. 文化资本视角下的民族旅游村寨可持续发展研究[D]. 中国地质大学博士学位论文.
刘妍，陈世江，胡大凯. 2009. 西藏旅游产业发展现状研究[J]. 西藏大学学报（社会科学版），24（2）：22-27.
卢世菊. 2003. 中国道教文化旅游资源深度开发对策分析[J]. 思想战线，（4）：80-84.
卢世菊. 2005. 少数民族地区发展乡村旅游的思考[J]. 理论月刊，（8）：72-74.
陆林. 2005. 旅游规划原理[M]. 北京：高等教育出版社.
罗有贤. 2009. 旅游法规教程[M]. 北京：北京大学出版社.
马丽. 2009. 贵阳市旅游行政执法问题与对策研究[D]. 贵州大学硕士学位论文.
马耀峰，宋保平，赵振斌. 2005. 旅游资源开发[M]. 北京：科学出版社.
马勇. 舒伯阳. 1999. 区域旅游规划：理论·方法·案例[M]. 天津：南开大学出版社.
牛亚菲，王文彤. 2000. 可持续旅游概念与理论研究[J]. 国外城市规划，（3）：17-21，43.
秦麒瑞. 2011. 旅游资源可持续发展法律保护研究[D]. 西南交通大学硕士学位论文.
邵琪伟. 2012. 中国旅游大辞典[M]. 上海：上海辞书出版社.
孙超. 2012. 少数民族传统文化旅游资源法律保障研究[D]. 中央民族大学硕士学位论文.
孙丽坤. 2011. 民族地区文化旅游产业可持续发展理论与案例[M]. 北京：中国环境科学出版社.
田玲，齐子鹏. 1998. 论当前对旅游资源保护认识的几个问题[J]. 旅游学刊，（3）：45-48，63.
田喜洲. 2001. 试论生态旅游资源的脆弱性及其保护[J]. 生态经济，（12）：56-58.
田喜洲. 2006. 关于生态旅游资源脆弱性的深入分析[J]. 林业经济问题，26（1）：64-67.
涂玥. 2012. 旅游经济对泸沽湖摩梭文化的冲击与发展建议[J]. 旅游纵览（行业版），（5）：89-90.
王健. 2004. 旅游法原理与实务[M]. 天津：南开大学出版社.
王克强，赵凯，刘红梅. 2007. 资源与环境经济学[M]. 上海：上海财经大学出版社.
王昆欣，蒋炯坪. 2008. 小议地方旅游法规的繁荣与国家旅游法规体系的滞后[J]. 旅游学刊，（11）：10-11.
王昆欣，王长生. 2003. 旅游资源与开发[M]. 重庆：重庆大学出版社：78.
王敏. 2008. 旅游监管法律制度研究[D]. 北京交通大学硕士学位论文.
王启富. 2013. 法理学[M]. 2 版. 北京：中国政法大学出版社.
王琼，史广峰，赖启福. 2005. 云南旅游品牌发展与对策分析[J]. 经济与管理，（7）：77-80.
王仕莲. 2003. 云南省少数民族地区旅游资源的特点及开发研究[J]. 云南师范大学学报（自然科学版），（1）：65-68.
王伟，余敏. 2008. 浅谈云南少数民族建筑的文化特征[J]. 重庆科技学院学报（社会科学版），（9）：155-156.
王晞. 2002. 论"大众化旅游"对旅游地社会文化的负面影响[J]. 社会科学家，（6）：35-38.
王向宁. 2006. 试论我国与国际旅游组织关系中存在的几点不足[J]. 北京第二外国语学院学报，（7）：80-83.
吴姗姗. 2008. 预警原则在我国开发区环境影响评价中的应用[J]. 环境保护，（3）：52-55.
肖扬. 2002. 中华人民共和国法库・国际法卷——我国缔结或加入的国际条约及常用国际惯例[M]. 北京：人民法院出版社.
谢高地，曹淑艳，鲁春霞. 2011. 中国生态资源承载力研究[M]. 北京：科学出版社.
谢贵安，谢盛. 2012. 中国旅游史[M]. 武汉：武汉大学出版社.
熊锡元. 1989. 民族理论基础[M]. 北京：民族出版社.
薛寒冰. 2010. 中国少数民族地区旅游业跨越式发展研究[D]. 中央民族大学博士学位论文.
阎友兵. 2005. 旅游景区经营权转让研究[D]. 天津大学博士学位论文.
颜文洪，张朝枝. 2005. 旅游环境学[M]. 北京：科学出版社.
杨富斌，苏号鹏. 2013. 中华人民共和国旅游法释义[M]. 北京：中国法制出版社.
杨懿，李柏文，班璇，等. 2010. 我国少数民族地区旅游城镇发展研究[J]. 生态经济，（2）：105-108.
杨莹. 2010. 旅游资源开发与保护的法律思考——以云南少数民族地区为例[D]. 云南大学硕士学位论文.
尤海涛. 2006. 新疆喀纳斯国家级自然保护区生态旅游定位与运作的矛盾研究[D]. 新疆师范大学硕士学位论文.
余欢. 2010. 贵州省旅游资源保护法制研究[D]. 中央民族大学博士学位论文.
曾彩琳. 2004. 论我国旅游资源保护的法律问题[D]. 东北林业大学硕士学位论文.
张广瑞译. 1998. 关于旅游业的 21 世纪议程[J]. 旅游学刊，（2）：49-53.
张素珍. 2013. 双廊"成长的烦恼"[J]. 决策探索（上半月），（1）：46-47.
张晓宇. 2011. 少数民族地区旅游文化资源的开发与保护[J]. 前沿，（9）：118-120.
张颖. 2011. 呼伦贝尔旅游资源区域整体开发思考[D]. 内蒙古师范大学硕士学位论文.
章笕. 2013. 天象与气候旅游资源的范围及分类体系构建[J]. 浙江学刊，（1）：178-182.

郑海霞. 2013. 比较视角下我国地方旅游业立法特色研究[D]. 贵州财经大学硕士学位论文.
郑向敏，范向丽. 2008. 少数民族地区旅游安全问题研究[J]. 旅游论坛，（4）：66-72.
郑焱，杨庆武. 2011. 30 年来中国近代旅游史研究述评[J]. 长沙大学学报，（1）：74-77.
郑长德. 2011. 中国少数民族地区经济发展质量研究[J]. 民族学刊，（1）：1-11，83.
郑长德，刘兴全. 2012. 中国少数民族地区经济发展报告（2012）[M]. 北京：中国经济出版社.
周军. 2007. 可持续旅游规划的理论研究[D]. 华中师范大学硕士学位论文.
周文静. 2011. 基于 TQM 的旅游规划法规体系优化[J]. 合作经济与科技，(24)：126-127.
朱建新，陈迎. 2014. 环境案件专业化审判的实践路径[J]. 法律适用，（4）：15-20.
J. G. 阿巴尔克，G. W. 弗利克，T. F. P. 萨利文，等. 1988. 美国环境法手册[M]. 文伯屏，宋迎跃译. 北京：中国环境科学出版社.

附　录

附表 1　人文旅游资源承载力评价指标专家问卷调查表

尊敬的专家：

您好！这是一份用于学术研究的问卷，旨在建立旅游资源文化承载力评价指标体系，通过层次分析法确定权重，从而为旅游资源文化承载力作出更为准确的评价。本问卷采用不记名方式，资料仅供学术研究，请您大力支持。感谢您！

填写说明

1. 层次分析法（AHP）简介

运用 AHP 法，有 9 个评分尺度，各个标度意义见下表：

标度	定义	含义
9	极端重要	因素 I 比因素 J 极端重要
7	重要得多	因素 I 比因素 J 重要得多
5	明显重要	因素 I 比因素 J 明显重要
3	稍微重要	因素 I 比因素 J 稍微重要
1	同样重要	因素 I 和因素 J 比较，具有同样重要性
1/3	稍微不重要	因素 I 比因素 J 稍微不重要
1/5	明显不重要	因素 I 比因素 J 明显不重要
1/7	不重要得多	因素 I 比因素 J 不重要得多
1/9	极端不重要	因素 I 比因素 J 极端不重要

2. 填表示范

运用层次分析法对 12 个评价要素进行两两比较，以 I 因素为基准，与 J 因素进行比较。例如：您认为 I 因素“生产方式改变程度”与 J 因素“生活方式改变程度”相比重要度为稍微不重要，则在“1/3”下方打“√”，如下：

标度 / I 因素	9	7	5	3	1	1/3	1/5	1/7	1/9	标度 / J 因素
生产方式						√				婚丧嫁娶

3. 专家打分

标度 / I因素	9	7	5	3	1	1/3	1/5	1/7	1/9	标度 / J因素
生产方式										婚丧嫁娶
生产方式										礼仪往来
生产方式										节日庆典
生产方式										游戏娱乐
生产方式										语言文字
生产方式										音乐舞蹈
生产方式										工艺美术
生产方式										建筑风貌
生产方式										服饰冠礼
生产方式										饮食烹饪
生产方式										宗教信仰

标度 / I因素	9	7	5	3	1	1/3	1/5	1/7	1/9	标度 / J因素
婚丧嫁娶										礼仪往来
婚丧嫁娶										节日庆典
婚丧嫁娶										游戏娱乐
婚丧嫁娶										语言文字
婚丧嫁娶										音乐舞蹈
婚丧嫁娶										工艺美术
婚丧嫁娶										建筑风貌
婚丧嫁娶										服饰冠礼
婚丧嫁娶										饮食烹饪
婚丧嫁娶										宗教信仰

标度 / I因素	9	7	5	3	1	1/3	1/5	1/7	1/9	标度 / J因素
礼仪往来										节日庆典
礼仪往来										游戏娱乐

续表

标度 / I因素	9	7	5	3	1	1/3	1/5	1/7	1/9	标度 / J因素
礼仪往来										语言文字
礼仪往来										音乐舞蹈
礼仪往来										工艺美术
礼仪往来										建筑风貌
礼仪往来										服饰冠礼
礼仪往来										饮食烹饪
礼仪往来										宗教信仰

标度 / I因素	9	7	5	3	1	1/3	1/5	1/7	1/9	标度 / J因素
节日庆典										游戏娱乐
节日庆典										语言文字
节日庆典										音乐舞蹈
节日庆典										工艺美术
节日庆典										建筑风貌
节日庆典										服饰冠礼
节日庆典										饮食烹饪
节日庆典										宗教信仰

标度 / I因素	9	7	5	3	1	1/3	1/5	1/7	1/9	标度 / J因素
游戏娱乐										语言文字
游戏娱乐										音乐舞蹈
游戏娱乐										工艺美术
游戏娱乐										建筑风貌
游戏娱乐										服饰冠礼
游戏娱乐										饮食烹饪
游戏娱乐										宗教信仰

标度 / I因素	9	7	5	3	1	1/3	1/5	1/7	1/9	标度 / J因素
语言文字										音乐舞蹈
语言文字										工艺美术
语言文字										建筑风貌
语言文字										服饰冠礼
语言文字										饮食烹饪
语言文字										宗教信仰

标度 / I因素	9	7	5	3	1	1/3	1/5	1/7	1/9	标度 / J因素
音乐舞蹈										工艺美术
音乐舞蹈										建筑风貌
音乐舞蹈										服饰冠礼
音乐舞蹈										饮食烹饪
音乐舞蹈										宗教信仰

标度 / I因素	9	7	5	3	1	1/3	1/5	1/7	1/9	标度 / J因素
工艺美术										建筑风貌
工艺美术										服饰冠礼
工艺美术										饮食烹饪
工艺美术										宗教信仰

标度 / I因素	9	7	5	3	1	1/3	1/5	1/7	1/9	标度 / J因素
建筑风貌										服饰冠礼
建筑风貌										饮食烹饪
建筑风貌										宗教信仰

标度 / I因素	9	7	5	3	1	1/3	1/5	1/7	1/9	标度 / J因素
服饰冠礼										饮食烹饪
服饰冠礼										宗教信仰

标度 / I因素	9	7	5	3	1	1/3	1/5	1/7	1/9	标度 / J因素
饮食烹饪										宗教信仰

附表 2 我国民族自治区汇总表

序号	自治区
1	内蒙古自治区
2	新疆维吾尔自治区
3	广西壮族自治区
4	宁夏回族自治区
5	西藏自治区

附表 3 我国民族自治州分布表

序号	所属省（自治区）	自治州
1	吉林	延边朝鲜族自治州
2	湖北	恩施土家族苗族自治州
3	湖南	湘西土家族苗族自治州
4	四川	阿坝藏族羌族自治州
5	四川	凉山彝族自治州
6	四川	甘孜藏族自治州
7	贵州	黔东南苗族侗族自治州
8	贵州	黔南布依族苗族自治州
9	贵州	黔西南布依族苗族自治州
10	云南	西双版纳傣族自治州
11	云南	红河哈尼族彝族自治州
12	云南	文山壮族苗族自治州
13	云南	楚雄彝族自治州

续表

序号	所属省（自治区）	自治州
14	云南	大理白族自治州
15	云南	迪庆藏族自治州
16	云南	德宏傣族景颇族自治州
17	云南	怒江傈僳族自治州
18	甘肃	临夏回族自治州
19	甘肃	甘南藏族自治州
20	青海	海北藏族自治州
21	青海	海南藏族自治州
22	青海	黄南藏族自治州
23	青海	果洛藏族自治州
24	青海	玉树藏族自治州
25	青海	海西蒙古族藏族自治州
26	新疆	昌吉回族自治州
27	新疆	巴音郭楞蒙古自治州
28	新疆	克孜勒苏柯尔克孜自治州
29	新疆	博尔塔拉蒙古自治州
30	新疆	伊犁哈萨克自治州

附表 4　我国民族自治县（旗）分布表

序号	所属省（自治区、直辖市）	所属州（市）	自治县（旗）
1	河北	秦皇岛	青龙满族自治县
2	河北	承德	丰宁满族自治县
3	河北	承德	围场满族蒙古族自治县
4	河北	承德	宽城满族自治县
5	河北	沧州	孟村回族自治县
6	河北	廊坊	大厂回族自治县
7	辽宁	鞍山	岫岩满族自治县
8	辽宁	抚顺	清原满族自治县
9	辽宁	抚顺	新宾满族自治县
10	辽宁	丹东	宽甸满族自治县

续表

序号	所属省（自治区、直辖市）	所属州（市）	自治县（旗）
11	辽宁	本溪	本溪满族自治县
12	辽宁	本溪	桓仁满族自治县
13	辽宁	阜新	阜新蒙古族自治县
14	辽宁	朝阳	喀喇沁左翼蒙古族自治县
15	吉林	四平	伊通满族自治县
16	吉林	白山	长白朝鲜族自治县
17	吉林	松原	前郭尔罗斯蒙古族自治县
18	黑龙江	大庆	杜尔伯特蒙古族自治县
19	浙江	丽水	景宁畲族自治县
20	湖北	宜昌	五峰土家族自治县
21	湖北	宜昌	长阳土家族自治县
22	湖南	邵阳	城步苗族自治县
23	湖南	永州	江华瑶族自治县
24	湖南	怀化	新晃侗族自治县
25	湖南	怀化	芷江侗族自治县
26	湖南	怀化	通道侗族自治县
27	湖南	怀化	靖州苗族侗族自治县
28	湖南	怀化	麻阳苗族自治县
29	广东	韶关	乳源瑶族自治县
30	广东	清远	连山壮族瑶族自治县
31	广东	清远	连南瑶族自治县
32	广西	柳州	融水苗族自治县
33	广西	柳州	三江侗族自治县
34	广西	桂林	龙胜各族自治县
35	广西	桂林	恭城瑶族自治县
36	广西	百色	隆林各族自治县
37	广西	贺州	富川瑶族自治县
38	广西	河池	都安瑶族自治县
39	广西	河池	巴马瑶族自治县
40	广西	河池	环江毛南族自治县

续表

序号	所属省（自治区、直辖市）	所属州（市）	自治县（旗）
41	广西	河池	大化瑶族自治县
42	广西	河池	罗城仫佬族自治县
43	广西	来宾	金秀瑶族自治县
44	海南	—	白沙黎族自治县
45	海南	—	昌江黎族自治县
46	海南	—	乐东黎族自治县
47	海南	—	陵水黎族自治县
48	海南	—	保亭黎族苗族自治县
49	海南	—	琼中黎族苗族自治县
50	重庆	—	石柱土家族自治县
51	重庆	—	秀山土家族苗族自治县
52	重庆	—	酉阳土家族苗族自治县
53	重庆	—	彭水苗族土家族自治县
54	四川	乐山	马边彝族自治县
55	四川	乐山	峨边彝族自治县
56	四川	凉山	木里藏族自治县
57	四川	绵阳	北川羌族自治县
58	贵州	遵义	道真仡佬族苗族自治县
59	贵州	遵义	务川仡佬族苗族自治县
60	贵州	安顺	镇宁布依族苗族自治县
61	贵州	安顺	紫云苗族布依族自治县
62	贵州	安顺	关岭布依族苗族自治县
63	贵州	铜仁	玉屏侗族自治县
64	贵州	铜仁	松桃苗族自治县
65	贵州	铜仁	印江土家族苗族自治县
66	贵州	铜仁	沿河土家族自治县
67	贵州	毕节	威宁彝族回族苗族自治县
68	贵州	黔南	三都水族自治县
69	云南	昆明	禄劝彝族苗族自治县
70	云南	昆明	石林彝族自治县

续表

序号	所属省（自治区、直辖市）	所属州（市）	自治县（旗）
71	云南	昆明	寻甸回族彝族自治县
72	云南	玉溪	元江哈尼族彝族傣族自治县
73	云南	玉溪	新平彝族傣族自治县
74	云南	玉溪	峨山彝族自治县
75	云南	普洱	宁洱哈尼族彝族自治县
76	云南	普洱	景东彝族自治县
77	云南	普洱	镇沅彝族哈尼族拉祜族自治县
78	云南	普洱	景谷彝族傣族自治县
79	云南	普洱	墨江哈尼族自治县
80	云南	普洱	澜沧拉祜族自治县
81	云南	普洱	西盟佤族自治县
82	云南	普洱	江城哈尼族彝族自治县
83	云南	普洱	孟连傣族拉祜族佤族自治县
84	云南	临沧	双江拉祜族佤族布朗族傣族自治县
85	云南	临沧	沧源佤族自治县
86	云南	临沧	耿马傣族佤族自治县
87	云南	丽江	玉龙纳西族自治县
88	云南	丽江	宁蒗彝族自治县
89	云南	红河	金平苗族瑶族傣族自治县
90	云南	红河	河口瑶族自治县
91	云南	红河	屏边苗族自治县
92	云南	大理	漾濞彝族自治县
93	云南	大理	巍山彝族回族自治县
94	云南	大理	南涧彝族自治县
95	云南	怒江	兰坪白族普米族自治县
96	云南	怒江	贡山独龙族怒族自治县
97	云南	迪庆	维西傈僳族自治县
98	甘肃	天水	张家川回族自治县
99	甘肃	酒泉	阿克塞哈萨克族自治县
100	甘肃	酒泉	肃北蒙古族自治县

续表

序号	所属省（自治区、直辖市）	所属州（市）	自治县（旗）
101	甘肃	武威	天祝藏族自治县
102	甘肃	临夏	东乡族自治县
103	甘肃	临夏	积石山保安族东乡族撒拉族自治县
104	甘肃	张掖	肃南裕固族自治县
105	青海	西宁	大通回族土族自治县
106	青海	海东	民和回族土族自治县
107	青海	海东	互助土族自治县
108	青海	海东	化隆回族自治县
109	青海	海东	循化撒拉族自治县
110	青海	海北	门源回族自治县
111	青海	黄南	河南蒙古族自治县
112	新疆	哈密	巴里坤哈萨克自治县
113	新疆	喀什	塔什库尔干塔吉克自治县
114	新疆	巴音郭楞	焉耆回族自治县
115	新疆	昌吉	木垒哈萨克自治县
116	新疆	伊犁	察布查尔锡伯自治县
117	新疆	伊犁	和布克赛尔蒙古自治县
118	内蒙古	呼伦贝尔	莫力达瓦达斡尔族自治旗
119	内蒙古	呼伦贝尔	鄂温克族自治旗
120	内蒙古	呼伦贝尔	鄂伦春自治旗

附表 5　少数民族地区世界遗产名录分布表

序号	所属省（自治区、直辖市）	世界遗产
1	西藏	布达拉宫历史建筑群
2	新疆	天山
3	内蒙古	元上都遗址
4	云南	丽江古城
5	云南	三江并流
6	云南、贵州、重庆	中国南方喀斯特
7	云南	澄江化石遗址
8	云南	红河哈尼梯田

续表

序号	所属省（自治区、直辖市）	世界遗产
9	四川	九寨沟
10	四川	黄龙
11	四川	大熊猫栖息地
12	湖南	武陵源
13	贵州等	中国丹霞
14	吉林、辽宁	高句丽王城、王陵及贵族墓葬
15	甘肃、新疆	丝绸之路：长安—天山廊道路网
16	湖南、湖北、贵州	土司遗产

附表 6　少数民族地区国家 AAAAA 级旅游景区分布表

序号	所属省（自治区、直辖市）	AAAAA 级旅游景区
1	内蒙古	响沙湾旅游景区
2	内蒙古	成吉思汗陵旅游区
3	吉林	长白山景区
4	湖北	神龙溪纤夫文化旅游区
5	湖北	恩施大峡谷景区
6	广西	漓江景区
7	广西	乐满地度假世界
8	广西	独秀峰-王城景区
9	广西	青秀山旅游区
10	重庆	桃花源旅游景区
11	四川	北川羌城旅游区
12	四川	九寨沟旅游景区
13	四川	黄龙景区
14	四川	汶川特别旅游区
15	贵州	黄果树大瀑布景区
16	贵州	龙宫风景名胜区
17	贵州	百里杜鹃景区
18	贵州	荔波樟江景区
19	云南	石林风景区

续表

序号	所属省（自治区、直辖市）	AAAAA 级旅游景区
20	云南	玉龙雪山景区
21	云南	丽江古城景区
22	云南	崇圣寺三塔文化旅游区
23	云南	中科院西双版纳热带植物园
24	云南	普达措国家公园
25	西藏	布达拉宫景区
26	西藏	大昭寺
27	宁夏	沙湖旅游景区
28	宁夏	沙坡头旅游景区
29	宁夏	镇北堡西部影视城
30	宁夏	水洞沟旅游区
31	青海	青海湖景区
32	青海	塔尔寺景区
33	新疆	天山天池风景名胜区
34	新疆	金胡杨景区
35	新疆	喀纳斯景区
36	新疆	那拉提旅游风景区
37	新疆	可可托海景区
38	新疆	博斯腾湖景区
39	新疆	噶尔老城景区
40	新疆	天山大峡谷景区
41	新疆	葡萄沟风景区
42	海南	分界洲岛旅游区
43	海南	呀诺达雨林文化旅游区
44	海南	槟榔谷黎苗文化旅游区

附表 7　少数民族地区国家级风景名胜区分布表

序号	所属省（自治区）	国家级风景名胜区
1	湖南	武陵源风景名胜区
2	湖南	猛洞河风景名胜区

续表

序号	所属省区	国家级风景名胜区
3	湖南	德夯风景名胜区
4	湖南	南山风景名胜区
5	湖南	万佛山-侗寨风景名胜区
6	湖南	凤凰风景名胜区
7	贵州	黄果树风景名胜区
8	贵州	舞阳河风景名胜区
9	贵州	龙宫风景名胜区
10	贵州	荔波樟江风景名胜区
11	贵州	马岭河峡谷风景名胜区
12	贵州	都匀斗篷山-剑江风景名胜区
13	贵州	黎平侗乡风景名胜区
14	贵州	紫云格凸河穿洞风景名胜区
15	贵州	榕江苗山侗水风景名胜区
16	贵州	沿河乌江山峡风景名胜区
17	四川	黄龙寺-九寨沟风景名胜区
18	四川	贡嘎山风景名胜区
19	四川	四姑娘山风景名胜区
20	四川	邛海-螺髻山风景名胜区
21	云南	路南石林风景名胜区
22	云南	大理风景名胜区
23	云南	西双版纳风景名胜区
24	云南	三江并流风景名胜区
25	云南	昆明滇池风景名胜区
26	云南	玉龙雪山风景名胜区
27	云南	腾冲地热火山风景名胜区
28	云南	瑞丽江-大盈江风景名胜区
29	云南	九乡风景名胜区
30	云南	建水风景名胜区
31	云南	普者黑风景名胜区
32	云南	阿庐风景名胜区

续表

序号	所属省区	国家级风景名胜区
33	辽宁	本溪水洞风景名胜区
34	辽宁	青山沟风景名胜区
35	湖北	神农架风景名胜区
36	新疆	天山天池风景名胜区
37	新疆	库木塔格沙漠风景名胜区
38	新疆	博斯腾湖风景名胜区
39	新疆	赛里木湖风景名胜区
40	新疆	罗布人村寨风景名胜区
41	吉林	仙景台风景名胜区
42	吉林	防川风景名胜区
43	西藏	雅砻河风景名胜区
44	西藏	纳木错-念青唐古拉山风景名胜区
45	西藏	唐古拉山-怒江源风景名胜区
46	西藏	土林-古格风景名胜区
47	广西	桂林漓江风景名胜区
48	广西	桂林西山风景名胜区
49	广西	花山风景名胜区
50	甘肃	鸣沙山-月牙泉风景名胜区
51	宁夏	西夏王陵风景名胜区
52	宁夏	须弥山石窟风景名胜区
53	青海	青海湖风景名胜区
54	内蒙古	扎兰屯风景名胜区

附表 8　少数民族地区世界地质公园名录

序号	所属省（自治区）	地质公园
1	内蒙古	阿拉善世界地质公园
2	内蒙古	克什克腾世界地质公园
3	云南	石林世界地质公园
4	云南	大理苍山世界地质公园
5	广西	乐业-凤山世界地质公园

续表

序号	所属省（自治区）	地质公园
6	青海	昆仑山世界地质公园
7	贵州	织金洞世界地质公园

附表 9　少数民族地区国家级历史文化名城表

序号	所属省（自治区）	历史文化名城
1	内蒙古	呼和浩特市
2	广西	桂林市
3	广西	柳州市
4	广西	北海市
5	湖南	凤凰县
6	四川	会理县
7	贵州	遵义市
8	贵州	镇远县
9	云南	昆明市
10	云南	大理市
11	云南	丽江市
12	云南	建水县
13	云南	巍山县
14	云南	会泽县
15	青海	同仁县
16	新疆	喀什市
17	新疆	吐鲁番市
18	新疆	特克斯县
19	新疆	库车县
20	新疆	伊宁市
21	宁夏	银川市
22	甘肃	武威市
23	甘肃	张掖市
24	甘肃	天水市
25	西藏	拉萨市

续表

序号	所属省（自治区）	历史文化名城
26	西藏	日喀则市
27	西藏	江孜县

附表 10 部分少数民族主要传统节日表

民族	主要分布地区	节日
蒙古族	内蒙古、吉林以及辽宁等地	那达慕、祭鄂博、成吉思汗纪念节、春节、端午节、中秋节、中元节、重阳节
藏族	西藏、青海、四川以及云南等地	藏历新年、望果节、雪顿节、沐浴节、赛马节
回族	宁夏、新疆以及贵州等地	古尔邦节、圣纪节、开斋节、花儿会
维吾尔族	新疆	古尔邦节、圣纪节、开斋节、白雪节
哈萨克族	新疆	古尔邦节、肉孜节、纳吾肉孜节
苗族	贵州、湖南、云南以及重庆等地	苗年、花山节、四月八、龙舟节、吃新节、赶秋节、芦笙节
彝族	云南、四川、贵州以及广西等地	火把节、密枝节、跳歌节、赛装节
壮族	广西、云南、广东以及贵州等地	三月三歌会、四月初八、端午节、七月十四、春节、中秋节、重阳节
布依族	贵州、云南以及广西等地	二月二、三月三、四月八（牛王节）、端午节、六月六、六月二十四、春节、中秋节
满族	辽宁、吉林及黑龙江等地	春节、元宵节、二月二、端午节、中秋节
土家族	湖北、湖南及重庆等地	过年、灶日、牛王节、女儿会、腊八节
侗族	贵州、湖南及广西等地	春节、祭牛神（农历四月初八或六月初六）、吃新节（农历七月间）
瑶族	广西、云南、湖南及广东等地	盘王节、讨念拜、讨寮皈节、达努节、牛节
白族	云南、贵州等地	三月街、火把节、绕三灵、清明节、春节
纳西族	云南、四川等地	三朵节、火把节、正月农具会、三月会、七月会、东巴会、棒棒会
哈尼族	云南	苦扎扎节、十月年、姑娘节、吃新米节
傣族	云南	泼水节、开门节、关门节
阿昌族	云南	窝罗节、火把节、泼水节
景颇族	云南	目瑙节、新米节、采花节
黎族	海南	三月三节

附表 11　云南省旅游策划、旅游规划及旅游项目可行性研究成果随机抽样调查名目表

序号	文本名称	编制单位	编制时间
1	河口县旅游业发展规划（1994—2010）	云南大学旅游研究所	1994 年
2	滇东南旅游资源评价与开发研究报告	云南省旅游开发有限总公司 云南大学旅游研究所	1995 年
3	中甸霞给温泉次尺甸民俗村详细规划	云南省城乡规划设计研究院	1998 年
4	昆明旅游圈规划优化研究	昆明旅游圈发展规划优化研究课题组	1999 年
5	祥云县树木山旅游景区文化软件总策划书	祥云县人民政府 祥云县旅游局	1999 年
6	沧源县旅游业发展十五计划和 2020 年远景目标（2000—2020）	云南大学旅游研究所	1999 年
7	洱源县旅游业发展十五计划和 2020 年远景目标（2000—2020）	云南大学旅游研究所	1999 年
8	洱源县旅游业发展规划	云南大学工商管理与旅游管理学院	1999 年
9	兰坪县旅游业发展规划策划研究	云南大学工商管理与旅游管理学院 云南大学旅游研究所 兰坪县人民政府	2000 年
10	西双版纳勐腊县望天树生态民俗旅游景区总策划书	勐腊县人民政府 勐腊县旅游局	2000 年
11	兰坪县旅游业发展“十五”计划和 2020 年远景目标	云南大学工商管理与旅游管理学院 云南大学旅游研究所 兰坪县人民政府	2000 年
12	兰坪县旅游业发展规划	云南大学工商管理与旅游管理学院 云南大学旅游研究所 兰坪县人民政府	2000 年
13	云南省怒江州旅游业发展规划（2000—2020）	怒江州旅游局《怒江州旅游业发展规划》课题组 昆明大学旅游科研所	2000 年
14	南沙红河谷及元阳民俗生态旅游景区总策划书	元阳县人民政府 元阳县旅游局	2000 年
15	翠山风景区旅游业发展规划	云南大学旅游研究所	2000 年
16	曲靖市麒麟区翠峰山旅游总体发展策划	云南大学旅游研究所	2000 年
17	南沙红河谷及元阳民俗生态旅游景区总体规划（2000—2008）	云南工业大学建筑工程学院设计研究院	2000 年
18	西双版纳纳板河流域国家级自然保护区生态旅游总体规划	西南林学院生态旅游系	2000 年

续表

序号	文本名称	编制单位	编制时间
19	怒江大峡谷澡塘会旅游开发项目策划	昆明大学环境艺术与建筑工程设计中心 怒江州泸水县旅游局	2000 年
20	曲靖市旅游业发展规划总体策划书	曲靖市旅游业发展规划课题组	2000 年
21	临沧县旅游业发展十五计划和 2020 年远景目标	云南大学旅游研究所	2000 年
22	迪庆香格里拉维西塔城景区旅游规划	云南省城乡规划设计研究院	2000 年
23	永仁县旅游发展策划研究	云南大学工商管理与旅游管理学院 云南大学旅游研究所 永仁县人民政府	2000 年
24	永仁县旅游业发展“十五”计划和 2020 年远景规划	云南大学旅游研究所 云南大学工商管理与旅游管理学院 永仁县人民政府	2000 年
25	永仁县旅游发展规划	云南大学旅游研究所 云南大学工商管理与旅游管理学院 永仁县人民政府	2000 年
26	曲靖市旅游业发展规划	曲靖市人民政府	2000 年
27	富源县胜境关景区总策划书	富源县人民政府 富源县旅游局	2000 年
28	元阳箐口哈尼族民俗文化生态旅游村详细规划	云南工业大学建筑工程学院设计研究院 元阳县旅游局	2000 年
29	晋宁县旅游业发展总体规划（2001—2020）	晋宁县人民政府 云南师范大学旅游与地理科学学院 云南师范大学旅游规划研究中心	2000 年
30	抚仙湖旅游规划与开发设计项目成果书（上）	德国欧洲旅游研究所	2000 年
31	抚仙湖旅游规划与开发设计项目成果书（下）	德国欧洲旅游研究所	2000 年
32	华坪县旅游发展总体规划（2001—2020）	云南大学工商管理与旅游管理学院 云南大学旅游研究所 华坪县人民政府	2001 年
33	南华县旅游发展总体规划（2001—2020）	云南大学旅游研究所 云南大学工商管理与旅游管理学院 南华县人民政府	2001 年

续表

序号	文本名称	编制单位	编制时间
34	云南省红河哈尼族彝族自治州旅游业发展总体规划（2001—2020）	北京大学景观规划设计中心	2001年
35	五华区旅游资源调查评价	昆明大学旅游科研所 昆明大学旅游系	2001年
36	泸沽湖旅游区总体规划（修编）	云南省城乡规划设计研究院	2001年
37	泸西阿庐古洞风景区摔跤、斗牛场建设项目可行性研究报告	泸西县旅游局 泸西县阿庐古洞风景区管理处	2001年
38	澜沧江百里长湖旅游景区开发项目可行性研究报告	云南大学工商管理与旅游管理学院 云南大学旅游研究所 云县旅游局	2001年
39	元阳箐口哈尼族民俗文化生态旅游村项目可行性研究	云南工业大学建筑工程学院设计研究院 元阳县旅游局	2001年
40	官渡区旅游发展规划（2001—2020）	昆明大学旅游系 昆明大学旅游科研所 官渡区人民政府	2001年
41	水富县旅游发展规划（2001—2020）	云南大学旅游研究所 水富县人民政府	2001年
42	云南省屏边县旅游发展总体规划（2001—2020）	上海交通大学管理学院旅游管理系 云南省屏边苗族自治县城建环保局	2001年
43	楚雄市旅游业发展规划（纲要）	复旦大学数量经济与运筹学研究所 浙江大学旅游学院 云南大学工商管理与旅游管理学院	2001年
44	牟定县旅游业发展规划（纲要）	复旦大学数量经济与运筹学研究所 浙江大学旅游学院 云南大学工商管理与旅游管理学院	2001年
45	武定县旅游业发展规划（纲要）	复旦大学数量经济与运筹学研究所 浙江大学旅游学院 云南大学工商管理与旅游管理学院	2001年
46	永仁县旅游业发展规划（纲要）	复旦大学数量经济与运筹学研究所 浙江大学旅游学院 云南大学工商管理与旅游管理学院	2001年
47	元谋县旅游业发展规划（纲要）	复旦大学数量经济与运筹学研究所 浙江大学旅游学院 云南大学工商管理与旅游管理学院	2001年

续表

序号	文本名称	编制单位	编制时间
48	禄丰县旅游业发展规划（纲要）	复旦大学数量经济与运筹学研究所 浙江大学旅游学院 云南大学工商管理与旅游管理学院	2001 年
49	双柏县旅游业发展规划（纲要）	复旦大学数量经济与运筹学研究所 浙江大学旅游学院 云南大学工商管理与旅游管理学院	2001 年
50	南华县旅游业发展规划（纲要）	复旦大学数量经济与运筹学研究所 浙江大学旅游学院 云南大学工商管理与旅游管理学院	2001 年
51	姚安县旅游业发展规划（纲要）	复旦大学数量经济与运筹学研究所 浙江大学旅游学院 云南大学工商管理与旅游管理学院	2001 年
52	麒麟区旅游发展总体规划（2001—2020）	云南大学旅游研究所 云南大学工商管理与旅游管理学院 麒麟区人民政府	2001 年
53	巍山县旅游资源调查评价	昆明大学旅游系 昆明大学旅游科研所	2001 年
54	巍山县旅游发展规划（2001—2020）	昆明大学旅游系 昆明大学旅游科研所	2001 年
55	禄丰县旅游业发展规划旅游资源调查与评价（2004—2020）	复旦大学数量经济与运筹学研究所 浙江大学旅游学院 云南大学工商管理与旅游管理学院	2001 年
56	禄丰县旅游业发展规划（2004—2020）	复旦大学数量经济与运筹学研究所 浙江大学旅游学院 云南大学工商管理与旅游管理学院	2001 年
57	云南省楚雄州旅游业发展与布局总体规划	复旦大学数量经济与运筹学研究所 浙江大学旅游学院 云南大学工商管理与旅游管理学院	2001 年
58	安宁金色螳川旅游区总体规划（2010—2020）	西南林学院国际生态旅游研究中心	2001 年
59	中国彝族十月太阳历文化园持续开发规划及可行性研究	复旦大学数量经济与运筹学研究所 浙江大学旅游学院 云南大学工商管理与旅游管理学院	2001 年

续表

序号	文本名称	编制单位	编制时间
60	元谋远古世界规划及可行性研究	复旦大学数量经济与运筹学研究所 浙江大学旅游学院 云南大学工商管理与旅游管理学院	2001年
61	武定狮子山风景名胜区持续开发规划及可行性研究	复旦大学数量经济与运筹学研究所 浙江大学旅游学院 云南大学工商管理与旅游管理学院	2001年
62	彝良县旅游发展“十五”计划和2020年远景目标（2001—2020）	云南大学工商管理与旅游管理学院 云南大学旅游研究所 彝良县人民政府	2001年
63	彝良县旅游发展规划	云南大学旅游研究所	2001年
64	会泽县历史文化名城旅游建设项目可行性研究报告	云南大学工商管理与旅游管理学院 会泽县经济技术研究中心 会泽县旅游局	2001年
65	泸沽湖风景旅游区“文化模块”策划书	美国大自然保护协会云南办事处	2001年
66	禄劝彝族苗族自治县旅游发展规划	云南大学工商管理与旅游管理学院 云南大学旅游研究所 禄劝彝族苗族自治县人民政府	2001年
67	师宗县旅游发展总体规划（2001—2020）	云南大学工商管理与旅游管理学院 云南大学旅游研究所 师宗县人民政府	2001年
68	威信县旅游发展“十五”计划和2020年远景目标（2001—2020）	云南大学旅游研究所 云南大学工商管理与旅游管理学院 威信县人民政府	2001年
69	临沧地区旅游发展“十五”计划和2020年远景规划	云南大学工商管理与旅游管理学院 云南大学旅游研究所	2001年
70	临沧地区旅游发展规划	云南大学工商管理与旅游管理学院 云南大学旅游研究所	2001年
71	沧源地区旅游发展“十五”计划和2020年远景规划	云南大学工商管理与旅游管理学院	2001年
72	陆良彩色沙林旅游区总体策划	昆明大学旅游科研所	2001年
73	西双版纳贝叶文化资源专题研究报告——西双版纳贝叶文化旅游产品开发策划书	云南省省院省校教育合作项目《云南旅游文化资源开发研究》子课题之五《西双版纳贝叶文化资源开发研究》	2001年

续表

序号	文本名称	编制单位	编制时间
74	泸沽湖风景旅游区可操作性生态和村寨旅游策划书	美国大自然保护协会	2001 年
75	泸沽湖—永宁坝景区旅游产品策划书（2000—2020）	泸沽湖省级旅游区规划工作领导组 云南师范大学旅游规划研究中心 云南师范大学旅游与地理科学学院	2001 年
76	兰坪县旅游发展“十五”计划和 2020 年远景目标	云南大学工商管理与旅游管理学院 云南大学旅游研究所 兰坪县人民政府	2001 年
77	云县旅游发展总体规划	云南大学工商管理与旅游管理学院 云南大学旅游研究所 云县人民政府	2001 年
78	燕子洞国家级风景名胜区洞前区总体规划	北京大学景观规划设计中心	2001 年
79	阿庐明珠彝家乐建设项目可行性研究报告	泸西县旅游局 泸西电力（集团）有限责任公司	2001 年
80	昭通市旅游资源调查与评价	云南大学工商管理与旅游管理学院 云南大学旅游研究所 昭通市旅游局	2001 年
81	昭通市旅游发展“十五”计划和 2020 年远景规划	云南大学工商管理与旅游管理学院 云南大学旅游研究所 昭通市旅游局	2001 年
82	威信县旅游发展规划	云南大学旅游研究所 云南大学工商管理与旅游管理学院 威信县人民政府	2001 年
83	西双版纳傣族自治州旅游业发展总体规划	西双版纳傣族自治州旅游局	2001 年
84	巍山县旅游发展规划总体策划	昆明大学旅游系 昆明大学旅游科研所 巍山县人民政府	2001 年
85	巍山县巍宝山旅游景区基础设施项目可行性研究报告	云南省建筑工程设计院 巍山县旅游局	2001 年
86	泸西阿庐古洞风景区二期规划	昆明理工大学设计研究院 国立城建顾问公司	2001 年
87	云南省红河州建水县旅游业发展总体规划（2001—2020）	北京大学景观规划设计中心	2001 年

续表

序号	文本名称	编制单位	编制时间
88	昭通市旅游发展规划（2001—2020）	云南大学旅游研究所	2001 年
89	红崖子旅游点可行性研究报告	云南省城乡规划设计研究院	2001 年
90	泸沽湖旅游区红崖子改建计划	云南省城乡规划设计研究院	2001 年
91	双江县旅游发展“十五”规划和 2020 年远景目标	云南大学工商管理与旅游管理学院 云南大学旅游研究所 双江自治县人民政府	2001 年
92	双江县旅游发展规划	云南大学工商管理与旅游管理学院 云南大学旅游研究所 双江自治县人民政府	2001 年
93	丘北普者黑风景名胜区总体规划	云南华凯园林建设发展有限公司	2001 年
94	禄丰县五台山旅游区总体规划	云南师范大学	2001 年
95	普洱国家公园总体规划	西南林学院国家公园发展研究所	2001 年
96	云南省景洪市旅游业发展与布局总体规划	景洪市旅游局	2001 年
97	景东彝族自治县旅游发展“十五”计划和 2020 远景目标	云南大学旅游研究所 云南大学工商管理与旅游管理学院 景东彝族自治县人民政府	2001 年
98	景东彝族自治县旅游发展规划	云南大学旅游研究所 云南大学工商管理与旅游管理学院 景东彝族自治县人民政府	2001 年
99	五华区旅游发展规划（2001—2020）	昆明大学旅游科研所 昆明大学旅游系	2001 年
100	玉溪市红河谷-哀牢山开发规划	云南师范大学旅游与地理科学学院 云南师范大学旅游规划研究中心	2001 年
101	禄劝县轿子雪山旅游区开发规划	云南大学工商管理与旅游管理学院 云南大学旅游研究所	2001 年
102	大关黄连河风景名胜区总体规划（2002—2020）	云南大学旅游研究所 云南华凯环境艺术设计事务所	2001 年
103	双江拉祜族佤族布朗族傣族自治县回东河蛇廊策划研究报告	云南大学工商管理与旅游管理学院 云南大学旅游研究所 双江自治县旅游局	2001 年
104	双江拉祜族佤族布朗族傣族自治县北回归民族生态园项目策划研究报告	云南大学工商管理与旅游管理学院 云南大学旅游研究所 双江自治县旅游局	2001 年

续表

序号	文本名称	编制单位	编制时间
105	大关黄连河旅游基础设施建设可行性研究报告	云南省城乡规划设计研究院	2002 年
106	石羊古镇历史环境保护与开发详细规划	云南科达规划设计事务所 昆明理工大学建筑学系	2002 年
107	云南罗平多依河景区项目可行性研究报告	云南方城规划设计事务所	2002 年
108	昭阳区旅游发展规划（2001—2020）	云南大学工商管理与旅游管理学院 昭通市昭阳区人民政府	2002 年
109	香格里拉县旅游发展规划	云南师范大学旅游与地理科学学院 云南师范大学旅游规划研究中心 香格里拉县旅游局	2002 年
110	宜良县旅游发展规划（2001—2020）	昆明大学旅游科研所	2002 年
111	巴拉格宗旅游开发规划	云南师范大学旅游与地理科学学院 云南师范大学旅游规划研究中心	2002 年
112	巍宝山景区部分基础设施初步设计	昆明新康城规划设计所	2002 年
113	开远市旅游发展规划（2002—2020）	云南大学旅游研究所 开远市人民政府	2002 年
114	沧源佤族自治县旅游资源调查与评价	云南大学工商管理与旅游管理学院	2002 年
115	沧源佤族自治县旅游发展规划（2001—2020）	云南大学工商管理与旅游管理学院	2002 年
116	凤庆县旅游资源调查与评价	云南大学工商管理与旅游管理学院	2002 年
117	凤庆县旅游发展规划（2001—2020）	云南大学工商管理与旅游管理学院	2002 年
118	镇康县旅游资源调查与评价	云南大学工商管理与旅游管理学院	2002 年
119	镇康县旅游发展规划（2001—2020）	云南大学工商管理与旅游管理学院	2002 年
120	耿马县旅游资源调查与评价	云南大学工商管理与旅游管理学院	2002 年
121	耿马县旅游发展规划（2001—2020）	云南大学工商管理与旅游管理学院	2002 年
122	陆良彩色沙林入口区工程建设项目可行性研究报告	云南省城乡规划设计研究院	2002 年
123	会泽以礼河景区旅游度假村详细规划	昆明理工大学建筑学系 昆明本土建筑设计研究所 会泽县旅游局	2002 年
124	陆良彩色沙林旅游区总体规划	云南省城乡规划设计研究院	2002 年
125	会泽县大海草山旅游区总体规划	昆明理工大学建筑学系 昆明本土建筑设计研究所	2002 年

续表

序号	文本名称	编制单位	编制时间
126	世外桃源——广南坝美旅游区总体规划文化策划书	昆明理工大学建筑学系 昆明本土建筑设计研究所	2002 年
127	世外桃源——广南坝美旅游区总体规划	昆明理工大学建筑学系 昆明本土建筑设计研究所	2002 年
128	云南陆良彩色沙林旅游区入口区修建性详细规划	云南省城乡规划设计研究院 陆良县旅游局	2002 年
129	师宗县菌子山风景区控制性详细规划	云南方城规划设计事务所	2002 年
130	西山区旅游发展规划（2001—2020）	昆明大学旅游科研所 西山区人民政府	2002 年
131	文山壮族苗族自治州旅游发展规划旅游资源调查与评价	云南大学工商管理与旅游管理学院 云南大学旅游研究所	2002 年
132	文山壮族苗族自治州旅游发展十五计划和 2020 年远景规划	云南大学工商管理与旅游管理学院 云南大学旅游研究所	2002 年
133	文山壮族苗族自治州旅游发展规划	云南大学工商管理与旅游管理学院 云南大学旅游研究所	2002 年
134	香格里拉生态牧场规划	昆明艺嘉旅游规划设计有限公司	2002 年
135	禄丰县黑井旅游景区总体规划（2004—2020）	昆明理工大学建筑学系	2002 年
136	丽江市旅游发展规划工作书	昆明艺嘉旅游规划设计有限公司	2002 年
137	宜良县旅游资源调查评价	昆明大学旅游科研所	2002 年
138	弥渡县旅游资源调查评价	昆明大学旅游科研所	2002 年
139	弥渡县旅游发展规划（2002—2020）	昆明大学旅游科研所	2002 年
140	景洪市旅游城市曼龙枫片区分区规划（西双版纳省级旅游度假区二区规划）	云南省城乡规划设计研究院	2002 年
141	师宗县凤凰谷旅游景区控制性详细规划	云南方城规划设计事务所	2002 年
142	丘北县旅游发展规划	云南师范大学旅游与地理科学学院 云南师范大学旅游规划研究中心 昆明艺嘉旅游规划设计有限公司	2002 年
143	西双版纳自治州勐腊望天树——南腊河生态旅游景区总体规划	昆明理工大学设计研究院	2002 年
144	三江并流风景名胜区梅里雪山景区总体规划（2002—2020）	北京清华城市规划设计研究院景观所 清华大学资源保护与旅游发展研究院	2002 年

续表

序号	文本名称	编制单位	编制时间
145	云南丘北普者黑景区旅游开发项目可行性研究报告	云南省工程咨询中心	2002年
146	剑川“石宝山—寺登街”旅游区基础设施建设项目可行性研究报告	云南省设计院	2002年
147	云南景颇文化游览区详细规划	云南方城规划设计事务所	2002年
148	大关县孙家祠片区修建性详细规划	云南省城乡规划设计研究院	2002年
149	德钦县旅游业发展总体规划	中国旅游学院	2002年
150	罗平县旅游资源调查评价报告	云南师范大学旅游与地理科学学院 云南师范大学旅游规划研究中心	2002年
151	罗平县旅游发展规划（2003—2020）	云南师范大学旅游与地理科学学院 云南师范大学旅游规划研究中心	2002年
152	拉市海高原湿地旅游策划研究报告	云南大学工商管理与旅游管理学院 云南大学旅游研究所 玉龙县旅游局	2002年
153	罗平县旅游产品策划报告	罗平县人民政府 云南师范大学旅游与地理科学学院 云南师范大学旅游规划研究中心	2002年
154	沧源佤山崖画谷风景旅游区建设项目可行性研究报告	云南省城乡规划设计研究院	2002年
155	瑞丽·大等喊傣寨修建性详细规划	云南师范大学旅游与地理科学学院 云南师范大学旅游规划研究中心 云南建筑技术发展设计院二所	2003年
156	云南省滇西北香格里拉生态旅游区旅游发展规划纲要	滇西北旅游区旅游规划编制组	2003年
157	腾冲县旅游发展规划（2003—2020）	云南师范大学旅游与地理科学学院 云南师范大学旅游规划研究中心 云南省腾冲县旅游局	2003年
158	南湖山度假村旅游开发规划	云南大学旅游研究所	2003年
159	云南罗平多依河景区旅游基础设施二期建设项目可行性研究报告	云南方城规划设计事务所	2003年
160	瑞丽市城市景观规划	云南省城乡规划设计研究院	2003年
161	拉市海高原湿地旅游区总体规划	云南大学工商管理与旅游管理学院 云南大学旅游研究所	2003年

续表

序号	文本名称	编制单位	编制时间
162	噶丹·松赞林寺景区规划	昆明市规划设计研究院	2003 年
163	云南省禄丰县黑井镇总体规划	楚雄州勘测规划设计院 黑井镇人民政府	2003 年
164	普洱哈尼族彝族自治县旅游发展“十五”计划和 2020 年远景规划	云南大学工商管理与旅游管理学院 云南大学旅游研究所 普洱县人民政府	2003 年
165	孟连傣族拉祜族佤族自治县旅游发展“十五”计划和 2020 年远景规划	云南大学旅游研究所 云南大学工商管理与旅游管理学院 孟连县人民政府	2003 年
166	孟连傣族拉祜族佤族自治县旅游发展规划	云南大学旅游研究所 云南大学工商管理与旅游管理学院 孟连县人民政府	2003 年
167	保山高黎贡山——潞江坝生态旅游区基础设施建设项目可行性研究报告	昆明大学旅游科研所	2003 年
168	沧源佤山崖画谷风景旅游区（崖画景区、彩壁国画景区）建设项目可行性研究报告	云南省城乡规划设计研究院 沧源佤族自治县旅游局	2003 年
169	丽江玉龙雪山白水河生态公园项目建议书	丽江玉龙旅游股份有限公司	2003 年
170	麻栗坡县旅游发展“十五”计划和 2020 年远景规划	云南省经济研究所 云南师范大学旅游规划研究中心 麻栗坡县人民政府	2003 年
171	麻栗坡县旅游发展规划	云南省经济研究所 云南师范大学旅游规划研究中心 麻栗坡县人民政府	2003 年
172	澜沧江百里长湖旅游区总体规划	云南省城乡规划设计研究院	2003 年
173	云南省沾益县旅游风景区总体规划	沾益县旅游局	2003 年
174	广南县旅游发展“十五”计划和 2020 年远景目标	云南大学工商管理与旅游管理学院 云南大学旅游研究所 广南县人民政府	2003 年
175	广南县旅游发展规划	云南大学工商管理与旅游管理学院 云南大学旅游研究所 广南县人民政府	2003 年

续表

序号	文本名称	编制单位	编制时间
176	德宏傣族景颇族自治州梁河县旅游资源调查与评价	云南大学工商管理与旅游管理学院 云南大学旅游研究所 云南社会科学院 西南林学院生态旅游系	2003 年
177	德宏傣族景颇族自治州梁河县旅游发展规划（2003—2020）	云南大学工商管理与旅游管理学院 云南大学旅游研究所 云南社会科学院 西南林学院生态旅游系	2003 年
178	云南省滇西北旅游区旅游发展规划	云南省旅游局昆明大学旅游科研所	2003 年
179	孟连娜允傣族历史文化名城旅游区详细规划文化策划书	昆明理工大学建筑学系 昆明本土建筑设计研究所 孟连县旅游局	2003 年
180	孟连娜允傣族历史文化名城旅游区详细规划	昆明理工大学建筑学系 昆明本土建筑设计研究所 孟连县旅游局	2003 年
181	建水文庙入口区建设策划书	云南大学工商管理与旅游管理学院 云南大学旅游研究所 建水县旅游局	2003 年
182	建水文庙入口区详细规划	昆明理工大学建筑学系 昆明本土建筑设计研究所 建水县旅游局	2003 年
183	保山高黎贡山生态旅游区总体策划	昆明大学旅游科研所 云南省社会发展促进会	2003 年
184	“抚仙湖·高原水都”项目总体规划	云南盘亚通信系统有限公司	2003 年
185	宣威市旅游业发展总体规划（2003—2020）	云南大学旅游研究所	2003 年
186	云南德宏大盈江风光旅游区（允燕山片区）旅游总体规划	云南师范大学旅游与地理科学学院	2003 年
187	永仁方山总体规划（2005—2010）	云南师范大学旅游规划研究中心	2003 年
188	宾川县鸡足山旅游景区总体规划	宾川县旅游局	2003 年
189	禄丰县五台山旅游区总体规划（2004—2020）	云南师范大学	2003 年
190	富民县旅游发展规划	云南大学工商管理与旅游管理学院 云南大学旅游研究所	2003 年

续表

序号	文本名称	编制单位	编制时间
191	云南元谋金沙江旅游区总体规划	云南师范大学	2003年
192	富民县旅游发展环境影响评价报告书	云南大学旅游研究所 云南大学工商管理与旅游管理学院 富民县对外经济贸易旅游局	2003年
193	云南省滇中（大昆明）国际旅游区旅游发展规划纲要	滇中旅游区旅游规划编制组	2003年
194	云南元谋县旅游发展规划	云南师范大学旅游与地理科学学院 云南师范大学旅游规划研究中心 云南省元谋县旅游局	2003年
195	云南省滇东南喀斯特山水文化旅游区旅游发展规划纲要	滇东南旅游区旅游规划编制组	2003年
196	云南省滇东南旅游区旅游发展规划	云南省旅游局 云南财贸学院旅游系	2003年
197	抚仙湖旅游度假示范区旅游发展规划概要	玉溪市旅游局	2003年
198	云南·元谋金沙江生态文化旅游区（带）总体规划	云南师范大学旅游与地理科学学院 云南师范大学旅游规划研究中心	2003年
199	丘北普者黑旅游区总体规划	昆明艺嘉旅游规划设计有限公司	2003年
200	云南省滇中旅游区旅游发展规划	云南省旅游局 西南林学院生态旅游系	2003年
201	江城哈尼族彝族自治县旅游发展“十五”计划和2020年远景规划	云南大学旅游研究所 云南大学工商管理与旅游管理学院 江城哈尼族彝族自治县人民政府	2003年
202	江城哈尼族彝族自治县旅游发展规划	云南大学旅游研究所 云南大学工商管理与旅游管理学院 江城哈尼族彝族自治县人民政府	2003年
203	云南省滇西南旅游区旅游发展规划	云南省旅游局 云南大学旅游研究所	2003年
204	思茅市旅游发展“十五”计划和2020年远景计划	云南大学旅游研究所 云南大学工商管理与旅游管理学院 思茅市人民政府	2003年
205	思茅市旅游发展规划	云南大学旅游研究所 云南大学工商管理与旅游管理学院 思茅市人民政府	2003年

续表

序号	文本名称	编制单位	编制时间
206	云南省滇西旅游区旅游发展规划	云南省旅游局 云南师范大学旅游规划研究中心 云南师范大学旅游与地理科学学院	2003 年
207	保山高黎贡山生态旅游区总体规划	昆明大学旅游科研所 云南省林业调查规划院 云南省社会发展促进会	2003 年
208	丘北普者黑旅游区旅游开发策划	云南师范大学旅游与地理科学学院 昆明艺嘉旅游规划设计有限公司 云南师范大学旅游规划研究中心	2003 年
209	香格里拉千湖山旅游区总体规划	云南省城乡规划设计研究院	2003 年
210	昆明轿子山旅游区总体规划	云南大学工商管理与旅游管理学院 云南大学旅游研究所 云南省旅游产业开发（集团）有限公司	2003 年
211	云南省瑞丽市城市景观规划	云南省城乡规划设计研究院	2003 年
212	武定县旅游发展总体规划（2004—2020）	云南省城乡规划设计研究院 云南大学旅游研究所 武定县旅游局	2004 年
213	滇东北乌蒙高原旅游区旅游发展规划纲要	滇东北旅游区旅游规划编制组	2004 年
214	云南省滇东北旅游区旅游发展规划	云南省旅游局 云南大学旅游研究所	2004 年
215	禄丰县黑井旅游景区总体规划（2004—2010）	昆明理工大学建筑学系 昆明本土建筑设计研究所 楚雄州勘测规划设计院	2004 年
216	此碧湖生态型温泉度假区总体规划	北京清华城市规划设计研究院	2004 年
217	云南姚安县光禄古镇旅游区总体规划	楚雄州勘测规划设计院	2004 年
218	鲁甸县旅游发展总体规划（2004—2009）	云南大学工商管理与旅游管理学院 云南大学旅游研究所	2004 年
219	祥云县旅游资源调查评价	昆明大学旅游科研所	2004 年
220	祥云县旅游发展规划	昆明大学旅游科研所	2004 年
221	姚安县旅游业发展规划（2004—2020）	复旦大学数量经济与运筹学研究所 浙江大学旅游学院 云南大学工商管理与旅游管理学院	2004 年

续表

序号	文本名称	编制单位	编制时间
222	新华白族村旅游景区修建性详细规划	昆明艺嘉旅游规划设计有限公司	2004 年
223	保山市旅游发展总体规划	杭州远见旅游研究有限公司 云南省保山市旅游局	2004 年
224	火期山丹霞生态旅游区概念性规划	西南林学院生态旅游系 西南林学院旅游与休闲规划研究所	2004 年
225	兰坪罗古箐旅游区总体规划	云南方城规划设计事务所	2004 年
226	红河哈尼梯田多依树旅游区规划	云南方城规划设计事务所	2004 年
227	碧塔海省级自然保护区生态旅游发展总体规划	香格里拉县旅游局	2004 年
228	昭通大山包黑颈鹤国家级自然保护区生态旅游发展总体规划	西南林学院生态旅游系	2004 年
229	梅里雪山雨崩生态旅游景区开发策划纲要及调研报告汇编	雨崩景区规划策划课题组 迪庆州人民政府	2004 年
230	镇沅彝族哈尼族拉祜族自治县旅游发展规划（2004—2020）	云南省城乡规划设计研究院 云南大学旅游研究所 镇沅彝族哈尼族拉祜族自治县旅游局	2004 年
231	云南伽峰生态园旅游发展总体规划	云南大学旅游研究所	2004 年
232	镇康南伞跨国溶洞旅游区总体规划	云南大学工商管理与旅游管理学院 云南大学旅游研究所	2004 年
233	丽江市旅游发展规划（2004—2020）	昆明艺嘉旅游规划设计有限公司 云南师范大学旅游与地理科学学院	2004 年
234	丽江市旅游发展总体规划（2004—2020）	丽江市旅游局	2004 年
235	沾益县旅游发展规划（2005—2020）	云南师范大学旅游规划研究中心 云南师范大学旅游与地理科学学院 沾益县旅游局	2004 年
236	楚雄市旅游发展规划（2005—2020）	云南师范大学旅游与地理科学学院 云南师范大学旅游规划研究中心 楚雄师范学院 楚雄市旅游局	2004 年
237	通海县兴蒙乡旅游总体规划	西南林学院生态旅游系	2005 年
238	牟定县旅游发展规划（2005—2020）	楚雄州勘测规划设计院	2005 年
239	香格里拉属都湖景区旅游规划	昆明艺嘉旅游规划设计有限公司	2005 年

续表

序号	文本名称	编制单位	编制时间
240	孟定边关风情旅游区策划报告	云南大学工商管理与旅游管理学院 云南大学旅游研究所 临沧市旅游局	2005 年
241	孟定边关风情旅游区总体规划	云南大学工商管理与旅游管理学院 云南大学旅游研究所	2005 年
242	双江太阳湖旅游区总体规划	云南大学工商管理与旅游管理学院 云南大学旅游研究所	2005 年
243	云南迪庆香格里拉大千世界总体规划	北京大学中国区域经济研究中心 北京仙创旅游设计研究中心	2005 年
244	云南德宏大盈江风光旅游区允燕山片区旅游总体规划	云南师范大学	2005 年
245	德钦县“十一五”旅游业发展规划（2006—2010）	德钦县旅游局 梅里雪山景区管理局	2005 年
246	云南姚安县光禄古镇旅游区总体规划 旅游资源调查与评价	楚雄州勘测规划设计院	2005 年
247	曲靖市旅游发展规划（修编）	曲靖市旅游局 云南大学旅游研究所	2005 年
248	云南省香格里拉县蓝月山谷旅游区总体规划及重点地段修建性详细规划	香格里拉市香巴拉大千世界旅业发展有限责任公司 云南坤和设计有限公司	2005 年
249	香格里拉大千世界修建性详细规划	香格里拉市香巴拉大千世界旅业发展有限责任公司 云南坤和设计有限公司	2005 年
250	云南民族文化与旅游商品开发研究专题研究报告	云南财贸学院 浙江大学	2005 年
251	云南旅游商品产业化管理模式研究专题研究报告	云南财贸学院 浙江大学	2005 年
252	双柏县旅游发展规划（2006—2020）	云南师范大学旅游规划研究中心	2005 年
253	大姚县石羊古镇旅游区总体规划 旅游资源调查与评价	楚雄州勘测规划设计院	2005 年
254	大姚县石羊古镇旅游区总体规划	楚雄州勘测规划设计院	2005 年
255	永仁方山旅游区总体规划	云南师范大学	2005 年
256	施甸县旅游发展规划	西南林学院生态旅游系 西南林学院园林工程设计所	2005 年

续表

序号	文本名称	编制单位	编制时间
257	元谋物茂土林旅游区入口区详细规划	昆明艺嘉旅游规划设计有限公司	2005年
258	泸水县旅游发展规划	昆明传智旅游规划设计有限公司 昆明大学旅游科研所 泸水县旅游局	2005年
259	泸水县片马旅游区基础设施建设可行性研究报告	昆明传智旅游规划设计有限公司 昆明大学旅游科研所 泸水县旅游局	2005年
260	元谋物茂土林旅游区总体规划（2006—2020）	昆明艺嘉旅游规划设计有限公司	2005年
261	泸水县片马旅游区总体规划	昆明传智旅游规划设计有限公司 昆明大学旅游科研所	2005年
262	泸沽湖景区综合规划	云南方城规划设计事务所	2005年
263	沧源翁丁佤族原始村落旅游区策划报告	云南大学工商管理与旅游管理学院 云南大学旅游研究所 沧源县旅游局	2006年
264	沧源翁丁佤族原始村落旅游区总体规划	云南大学工商管理与旅游管理学院 云南大学旅游研究所	2006年
265	铜锣坝森林生态旅游区总体规划	云南大学旅游研究所 云南铜锣坝旅游开发有限公司	2006年
266	铜锣坝森林生态旅游区建设项目可行性研究报告	云南大学旅游研究所 云南省经济研究所	2006年
267	孟定边关风情旅游区建设项目可行性研究报告	云南省经济研究所 云南大学旅游研究所 云南大学工商管理与旅游管理学院	2006年
268	马关县旅游发展规划（2006—2020） 旅游资源调查与评价	云南大学工商管理与旅游管理学院 云南大学旅游研究所	2006年
269	马关县旅游发展规划（2006—2020）	云南大学工商管理与旅游管理学院 云南大学旅游研究所	2006年
270	香格里拉普达措国家公园游览道路系统详细规划	迪庆州碧塔海——属都湖景区管理局 西南林学院生态旅游学院 昆明人龙装饰艺术有限公司 国家公园发展研究所	2006年

续表

序号	文本名称	编制单位	编制时间
271	香格里拉普达措国家公园门景区系统详细规划	迪庆州碧塔海——属都湖景区管理局 西南林学院生态旅游学院 昆明人龙装饰艺术有限公司 国家公园发展研究所	2006 年
272	香格里拉普达措国家公园接待服务设施详细规划	迪庆州碧塔海——属都湖景区管理局 西南林学院生态旅游学院 昆明人龙装饰艺术有限公司 国家公园发展研究所	2006 年
273	香格里拉普达措国家公园环卫设施详细规划	迪庆州碧塔海——属都湖景区管理局 西南林学院生态旅游学院 昆明人龙装饰艺术有限公司 国家公园发展研究所	2006 年
274	香格里拉普达措国家公园环保车站、观景台、氧吧、购物详细规划	迪庆州碧塔海——属都湖景区管理局 西南林学院生态旅游学院 昆明人龙装饰艺术有限公司 国家公园发展研究所	2006 年
275	香格里拉普达措国家公园标识系统详细规划	迪庆州碧塔海——属都湖景区管理局 西南林学院生态旅游学院 昆明人龙装饰艺术有限公司 国家公园发展研究所	2006 年
276	香格里拉普达措国家公园水电通讯系统详细规划	迪庆州碧塔海——属都湖景区管理局 西南林学院生态旅游学院 昆明人龙装饰艺术有限公司 国家公园发展研究所	2006 年
277	香格里拉普达措国家公园总体规划	西南林学院生态旅游学院 昆明人龙装饰设计有限公司	2006 年
278	富宁驮娘江旅游区策划研究报告	云南大学工商管理与旅游管理学院 云南大学旅游研究所 富宁县旅游局	2006 年
279	富宁驮娘江旅游区总体规划	云南大学工商管理与旅游管理学院 云南大学旅游研究所	2006 年
280	“玛尼丛林”旅游区总体规划及控制性详规	迪庆嘛呢丛林藏文化传播有限公司 昆明智兴环境艺术设计咨询有限公司 诺思国际建筑事务所	2006 年

续表

序号	文本名称	编制单位	编制时间
281	勐仑国家精品旅游小镇发展战略规划	上海同济城市规划设计研究院	2006 年
282	昆明市“十一五”旅游发展规划	昆明市旅游局	2006 年
283	盘龙区旅游发展“十一五”规划	昆明市盘龙区旅游局	2006 年
284	屏边苗族自治县旅游发展总体规划	昆明艺嘉旅游规划设计有限公司 屏边县人民政府	2006 年
285	会泽水城扩红文化生态园修建性详细规划	云南省城乡规划设计研究院	2006 年
286	亚洲春城——东盟旅游经济文化区总体规划	云南省城乡规划设计研究院	2006 年
287	禄丰县黑井旅游景区总体规划旅游资源调查与评价	昆明理工大学建筑学系	2006 年
288	云南姚安县光禄古镇旅游区总体规划	楚雄州勘测规划设计院	2006 年
289	香格里拉梅里雪山国家公园——雨崩景区修建性详细规划	中国建筑西南设计研究院	2006 年
290	景谷傣族彝族自治县旅游发展规划（2006—2020）	云南大学工商管理与旅游管理学院 云南大学旅游研究所	2006 年
291	巧家县旅游发展总体规划（2006—2020）	云南大学工商管理与旅游管理学院 云南大学旅游研究所	2006 年
292	化佛山旅游区总体规划	云南大学旅游研究所	2007 年
293	云南省师宗县凤凰谷旅游区总体规划（2007—2020）	云南大学旅游研究所	2007 年
294	洱源县旅游发展总体规划（2007—2020）	云南大学工商管理与旅游管理学院 云南大学旅游研究所	2007 年
295	曲靖市麒麟温泉度假区总体规划	云南省曲靖市规划设计院	2007 年
296	楚雄紫溪山风景名胜区总体规划	云南方城规划设计事务所	2007 年
297	陆良县旅游总体规划	陆良县人民政府	2007 年
298	曲靖温泉旅游度假区概念性规划	ATKINS	2007 年
299	威信县（扎西）红色旅游开发可行性研究报告	云南大学旅游研究所	2007 年
300	弥勒县可邑阿细民俗文化生态旅游村修建性详细规划	昆明艺嘉旅游规划设计有限公司	2007 年
301	云南大理地热国旅游区建设项目可行性研究报告	云南大学旅游研究所 云南省经济研究所	2007 年

续表

序号	文本名称	编制单位	编制时间
302	云南大理地热国旅游区修建性详细规划	四川宜宾万泰（集团）股份有限公司 云南大学工商管理与旅游管理学院 云南大学旅游研究所	2007 年
303	腾冲热海风景区修建性详细规划	云南省城乡规划设计研究院	2007 年
304	西双版纳曼听公园、嘎洒温泉旅游发展战略规划	奇创旅游咨询运营机构	2007 年
305	盈江允燕塔文物保护规划	昆明本土建筑设计研究所	2007 年
306	狮子山省级风景名胜区总体规划	云南省城乡规划设计研究院	2007 年
307	玉女峰·蝴蝶谷生态旅游区总体规划	云南大学工商管理与旅游管理学院 云南大学旅游研究所	2007 年
308	屏边县滇越铁路人字桥景区总体规划及修建性详细规划	昆明艺嘉旅游规划设计有限公司	2007 年
309	新平县哀牢山生态旅游景区旅游开发详细规划	云南大学旅游研究所	2007 年
310	鹤庆县旅游发展规划	云南大学旅游研究所	2007 年
311	西双版纳热带花卉园旅游区总体规划（2007—2020）	云南师范大学旅游与地理科学学院 云南师范大学旅游规划研究中心	2008 年
312	中国元谋东方人类祭祖坛旅游区总体规划	昆明艺嘉旅游规划设计有限公司 云南沃土规划设计咨询有限公司	2008 年
313	岩风洞旅游片区控制性详细规划（2009—2020 年）	云南大学旅游研究所 云南省城乡规划设计研究院	2008 年
314	菌子山旅游片区控制性详细规划（2009—2020）	云南大学旅游研究所 云南省城乡规划设计研究院	2008 年
315	广南坝美旅游区总体规划	昆明艺嘉旅游规划设计有限公司	2008 年
316	马龙县旅游发展规划（2001—2020）	马龙县旅游局	2008 年
317	云南省双柏县鄂嘉旅游区总体规划（2008—2020）	云南大学旅游研究所	2008 年
318	丘北普者黑国家级风景名胜区总体规划（2007—2025）	云南省城乡规划设计研究院	2008 年
319	兰坪县罗古箐——大羊场旅游区建设可行性研究报告	云南省经济研究院	2008 年
320	云南省禄丰县恐龙镇集镇建设规划	楚雄州勘测规划设计院	2008 年

续表

序号	文本名称	编制单位	编制时间
321	云南怒江后续产业与移民可持续发展规划研究	云南省能源局 云南省经济研究院	2008 年
322	迪庆州旅游发展规划（修编）（2008—2030）	西南林学院城市设计院	2008 年
323	昆明市北部旅游圈发展规划	云南大学旅游研究所	2008 年
324	香格里拉县纳帕海景区旅游总体规划	香格里拉县纳帕海旅游景区有限责任公司 香格里拉县纳帕海自然保护区保护所 昆明智兴旅游规划设计有限责任公司	2008 年
325	香格里拉虎跳峡景区总体规划（2008—2030）	西南林学院城市设计院	2008 年
326	西山景区交通及高峣片区环境整治规划	云南省城乡规划设计研究院	2008 年
327	云南德宏大盈江风光旅游区允燕山片区旅游总体规划	云南师范大学	2008 年
328	腾冲热海景区服务区修建性详规	重庆浩鉴旅游规划设计有限公司	2008 年
329	镇雄县旅游发展规划（2009—2020）	云南大学旅游研究所	2008 年
330	屏边县大围山国家级自扰保护区生态旅游总体规划	昆明艺嘉旅游规划设计有限公司	2008 年
331	丽江老君山国家公园总体规划	云南方城规划设计事务所	2008 年
332	红河州元阳县旅游发展规划（2008—2025）	昆明艺嘉旅游规划设计有限公司 红河州元阳县人民政府	2009 年
333	大理鸡足山风景区重点地段详规	中国城市规划设计研究院	2009 年
334	腾冲地热火山风景名胜区马站火山群景区详细规划	云南省保山市腾冲县建设局	2009 年
335	永仁县诸葛营民族文化生态旅游村恢复重建性详细规划	楚雄市城市建筑规划设计有限公司	2009 年
336	郑和故里文化旅游项目总体规划暨控制性详细规划	云南郑和宝船文化旅游开发有限公司	2009 年
337	贡山县独龙江乡 5 个旅游特色村修建性详细规划	云南省旅游规划研究院	2009 年
338	禄丰“九霄源”旅游区总体规划	西南林学院	2009 年
339	石龙山旅游片区总体规划	云南省城乡规划设计研究院	2009 年
340	剑川县旅游发展总体规划	云南大学旅游研究所	2009 年
341	云南现代旅游文化产业度假休闲区总体规划	云南省城乡规划设计研究院	2009 年

续表

序号	文本名称	编制单位	编制时间
342	西双版纳纳板河流域国家级自然保护区生态旅游总体规划	西南林学院	2009 年
343	沾益县珠江源旅游区海峰湿地生态旅游详细规划	沾益县旅游局	2009 年
344	楚雄世界和平文化园旅游区发展战略总体规划（上册）	江苏省城市发展研究院	2009 年
345	楚雄世界和平文化园旅游区发展战略总体规划（下册）	江苏省城市发展研究院	2009 年
346	开远小坝心及凤凰谷乡村休闲旅游度假区总体规划	北京绿维创景规划设计院	2009 年
347	西双版纳野象谷景区修建性详细规划	西南林学院生态旅游学院	2009 年
348	五华区旅游业“十二五”发展规划	云南大学工商管理与旅游管理学院 五华区文化旅游局	2009 年
349	云南双江·勐库“世界古茶谷”项目总策划案	美国 AAM 集团公司	2009 年
350	世界古茶谷景区概念策划	美国 AAM 集团公司	2009 年
351	元阳哈尼梯田旅游区总体规划	云南省旅游规划研究院 西南林学院生态旅游学院	2009 年
352	香格里拉滇金丝猴国家公园总体规划（2010—2025）	云南大学旅游研究所	2009 年
353	通海中国红滨湖休闲度假旅游区总体规划	中国旅游研究院昆明分院 云南省旅游规划研究院 云南大学旅游研究所	2009 年
354	剑川海门口遗址文物保护规划	昆明本土建筑设计研究所	2009 年
355	蒙自县凤凰路以西片区控制性详细规划	蒙自县建设局	2009 年
356	蒙自县红河大道以南片区控制性详细规划	云南省设计院	2009 年
357	云南仟龙湾旅游文化小镇总体规划	北京创景天下旅游规划设计院	2009 年
358	抚仙湖国际养生园总体规划（2010—2020）	云南省设计院	2010 年
359	钟灵山国家级森林公园旅游总体规划	云南大学旅游研究所	2010 年
360	普者黑旅游休闲度假基地暨旅游循环经济试验区总体规划（2010—2020）	文山州旅游产业领导小组	2010 年
361	怒江大峡谷旅游区开发建设旅游总体规划	怒江州旅游局	2010 年
362	香格里拉虎跳峡景区修建性详细规划	迪庆州香格里拉虎跳峡旅游经营有限公司	2010 年

续表

序号	文本名称	编制单位	编制时间
363	龙陵县旅游发展规划（2011—2020）	云南大学旅游研究所 龙陵县人民政府	2010年
364	麒麟区南盘江乡村旅游区总体规划（2011—2025）	云南大学旅游研究所	2010年
365	泸沽湖旅游区总体规划	云南省城乡规划设计研究院	2010年
366	师宗县葵山镇温泉旅游开发项目修建性详规	云南大学旅游研究所	2010年
367	剑川海门口遗址公园详细规划	昆明本土建筑设计研究所	2010年
368	普者黑旅游休闲度假基地总体规划（2010—2020）	深圳市麟德旅游规划顾问有限公司 昆明新业态旅游规划设计有限公司	2010年
369	普者黑旅游休闲度假基地部分区域控制性详细规划（2010—2020）	深圳市麟德旅游规划顾问有限公司 昆明新业态旅游规划设计有限公司	2010年
370	云南省富民县九峰山旅游区总体规划	昆明学院	2010年
371	丽江老君山景区黎明河谷旅游修建性详细规划	西南林业大学生态旅游学院	2010年
372	云南祥云县旅游发展规划修编	云南祥云县旅游事业局	2010年
373	德宏州旅游发展总体规划（2010—2020）	云南省设计院	2010年
374	德宏州旅游发展总体规划解读本	德宏州旅游局	2010年
375	云南金沙江中游河段龙盘水电站建设期虎跳峡河段旅游总体规划	云南省设计院	2010年
376	玉女峰·蝴蝶谷生态旅游区总体规划	云南大学旅游研究所	2010年
377	武定县狮子山旅游区总体规划	昆明艺嘉旅游规划设计有限公司	2010年
378	普洱国家公园总体规划	西南林学院	2010年
379	云南腾冲北海旅游综合开发项目总体规划	云南省设计院	2010年
380	洱源县旅游发展总体规划	云南大学旅游研究所	2010年
381	红河哈尼族彝族自治州旅游业发展总体规划	北京同和时代旅游规划设计院	2011年
382	西双版纳风景名胜区总体规划（修编）	云南省住房和城乡建设厅	2011年
383	抚仙湖—星云湖生态建设与旅游发展综合改革试验区旅游发展控制规划	云南财经大学旅游学院 云南方城规划设计有限公司	2011年
384	新平彝族傣族自治县旅游业发展与布局总体规划	云南大学旅游研究所	2011年
385	石林景区南入口片区修建性详细规划设计	同济大学建筑设计研究院有限公司	2013年

续表

序号	文本名称	编制单位	编制时间
386	云南省体育旅游发展规划	云南省旅游发展委员会 云南财经大学旅游文化研究院	2013 年
387	富民县百花山旅游区总体规划	昆明新业态旅游规划设计有限公司	2013 年
388	永仁县“诸葛方山中国红山”核策划	中国创意研究院 北京创意村营销策划有限公司 北京创意江山旅游规划设计院	2013 年
389	七彩云南·时空世界项目规划	昆明诺仕达集团 昆明怡美天香置业有限公司	2013 年
390	云南省康体养生旅游产业发展专项规划	云南省旅游发展委员会	2013 年
391	曲靖市旅游产业发展规划	云南大学旅游研究所 曲靖市旅游局	2013 年
392	云南瑞丽姐告边境贸易区旅游发展规划	云南师范大学旅游规划研究中心 昆明融和旅游项目规划设计有限公司	2014 年
393	元谋古人类历史文化旅游项目总体规划（2014—2030）	山东省菏泽交通集团 北京巅峰智业旅游文化股份有限公司	2014 年
394	昆明市旅游总体规划（修编）	浙江远见旅游设计有限公司	2014 年
395	新华白族村旅游景区策划书	昆明艺嘉旅游规划设计有限公司	2003 年
396	屏边苗族自治县“九大莲湖”生态旅游城市概念性规划设计（2006—2015）	昆明艺嘉旅游规划设计有限公司	2006 年
397	西盟佤族自治县里坎瀑布景区修建性详细规划设计	深圳市园林设计装饰工程公司 广东省科学院 广州地理研究所	2006 年
398	西盟佤族自治县木依吉神谷景区修建性详细规划设计	深圳市园林设计装饰工程公司 广东省科学院广州地理研究所	2006 年
399	西盟佤族自治县勐梭龙潭景区修建性详细规划设计	深圳市园林设计装饰工程公司 广东省科学院广州地理研究所	2006 年
400	屏边县滇越铁路人字桥景区修建性详细规划	昆明艺嘉旅游规划设计有限公司	2007 年
401	腾冲地热火山国家级风景名胜区云峰山景区详细规划（2009—2025）	云南省住房和城乡建设厅	2009 年
402	丽江泸沽湖摩梭山庄装修改造方案	北美（加拿大）现代设计有限公司 昆明万意装饰艺术工程有限责任公司	2001 年

续表

序号	文本名称	编制单位	编制时间
403	大理鸡足山风景区详细规划（2008—2025）	中国城市规划设计研究院	2008 年
404	官渡古镇旅游区修建性详细规划（2005—2020）	昆明艺嘉旅游规划设计有限公司	2005 年
405	云南景颇园详细规划	陇川县旅游局	2001 年
406	昆明东川区旅游发展规划（2002—2020）	昆明市东川区旅游局	2002 年

附图 1　我国世界遗产分布示意图

后　记

做学术研究，其实也不像人们说的那样枯燥、单调，有时候其过程也穿插着有意思的故事与情节，至于每个课题完成后那种轻松甚至是欣喜若狂，可能只有当事人才能体会到。

2008 年之前，我基本没有申报过任何“纵向”项目，要么是在课堂上滔滔不绝，管你喜欢不喜欢都拼命地灌输知识及“理论”；要么是在旅游地（景区）跋山涉水，管你实施不实施都奋力地勾勒各种蓝图和“愿景”，以至于不少同人都认为我只能做“横向”项目。正因如此，我萌发了申报一个“纵向”项目试试的念头。结果所申报的“遏制少数民族地区旅游资源过度开发对策研究”幸运地于 2009 年获得国家社会科学基金的批准立项。这并非我有什么能耐，不过是自己平时在评审旅游规划和在现场调研时观察、感悟、思考的结果。记得当时我的母校——云南大学社会科学处杨毅处长跟我说了一句“谁说你只能做‘横向’项目”，令我十分开心。

诚然，做研究也有十分艰苦的一面，项目获准立项后，且不说赴新疆等地调研不易，对“度”“过度”“适度”的辨析都令人头疼，更别说构建“适度开发评价模型”伤透脑筋，提出“防止过度开发对策”又要瞻前顾后，就是“报销开支”一事就足以让人焦头烂额。那个时候，才知道什么是“烫手的山芋”了。

好在我拥有一个颇具战斗力的团队。在大家的齐心协力下，尽管项目延期完成，但也还通过了验收，顺利结项。如今，项目研究的不少内容、数据、资料已经成为“历史”及史料，而因成果具有理论价值和现实意义，尤其是具有一定的警示性、可操作性及可借鉴性，故又喜获我所在工作单位云南大学工商管理与旅游管理学院资助出版。

本书是“遏制少数民族地区旅游资源过度开发对策研究”的主要研究成果，是集体智慧的结晶。全书的写作构思、框架设计、撰写指导、初稿修改以及统稿、审订工作，由邓永进、薛群慧、徐江帆教授负责完成；万海波、薛诗怡完成了第一章的撰写；李竹娟、邓爽完成了第二章的撰写；朱强完成了第三章的撰写；桑彬彬完成了第四章的撰写；谯丹、李严完成了第五章的撰写；宋豆完成了图件的绘制工作；葛绪峰、朱晓娜、吕文佼、石慧、申晓